20世纪的美国

（修订版）

资中筠 著

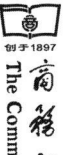
商务印书馆
The Commercial Press

图书在版编目(CIP)数据

20世纪的美国/资中筠著.—修订本.—北京:商务印书馆,2018(2023.9重印)
ISBN 978-7-100-16057-5

Ⅰ.①2… Ⅱ.①资… Ⅲ.①美国—现代史—研究—20世纪 Ⅳ.①K712.5

中国版本图书馆 CIP 数据核字(2018)第 074836 号

权利保留,侵权必究。

20 世纪的美国
（修订版）

资中筠 著

商 务 印 书 馆 出 版
（北京王府井大街 36 号 邮政编码 100710）
商 务 印 书 馆 发 行
北京新华印刷有限公司印刷
ISBN 978-7-100-16057-5

2018 年 6 月第 1 版　　开本 880×1240　1/32
2023 年 9 月北京第 8 次印刷　印张 13
定价:56.00 元

目录

修订版序 …………………………………………………… 1
第一章　概论 ………………………………………………… 1
第二章　在自由竞争与追求平等的悖论中摆动 ………… 31
第三章　进步主义运动 …………………………………… 60
第四章　小罗斯福"新政"及其后 ……………………… 115
第五章　60年代的反抗运动及其他 …………………… 145
第六章　公益基金会与捐赠文化的独特作用 ………… 180
第七章　美国良心的负担——黑人问题 ……………… 217
第八章　移民、教育与人口素质 ……………………… 252
第九章　福兮？祸兮？ ………………………………… 301
第十章　"9·11"之后 ………………………………… 341
后　记 …………………………………………………… 371

参考书目 ………………………………………………… 389
名词及重要主题索引 …………………………………… 396
译名对照表 ……………………………………………… 402

修订版序

本书最早是作者与陈乐民共同策划并主编的《冷眼向洋——百年风云启示录》的第一部，初版于 2000 年。《冷眼向洋》是对 20 世纪的回顾，分美国、欧洲、俄罗斯、国际政治四部分，由四位作者撰写。2007 年四部分别单独出版，但仍标明属于《冷眼向洋》书系，美国部分经过较多的增补，命名为《20 世纪的美国》。

最初起意写这样一部书是得到汪道涵老先生的启发。1997 年作者与陈乐民访问上海时，意外地蒙汪老通过华东师范大学的冯绍雷教授约见。老先生爱读书是很多人都知道的，以他的高龄和高位，涉猎那么广，令人敬佩。那次约见是因为他读到了陈乐民主编的《西方外交思想史》，因此想见见作者。我们谈的话题很广，总的还是围绕世界大局的发展和走向。其间，汪老提到，20 世纪行将结束，发生了那么多重大事件和变故，真该好好总结一下。这只是一句感慨的话，并非是向我们提建议，要我们去做这件事。但是这也正是我们经常思考的问题。在与汪老谈话后，这个题目逐渐在我们的思想中突显出来。我们三人各有所专——美国、欧洲、俄罗斯，在长期的研究中也有一些宏观的、全局性的心得，这三大块确实对20世纪的走向产生了重大的影响，我们何不真的来总结一下呢？此事的发起者是陈乐民，很快得到资、冯二人的同意。酝酿一段时期后，我们逐渐有了大致的想法。后来又有当时中国社科院欧洲所的一位青年研究人员自愿加盟，撰写第四部关于国际政治的内容。最后就有了《冷眼向洋》。它完全没有作为什么"课题""立项"之类，纯粹是作者自愿的结合。

这个题目很大，可以有许多不同的视角，我们只能就各自所熟悉的领域选择某个切入点，由果求因，希望能从社会发展的既成事实中找出一些规律来，不求面面俱到，主要是探讨影响20世纪整个世界局势的几股主要力量的消长及其根源，以及明显加快步伐的全球化大趋势及其种种悖论。尽量透过科技、经济、政策、制度等外层的硬壳，深入到历史、思想、文化的软核心。

由资中筠执笔的"总绪论"中提出的切入点是人类的两大基本诉求：发展与平等。它们形成了社会变迁、国家兴衰的两大动力。就一个国家、一种社会而言，所谓成功或失败主要不在于政权在谁手中，或是疆土的扩大或缩小，也不是单纯的数字的增长或减少，而是要看相对来说，哪个能更好地满足人类的这两大诉求，同时较好地解决或至少缓解二者的矛盾，取得相对平衡的进展，从而达到真正的兴旺发达，否则反是。事实上，对20世纪的发展起重大作用的思潮在19世纪中期已经形成，不过在20世纪得到了最大规模的实施。可以说，整个20世纪给各种思潮提供了登场表演的历史大舞台。这是贯穿于整个写作思路的主要脉络。

以上是关于最初起意撰写回顾20世纪的著作的交代。提到汪老的启发，这是事实，不敢自专，并非据以自重。事实上，整个规划和写作过程中我们并未向汪老汇报或请教过，最后的成果也未必是汪老所设想的那种总结，这是必须说明的。现在本书脱离《冷眼向洋》书系单独出版，因此原来的"总绪论"不再收入。

本书主要写20世纪的美国如何达到繁荣富强，成为全球第一超级大国。对19世纪末和21世纪初的情况略有涉及，但它们不是主题。自从20世纪70年代末中国国门重新开放以来，中国人对外部世界关注最多的还是美国。有关美国历史与现状的研究和著述林林总总，作者不可能尽读，因此不敢以哪些内容和观点属于"独家"自诩。不过，作者有自己的视角和关注点，至少在写本书时很少见于其他论述，大概有以下几方面：

1. 重视20世纪初的进步主义改革，并以较多篇幅介绍；
2. 提出衡量美国兴衰的标准及其缘由；
3. 提出美国对内行民主、对外行霸权可以并行不悖；
4. 解释为何兴起于欧洲的社会主义思潮在美国始终不能成气候；
5. 对美国何去何从以及对世界祸福的影响提出一些自己的看法。

本书初版于世纪之交，第二版问世于2007年，增加了一章"9·11"之后的美国。如今又过了十年，第二版也已脱销多时，不断有读者来问。自己重读之下，似乎基本事实和论点尚未失效，最后的分析和不算预言的展望并未过时，敝帚自珍，感到还是值得重版，以飨新一代的读者。本书定位为20世纪的美国，21世纪以来尚未成为历史之事，不是本书的主题。很多事还需要时间的淘洗，拉开一段距离观察才能看清，才具备深入探讨的条件（至少对本人是如此）。但对于过去十年美国发生的许多令世界瞩目之事又不能完全视而不见,所以最后加了一篇"后记",代表作者迄今为止的认知。是为序。

资中筠
2017年岁末

第一章 概论

1941年,美国《时代—生活》杂志的创办人亨利·卢斯提出了20世纪是"美国世纪"之说。不论此说的含义是什么,自那时以来,美国的国力和地位一路上升,"超级大国"之名由此而来,到20世纪末成为唯一的超级大国,则是事实。

另外一位分析家认为,美国的繁荣得益于四位经济学家的理论:1)亚当·斯密的"看不见的手"。概言之,就是市场的自我调节、专业分工、政府作用的严格限制和自由贸易。贯穿其中的哲学是私利能构成公德。2)凯恩斯的政府干预制造需求解决萧条和失业的理论。3)哈耶克的"自由市场"理论,反对一切政府干预,反对社会主义。4)熊彼特的"企业家社会",以思想和技术创新为经济的动力,也是真正的企业家精神。[1] 这一分析有其中肯之处。当然,影响美国

---

1 Joseph Noland, *The Roots of Americans' Prosperity*, Address delivered at Flagler Forum, St. Augustine, Florida, March 19, 1998.

经济的理论绝不止这些，例如在哈耶克的对立面，还可以加上斯蒂格利茨；在凯恩斯的对立面，还可以加上弗里德曼，等等。实际上，先有实践还是先有理论也很难说清。不过就大的方面来说，举这几位经济学家无非是说明美国一个世纪以来的发展不断在自由放任和政府调节之间摆动，趋利避害，同时不断创新。这种机制、这种精神是长期起作用的，不是暂时的，从而造成美国持续的领先地位。

问题是，这些理论的发明者很多不是美国人，它们在欧洲国家未尝没有实行过，但为什么在美国最得心应手，最见成效，而且形成了相互交替的机制？一个显而易见的原因是美国实力雄厚，经得起大起大落。美国何以兴？其秘诀何在？这正是本书试图深入探讨的。

关于美国究竟是怎样一个国家，无论是美国人自己还是外国人，历来众说纷纭，莫衷一是。姑且撇开外国对美国国际行为的霸权主义的批判不谈，就美国本身而言，在美国人中就有两种极端看法。一种认为美国已经滑向一个"罪恶的城市"，企业、劳工、司法都日益腐化，传媒为迁就最低级趣味的大众而堕落，人人为利益所驱动而不惜对资源进行疯狂的掠夺和浪费，整个国家正在四分五裂。另一种则认为美国物质富足，精神自由，在收入分配、社会升迁、职业观等方面正向着日益平等的方向发展，对不同文化和宗教信仰的容忍度最高，等等。当然，更多的看法是介于这两种极端之间的某一段。不论对其评价如何，无可否认的事实是，美国的崛起和发展为超级大国——包括这一事实本身和它的过程——是对20世纪全球发展起决定作用的因素之一。而且从当前整个世界正在经历的又一轮的转型或革命——"信息时代"、"知识经济"、"全球化"等——来看，美国又处于遥遥领先的地位，这种良性循环至少将持续到21世纪的前几十年。

第一章 概论

作为人类发展的一种典型，值得深入探究。

一个国家的发展可以有两条主线：一是物质的和表层的，科技、经济、政治、军事、外交等，姑称之为"硬件"；一是包括精神、思想、历史传统、价值观念、信仰习俗等比较内在而抽象的，姑统称之为"软件"。美国在这两方面都有其"特色"，而二者相互之间既有区别又有关联，既相辅相成又有矛盾。本书的主旨在于从"软件"中得到启示，对美国的探讨亦是如此。关于美国的客观环境和外在条件——"得天独厚"、真正的"地大物博"、两洋大陆、历史机遇等——论者已经很多，这些是显而易见的，不必详述。美国的科技、经济领先的客观事实也众所周知，不是本书要叙述的主题。现在主要是从它的人文条件和独特的发展道路的一个侧面来探索其"何以故"。任何事物都是充满矛盾的，本章既然是探讨美国发展和强大之由来，重点就是讲它的优势这一面，不可能面面俱到。

一　19世纪留给美国的问题

从社会发展的角度看，南北战争之后，美国在迅猛的工业化进程中经历了一个全面的社会转型，这个"变"，就是19世纪留给20世纪的遗产。19世纪最后20年是马克·吐温称之为"镀金时代"的年代。社会财富大大增加，大财团开始形成，同时各种矛盾、贫富悬殊也突出表现出来。从生产力发展的势头来讲，比之于欧洲，一新一旧已经很明显。尽管欧洲走下坡路是在"一战"之后，斯宾格勒《西方的没落》一书也是在那时出版，但是实际上欧洲的困境在20世纪初已经出现，进一步发展的空间有限，所以从20世纪初就在酝酿打仗。而美国却正像一架开足马力的新机器，有的是潜力，方兴未艾。另一方面，资本主义恶性膨胀，各种典型的矛盾也都开始激化：

1."西进运动"已经到头。随着从墨西哥那里抢来大片领土，而且取得了加勒比海和西太平洋岛屿，全方位领土扩张基本完成，边疆大体定型（以后增加的主要就是夏威夷）。这样一来，以往通过开拓新边疆缓解社会矛盾的模式尽管还有一定的作用，但余地已大大减少。与此同时，东部工业化和城市化急剧发展。贫富悬殊扩大，童工制、血汗制、危险而恶劣的工作条件、失业危机等都日益加剧。过去，资本家可以肆无忌惮地、花费很少的代价剥削工人而劳工问题没有达到欧洲那样尖锐的程度，是因为不满现状的人、缺乏竞争能力的人以及可能闹事的组织者可以不断西行，留下的空位又有新移民来填补。现在，受害者已无处可逃。20世纪头十年被认为是美国劳资关系史上最黑暗的一页。一位历史学家这样描述当时的情况："谁拥有工厂、矿山，谁拥有给工人居住的房屋、提供工人做祷告的教堂、拥有学校让他们的子女来读书，谁直接出钱养活传教士、教师、医生、警吏，偶尔还有法官，谁——不论是个人还是公司——就拥有了工人的肉体和灵魂。连规定拥有奴隶的种植园主在管理奴隶方面不能不讲的宽大基督教人道主义，现在在残酷的公司管理中也没有了。"[1]

2.废除了奴隶制，黑人名义上得到了解放，实际上命运并未好转，经济生活在"自由"的身份下反而更加失去保障，而种族歧视又以新的形式表现出来。宪法第15条修正案形同虚设。黑人名义上的权

---

[1] 德怀特·L.杜蒙德：《现代美国（1896—1946年）》，商务印书馆，1984年，第40页。

利得而复失。南北战争后，南方旧的农业庄园制度解体，经济出现混乱动荡，优越的教育制度也受到破坏。

3. 城市如雨后春笋般生长出来，而管理、设施等各方面跟不上，出现了许多贫民窟，成为一切苦难、丑恶和罪恶的集中地。同时大批新移民涌入，他们与过去主要来自英国和北欧的移民不同，多数来自南欧和东欧，语言、习俗和宗教都不相同。另一方面，由于生产力大发展，不论是工业产品还是农业产品都大大超过国内市场的容量，生产技术的改进减少了对劳动力的需求，外来移民对待遇要求较低，更易为老板所左右，19世纪末已经相当发达的工人运动所取得的政治权利和经济成果受到了威胁，于是移民的优越性转为负面效应。从19世纪最后20年起，美国开始大规模排斥移民。

4. 政治腐败。出现了能左右政策的特权集团，主要有：内战有功的退伍军人及其家人后代（迫使国会通过优厚抚恤金）、大工业家（从高关税中得利）、金融家（左右货币政策，主张金本位制）、铁路建筑业主（从政府的慷慨土地政策中得利，处于垄断地位，操纵运输价格，任意勒索公众，反对政府监督）。这些集团对政策的间接影响比国会和政党还大。再加上内战造成的分裂和仇恨、权力向联邦政府的集中等因素，原来以主持正义、公平，反对奴隶制，反对特权起家的共和党与民主党的右派结合起来，殊途同归，成为保守的力量。政党、国会只玩弄权术、分配利益，政客哗众取宠，各项政策更加明显地为既得利益阶层服务。在政府用人制度上出现了所谓"分赃制"，也就是说，当选的总统把政府职位视为囊中猎物，在支持自己竞选的人物中论功行赏，进行分配。这样，必然导致公务员素质下降，政府威望和效能日益低下。

总之，到上个世纪之交，资本主义种种典型的矛盾已经相当尖锐和突出。旧大陆的病症新大陆似乎也难以逃脱，而且还加上了美国特有的、先天的种族矛盾的顽症。那么，美国凭什么度过这一百年，达到今天的情况呢？

二 悠长而丰富的精神遗产

这个小标题的用意是澄清两种通常对美国的印象：一是认为美国历史很短，没有源远流长的传统；二是认为美国是暴发户，因而只有物质文明，精神文明贫乏。事实并非如此。

的确，美利坚合众国在世界主要的大国中是历史最短的。北美大陆从为世人所注意开始就和"新"字连在一起，人们提到它时很少和"悠久的历史文化"相联系。但是有一点人们往往忘记，就是作为实行代议制的共和国，美利坚合众国是最"老"的——美国独立比法国大革命早13年。更何况，在独立以前的殖民时代，欧洲早期移民也已经在此繁衍生息了200多年。因此，不能说美国没有自己的传统。美国人对自己的历史十分重视，凡到过美国的人都对它的博物馆之遍及全国、数量之多、种类之丰富叹为观止；美国人从各种角度写的本国历史研究著述汗牛充栋，许多已经在中国翻译出版。美国史在中国也是显学，在历史学科中占有一定的地位。对于美国立国的历史条件和人文宗教背景及其对美国发展道路的影响等问题，中外学者于众说纷纭之中大体上也有一定的共识。

从根子上说，美国从立国开始就摈弃了"人治"——依靠领袖魅力的治理——而坚决选择了"法治"。在这一点上，华盛顿总统厥功甚伟，史有定评。尽管多数来北美洲的欧洲移民，特别是参加独立战争的开国思想家们都信奉立宪政府，不会赞成君主制，但是在独立之初，像所有第一代革命领导人一样，华盛顿威望极高，在人民中也有被神化的倾向。只有他一人能使分裂的各派心服，维持国家的统一。如果他当时有集权的欲望，或经不起权利的诱惑，以自己的意志来治国，也是可以做到的。另外，由于汉密尔顿与杰斐逊不和，大家都希望华盛顿能留任，如果他要当终身领袖，也十分顺理成章。但华盛顿本人碰巧是权欲淡泊的人，这种"淡泊"不同于东方式的消极的个人修养（即使是真诚的），而是出于对代议制和宪政的坚定信仰。他只利用他的威望促进符合法治原则的宪法和政府机构的建立，然后功成身退，从而建立起健全的领导人更替制度，使得新的国家免于革命以后经常遇到的纠缠不休的接班人问题，从一开始就为整个美国民主制度奠定了基础。当然，这与美国没有一个旧制度遗留下来的贵族阶级有关，并且是一批当时先进的思想家和政治家的共同功劳，不完全是华盛顿一人之力，但是他的做法至少使美国在立国之初免去了争权夺利的折腾。另一方面，美国的民主不是民粹主义的，从宪法和机构的建立开始，它就十分注意尊重少数人的权利，而且，民主权利的普及也是渐进的——这一点与法国的传统不同，美国较少街头民主的传统和群氓政治的可能，这为美国基本平稳的发展道路奠定了重要的基础。

关于物质文明昌盛而精神文明贫弱之说，首先在理论上就说不通，那等于说一个民族不要精神只要物质就可以达到繁荣富强。揆诸美国实际，确实存在相当长远的精神传统和丰富的思想资源。简而言之，就是基督教精神和体现在宪法中的自由主义思想。基督教精神对美国人是一种无形的道德力量,在激烈竞争中赖以自律,在高度个人主义的社会中倡导集体合作,在贫富悬殊的情况下宣扬平等,是物欲横流的浊浪中的净化剂。关于自由主义,如果只将其理解为提倡个人自由竞争,而忽视其包含的平等原则,未免失之片面。事实上,所谓"天赋人权",其前提是人生而平等,拥有某些与生俱来的不可转让的权利:首先是思想、信仰、言论、集会结社四大自由,在美国还特别强调机会平等,是个人在平等的机会中凭才能和努力获得成功的自由。这种包含个人自由和公平两个方面的自由主义在美国深入人心,成为美国人的共同理想,甚至是普遍信仰,是来自世界各地的各族裔凝聚成为一个国族的胶合剂,是在最大的差异中求同的共有标准,也是一切改良的动力和指针。

毋庸赘言,美国的思想资源来自欧洲,特别是英国,美国文明是整个西方文明的一部分,因而源远流长。不过欧洲的思想传到美国之后,在"新大陆"的土壤中进行了选种、变种、生根、开花、结果,又带有了"美国特色"。美国主流思想的基本出发点是:通过个人的才智和力量在创造财富中得到充分发挥以达到全社会的进步,在此基础上形成具有社会共识的价值观和道德标准。这是市场经济的思想基础,也是其结果。由于没有欧洲的封建残余和贵族势力,在美国早期建国过程中,这种自由主义—个人主义发挥得淋漓尽致,释放出了巨大的创造力。到19世纪中叶,欧洲出现了对社会发展有重大影响的两大新思潮:一是形形色色的社会主义和马克思主义;一是达尔文的进化论,后来发展成以斯宾塞为代表的社会达尔文主义。这两种思潮在欧洲的命运姑存不论,进化论对美国的思想界产生了巨大的影响,遍及哲学、教育、社会学乃至心理学。特别是社会达尔文主义所宣扬的自由竞争、适者生存，在美国找到了最适宜的繁衍的土壤，出现了一批热心的鼓吹者和传播者。但是到了20世纪，弱肉强食的法则已经弊端百出，社会不平等达到了难以忍受的地步，而且所谓的"起点平等"、"机会平等"日益暴露出虚伪性。此时在理论界出现了对立面，为社会弱势群体说话，主张政府干预，对缓解社会不平有所作为，形成了一种平衡的力量，促成了一系列的改良。有人认为美国的许多福利制度也含有社会主义因素，即使如此，分量也很少，与欧洲的社会民主主义不同。事实上，美国最激进的改良没有脱出自由主义的框架。这个框架弹性较大，在这个框架内左右摆动，不断调整，是美国的改良的特色之一。

总的说来，美国社会实践的主线还是自由竞争，相对而言，因平等而妨碍效率的程度比欧洲国家要轻得多。于是出现了在语义学上令人困惑的美国的"保守主义"和"自由主义"。这两个词在美国一反其原义："保守主义"指倾向于放任主义（laissez-faire）的经济政策，因为这是美国的传统；"自由主义"（狭义的）反而主张政府干预，多一些规章制度，抑强扶弱。简单化地说，前者主要着眼于刺激投资者的积极性，让资本家先赚钱，然后向下渗透，泽被全民；后者着眼于保护底层人民的基本利益，强调平等。这两种思潮归根到底都属于广义的"自由主义"，是一个核桃的两半。正因为美国的实践主线是自由经济，其自然趋势是贫富差距扩大，所以知识分子和社会舆论的主流在多数时间是"自由派"声音较高，即为弱势群体说话，放手批判现状。有时越是处于边缘的少数主张，越以引人注目的姿态出现。这往往给外人以错觉，以为美国思想界主流出现左倾，事实上美国思想界的重心比多数欧洲国家靠右。

总之，美国从19世纪接受了一大堆严重的问题，同时又拥有一笔历史遗留的丰富的精神财富，足以促成20世纪的自上而下、自下而上、上下结合的渐进的改良。

三 持续渐进的改良

今天回头来看，美国走过的百年充满了经济危机、社会危机、种族冲突，还有对外的热战和冷战。但是它避免了暴力革命、军事政变和其他方式的无序的政权更替，在思想信仰上也没有经历过"和传统决裂"的过程，基本上是在原有的思想和政体的框架内不断更新、变化，较之于任何一个主要国家都稳定。正是在这种稳定的局势中，美国发展成全方位的超级大国，独领风骚一个世纪，其秘诀就在于渐进主义的改良。尖锐的社会矛盾是通向适时的和平改良，还是政治集团阴谋政变，抑或是群众性的暴力革命，往往不以理性的判断为转移，而是取决于多种因素，其中决定性的是统治者的意愿及其主导思想，同时也与人民的传统和行为模式分不开。而这上下两方面的传统，归根结底还是由长期的政治体制和占社会主流的思想培养出来的。

从对美国制度冲击的角度讲，20世纪有过两次最大的危机：一、20年代末到30年代初的经济大萧条；二、60年代的社会危机、信仰危机。如果从重大的改良的角度讲，20世纪有过三次高潮：一、从20世纪初到"一战"前的进步主义运动，从思想到制度全面革新，落实到老罗斯福和威尔逊政府的立法和措施；二、30年代对经济大危机的反思和小罗斯福"新政"；三、60年代的激进学生运动和民权运动，以及肯尼迪、约翰逊政府的民权立法及"伟大社会"计划。

第一章　概论

这里说的"改良",主要是向着社会公正平等的方向进行妥协和调整,从一般的为民请命到争取通过立法进行政治改革,也可以说是反社会达尔文主义之道而行。这种改良的特点是上下结合的。一般地说,在言论自由的庇护下,民间舆论对社会弊病、特权阶层的恶行和政府政策不断地批判揭露,群众请愿、抗议运动此起彼伏,形成强大的改革力量,推动实际的改革措施。而落实到行动上的缓解矛盾的措施则来自权势集团,有政府的,也有私人的。

在渐进的改良中,政府职能也有所改变,起到一定的调节作用。

20世纪西方发达国家的一大创新就是福利国家,这也是资本主义制度赖以延续的决定因素之一。福利国家之出现,从某种意义上说是劳动者斗争的成果,也是资产者让步的政策。但是还有一个很重要的因素,就是政府职能的转变。美国史家提到美国的改良,一般都提"从老罗斯福到小罗斯福",这是有道理的。20世纪上半期美国采取一系列的改良措施,逐步完成政府职能的转变,刚好就是从老罗斯福到小罗斯福。这一转变主要有两个方面:一是政府开始干预经济生活,二是政府成为调节各种矛盾特别是劳资矛盾的中介人。本书第三章以相对长的篇幅阐述"进步主义运动",这是因为无论从哪一种意义上说,那都是美国的关键时期,有人称之为"大转折",对日后的发展有决定性的影响。而进步主义思想则放在第二章,作为"社会达尔文主义"的对立面,作为美国思想的一部分,这样脉络比较清楚。接下来是罗斯福的"新政",这又是一个关键时期,挑战和迎战、危机和措施都是戏剧性的,而归根结底,它紧扣"拯救资本主义"这一主题。从罗斯福"新政"开始,美国政府把资本主义社会中两大传统的反抗力量都纳入了体制内:一是有组织的工人阶级,一是自由思想的知识分子。这是与一些主要的欧洲国家很不相同的。"新政"不是天上掉下来的,不是罗斯福与他的谋士们一时心血来潮想出来的,也不是从外面移植来的,而是美国不断改良的历史长河中的一个阶段。前有古人,后有来者。从政府的改良主义思想和政见来说,"古人"从19世纪已经开始,若从20世纪算起,则主要是进步主义的改革,于小罗斯福完成变革,奠定了一种美国式的福利社会模式。而"来者"则绵绵不绝,以后历届政府都在福利制度上添枝加叶,尤以约翰逊政府的"伟大社会"计划达到登峰造极。不论在具体政策上有什么压缩和调整,"社会保障"这样一种观念已经确立下来,美国式的福利制度已经形成。

政府政策也在两派中轮流交替,与社会思潮的交替在时间上有时一致,有时有差异。例如继20世纪初的老罗斯福改良之后,是保守派塔夫脱执政,然后又是著名的"新自由"派威尔逊总统,在他之后是保守的哈丁、柯立芝和胡佛,然后是小罗斯福。50年代初美国出现反共高潮,政治极端保守,但是在经济政策上并没有后退。继60年代激进思潮和大踏步改革之后,出现了"新保守主义"思潮和"里根经济学",里根政府的政策是一次较大幅度的向保守方向的逆转,被称作"劫贫济富"的经济学。然后又出现了克林顿的"中派自由主义"和改革福利政策的方案。小布什执政后,"新保守主义"人士进入决策集团,又逢"9·11"冲击的非常时期,政策全面右转,达到空前的程度。

总的说来,美国的政治主流基本倾向是向中间靠拢,社会批评家和政客竞选可以慷慨激昂、言辞激烈,但在实践中,最保守的不能打破现有的福利制度框架,最激进的也不会真的损害大企业的利益。

四 中介势力——基金会及其他私人公益事业

在美国的社会渐进改良中还有一种极为重要的力量,就是大财团出资创建的公益基金会。这种基金会并非美国所独有,但是在美国最发达,其达到的规模和所起的作用任何国家无法比拟。它兴起于20世纪初,与进步主义同步发展,到目前数目已达几万个,资产上千亿,可以说是20世纪美国的一大特产。它是政府的补充,是社会的缓冲剂,是"取之于民,用之于民"的最佳途径,授受双方都从中得益。更重要的是它还有两大特点:一、从一开始就是以传播知识、促进文化教育事业为宗旨,并且已形成传统,这一点对美国教育、科学、文化的贡献是无可估量的,而且其影响早已超越国界,也是众所周知的事实。这种影响一方面对造福人类做出巨大贡献,另一方面也是美国在全世界扩大文化影响的有力途径。二、它是由大资本家自愿出资成立的,但是一旦成立,就成为独立的、根据基金会的章程和有关法律运转的机构,不以出资者个人的意志为转移,因此不同于个人的慈善行为。造成资本家"自愿"把一部分财产归还给社会的原因很多,绝不能简单地以"沽名钓誉"或争取免税来解释,尽管不排除这种因素。更深层次的还要从基督教文明的价值观、重教育的传统和渐进主义的妥协模式中去探寻。它还体现了美国人对"大政府"的根深蒂固的疑虑,对"私人"力量的推崇,所以也是"向下滴漏"(trickling down)理论的极好体现。这是处于社会主导地位的资产阶级的一大创举,在美国得到最大程度的发挥,也可以说是美国式的"保守主义"和"自由主义"的结合。从20世纪初的卡内基、洛克菲勒到世纪末的泰德·特纳和比尔·盖茨、巴菲特，都遵循这一发了财就捐赠的传统，而且都着眼于促进文化教育事业。在普通人那里，基金会已进入百姓日常生活，凡有人想从事科研、教育、文化或社会公益事业，自然就想到向某个美国基金会报一个"项目"，申请资助。全世界都如此，即使是欧洲的一些著名文化学术机构，追根溯源，其资金来源的重头也往往是美国基金会。但很少有人注意到这一事物的巨大意义，特别是它在平衡自由与平等的悖论中的杠杆作用，因此本书专设一章（第六章）探讨这一现象。

五　言论自由和批判精神

改良主义之所以得以成功，有赖于美国的批判现实主义的传统。任何一个社会都有其黑暗面，金钱的罪恶、权力的腐化作用对任何种族、任何国家的人都不例外，因而任何国家制度的设计中都包括某种揭露、批评和防止腐败的机制。即使是中国的君主专制政权，也还有"言官"、"谏议大夫"、"御史"之类的职位，理论上负有揭露和针砭时弊的责任。特别是开国之君，总希望从前朝衰败中吸取经验教训，总想找出一种能防止政权腐化，达到长治久安的机制。但是在专制和集权的制度下，无论当政者主观上有多么良好的愿望，实际上都做不到。舆论真正能起监督作用的关键，在于有**充分的独立的言论自由**。这种言论自由是公开的、受到宪法保障的，它适用于每一个公民，任何人不得压制。这与某些意见只许"内部"说，说给皇帝一个人听，或只供决策者参考，听不听在他，有本质的区别。若是像马克思所说，资本来到这个世界，每一个毛孔都滴着血污，那么，言论自由就是其净化剂。可以说，资本主义从诞生起就伴随

第一章　概论

着对它的批判而成长。这种批判不一定立场都"正确"、"进步",有时甚至是反映了被推翻的阶级的怀旧情绪,但只要它是符合现实的,就有积极作用。这一源于欧洲的传统自19世纪末以来在美国得到了充分发挥。

美国思想史学家霍夫斯塔德说,美国公众每隔一段时间就要掀起全国性的自我反思的浪潮。这种批判形成一种拉力,使美国不至于滑向纯粹的弱肉强食的原始森林。[1]这的确是事实。远的不说,整个20世纪这种自我批判从来没有断过,其中有几次高潮:第一次就是从20世纪初到"一战"的进步主义运动。这个时期,作为社会达尔文主义的对立面,社会科学界的新理论、新闻和文学界的暴露文学、小生产者和底层老百姓的呼声以及政治活动家的政策主张,共同形成了当时"平民运动"和"进步运动"的思想基础。这些集团的利益和目标很不同,但是殊途同归,都为社会弱势集团说话,揭露各种黑暗内幕。它们汇集成声势浩大的舆论浪潮,对当时正趋于腐化的美国政治起了遏制作用,也是老罗斯福一系列改良政策的舆论基础。如果没有20世纪初的政治净化斗争和吏制革新,小罗斯福以加强政府干预为方向的改革就不可能实现。因为这一改革阻力很大,但是批评者的论据主要是政府干预违背自由竞争的原则、影响效率等,并没有以政府官员可以从中作弊为理由。受"新政"保护的弱势集团拥护政府干预,基本上表现出对政府官员的信任。特别是小罗斯福时期所采取的在当时向联邦政府集中权力的"激进"措施,

---

1　Richard Hofstadter, *The Age of Reform: From Bryan to F. D. R.*, Alfred A. Knopf, New York, 1965, "Introduction", p. 16.

如果没有廉洁奉公的大批执法者，就会弊病百出，失去群众的信任，以失败告终。这种悲剧在中外历史上并不鲜见。

整个20世纪，美国社会批判的声音时有起伏，却从来没有被压制下去。一个证明是，不少批判美国国内外政策的激进言论，包括号称"修正学派"的左派著作以及对社会主义、马克思主义理论研究的著作，就是在50年代初麦卡锡主义肆虐时期出版的，因为至少大学校园的主流还是自由主义。

对资本主义制度从根本上产生怀疑而对社会主义国家有所向往的思潮，20世纪只出现过两次，时间都很短暂，而且也从未成为主流：一次是1929—1932年的"大危机"时期，那是工人运动活跃的时期，也是美共成立以来相对而言影响最大的时候（1932年美共总书记威廉·福斯特竞选总统获得10.2万多票，但根据美国总统选举的间接选举法，此数不够获得任何一州的一个选举人），许多著名作家思想左倾。这一思潮不久就消沉下去，一方面为罗斯福的"新政"所化解，一方面因斯大林1933年开始的大规模清党和对知识分子的镇压而幻灭。另一次是60年代越战时期，当时美国经济相对繁荣，福利制度也相当发达，批判的动力更带有理想主义色彩。这一运动以反越战和民权运动为中心对美国内外政策发动全面批判，其中激进派对美国传统价值观发生根本怀疑，这是对冷战的逆反，和对50年代麦卡锡主义的清算，还有对高度发达的工业化社会的厌倦。同时也有当时世界潮流的因素，特别是殖民地人民的反帝斗争，和被误读的中国"文化大革命"的影响。不过结果还是以政府对内加强福利政策、认真采取反种族歧视措施，对外撤出越南、开始改变对华政策而退潮。许多批判健将逐步汇入主流，各自找到位置，他们大多数人还

第一章　概论

保持左派自由主义的观点，继续为社会平等呼吁，不过不那么激进；少数人幻灭后走向另一极端，汇入80年代的"新保守主义"思潮，或称"新右派"；其余一批人未能进入中上层社会，处于边缘地位，也许有人有受排挤感，但是也并非走投无路。

社会主义思潮——不论是马克思主义还是社会民主主义——在美国始终没有像在欧洲那样成气候。在西方所有主要发达国家中，美国是唯一一个国会中没有类似社会民主党性质的政党代表的国家。其原因在第二章中有详细的论述。除了美国学者已经多方论述的原因外，笔者提出了一些补充解释：美国的发展与欧洲有一个时间差，欧洲的社会主义思潮是在欧洲资本主义发展到矛盾已经难以为继时出现的，所以很快为工人阶级所接受。此时美国还有很大的缓和余地。到20世纪初，美国矛盾尖锐化时，政府和慈善团体的各种改良措施已相继出台，虽不能根本解决问题，却足以将矛盾缓和到可以控制的程度。美国的权势集团，包括政府和企业主，对于防止社会主义思潮在美国的兴起确实做了自觉的努力。他们不能像专制制度那样通过压制言论自由的方式加以遏制，只有加紧改良措施，以消解社会主义者所宣传的革命存在的理由。可以说，美国的资产阶级十分"明智"（也可以批判为十分"狡猾"）。这是包括政府和民间在内的权势集团积极改良的动力之一，并达到了一定的效果。

再者是十月革命之后的苏联的一些做法产生了消极影响。共产主义理论比之于任何改良主义对广大劳动人民都更有吸引力，其存在价值在于其彻底性。就是说，资本主义采取的种种改良措施只能缓和矛盾而不能消灭社会产生不平等的根源，只有工人阶级通过革命推翻旧制度，掌握了政权，才能缔造一个消灭了人剥削人的社会。

不言而喻，在这个社会中，人民应该享有比资本主义国家更多的民主、自由和平等。十月革命之后的苏联，确实在全世界，包括美国的理想主义的知识分子中，产生过这样的吸引力，而使资产阶级怀有恐惧心理，这是美国 20 世纪 20 年代"恐赤潮"之由来。苏联革命初期的经济困难和生活困苦并没有影响其吸引力，但是自斯大林执政以后接踵而来的种种情况，使忠于苏联的共产党人经常处于尴尬境地。结果，本来对美国社会极为不满的人转而向改良的资本主义妥协。

到 90 年代初，由于社会主义国家风云突变，美国沾沾自喜，"历史终结论"应运而生，认为一劳永逸地确立了西方制度的普适性，再不会有挑战。但是过了几年，世界的发展似乎并不完全如他们所想象，再回顾美国国内，尽管作为国家富甲天下，但是各种社会矛盾依然存在，20 世纪初进步主义运动所批判的种种城市罪恶有增无减，科技高度发达对人类是祸是福引起根本怀疑……于是批判之风又起。在学术界，承欧洲后现代主义之余沫，兴起了对所谓"晚期资本主义"的批判。这实际是美国思想界的常规，每隔一段时期就对自身进行一次审视，也是对前一段过于自信、以为历史已经终结的逆反。这种思潮也反映了对后工业化社会的厌倦、对整个科学发展的怀疑，与 60 年代的激进派有类似之处。不同的是，后者当时寄希望于中国和第三世界的反帝运动，并且有积极的行动，而 20 世纪末的新左派思潮则始终局限于学院内，在学术界也处于边缘，一则是语言晦涩，很难有广泛的读者，二则是只"解构"已有的秩序，不提出积极的主张，这是与 20 世纪前几次的思想批判最大的不同，因此影响和意义要小得多。

以上所说的是对于不公正、不平等的批判，既反映了社会弱势群体的情绪和要求,又反映了知识分子理想主义对正义和公平的向往。另外一种是来自权势集团内部的批判,表现了一种忧心。例如50年代苏联卫星上天之后的"导弹距离"之说,引发了对美国教育的尖锐批评,导致教育改革;80年代对日本经济强势的夸大和"美国衰落论",导致对美国经济特别是制造业的深入研究和改造;还有担心白人主流文化失去控制地位的"美国四分五裂论"等,都属于这一类。每一次总统竞选中两党以及竞选双方的互相揭短、攻击,除去涉及个人的之外,多数都是对政治和社会弊病的审查,其指出问题之切中要害和批判之尖锐,不亚于来自基层愤愤不平的群众的批评。尽管有些问题在野者执政后照样无能为力,但是这种定期的公开批判至少可以起到敲警钟的作用,并引起全社会的注意。

一方面是权力制衡的政治体制,一方面是在言论自由的保障下自上而下、自下而上全社会自我揭短、互相揭短的批判传统,促成了持续的渐进的改良。虽不能彻底解决问题(任何一个国家也不能),却得以把矛盾控制在一定范围,使之一次次度过危机,也可以说是社会在不断摇晃中避免了剧烈震荡。

瑞典著名社会学家古纳·米尔达在二三十年代访美,对美国人的公开自我揭短印象深刻。使他惊奇的还有,不少萍水相逢的美国人经常会对他这个外国人信任地问道:"你看我们国家问题在哪里?"他把这归于基督教对罪行的忏悔心理。他写道:

> 美国人强烈地、诚心诚意地"反对罪行",对自己的罪行也绝不稍息。他审视自己的错误,把它记录在案,然后在屋顶上高声宣扬,以最严厉的词句批判自己,包括谴责伪善。

如果说全世界都充分了解美国的腐化现象、有组织的犯罪和司法制度的弊病的话，那不是由于其特别邪恶，而是由于美国人自己爱宣扬缺点。[1]

不论是出于基督教的悔罪传统，还是出于自由主义的公众认知权的原则，这种自我批判精神和通过公开讨论解决问题的信心是美国改良机制的灵魂，也是美国的活力所在。反过来，也可以设想，在这样锲而不舍的大声疾呼、"家丑外扬"的制度下，仍然腐败丑闻不断，如果加以遮掩，压制批判，其后果将会如何。

六　最大的人才优势和创新机制

80年代中期，以保尔·肯尼迪的《大国兴衰》一书为契机，"美国衰落论"曾在美国和中国风行一时，当然都有相当的事实和数字依据。但是笔者一直不以为然，认为美国的潜力远未发挥尽，其中最主要的就是人才优势。后来，笔者在《战后美国外交史》的"绪论"中曾写过这样一段话：

> ……一个常为论者所忽视的方面，就是美国的人才优势。如果说今后国际竞争主要是经济实力之争，而经济实力又取决于高科技和各种管理人才的话，美国吸引人才和发挥人才的优势仍将是他国所不能及的一大强项。美国是移民国家，

---

[1] Gunnar Myrdal, *An American Dilemma: The Negro Problem and Modern Democracy*, Harper & Brothers Publishers, New York, 1944, p.21.

从一开始就有其独特之处。世界上没有一个国家的人口是从已经具备一定劳动力和技能的青壮年开始的。他们出生、成长的"赔钱"阶段是由别国支付,而把最富创造性的年华和辛勤劳动贡献给建设美国。不仅是在立国初期和"拓边"时期如此,这一过程贯穿于每个历史时期,至今方兴未艾。苏联解体后,美国在高科技人才方面又可望发一笔意外之财,其深远影响不可估量。在人才日益国际化的今天,无可否认的事实是,全世界人才的自然流向是美国。这种情况不改变,就说明美国的社会机制相对说来更能提供发挥创造力的条件。大批移民当然也造成许多社会问题,但美国可以通过调整移民政策来进行择优。人才状况不是孤立的,它既预示着未来的竞争潜力,也从一个侧面反映了当前的相对实力。因为人才流动不可能强迫,一个对人才有如许容量和吸引力的国家很难说是走上衰落之路的。[1]

现在看来这段话已为近年来的事实成倍地证明,但它还没有揭示美国吸引人才的内在根源。那时"知识经济"这一新名词尚未流行,但是大家都已意识到,在今后的发展中,知识或智力的重要性将日益突出,这是肯定的。前几年,"后工业化社会"一词用得较多,但是不明确这"后"面是什么。现在有了一个比较明确的称呼,那就是"信息社会",或"信息时代"。在这个新时代中,美国的优势是显而易见的。优势之最就是人才。这里有作为移民国家的先天因素,

---

[1] 资中筠主编:《战后美国外交史——从杜鲁门到里根》(上册),世界知识出版社,1994年,第13页。

也有教育文化的后天因素。不仅是高级人才的比例,更重要的是普遍的人口素质,也就是"国民性"。

美国在"人"的因素上得天独厚的优势,源于其移民国家的特点。世界上没有哪个民族[1]的人口构成如此复杂,没有哪一方土地是这样的"万国殖民地",也没有哪一个国家几百年来总能博采各民族之精华为己所用,而且这一情况还在继续。当然这一特点也正在造成严重的问题和危机,可谓成也萧何,败也萧何。这一点在第八章中有所分析。但是可以肯定地说,迄今为止,"成"远超过"败"。世界历史上发生过多次民族大迁徙,今天许多国家的一部分人口的祖先也来自其他地方,但是美国情况不同:1)美国的移民是陆续形成,一批一批来的,不是一次涌来;2)最早到美国的移民来自当时世界最发达的欧洲国家,带来的是当时最先进的生产力和思想观念;3)从《五月花公约》到《独立宣言》的100多年中已经形成了一套核心价值观,成为以后无论来自何方的移民的认同的中心,产生独特的凝聚力。最后一点尤其重要,而且证明有很强的黏附力,否则美利坚民族就无法诞生和延续。

事实上,直到现在,美国的主要人口构成中,欧洲后裔还是占压倒性多数(关于欧洲不同的族裔,此处不细说)。至少直到"二战"之前,美国一直源源不断从欧洲吸取精华,包括思想、人才、科学发明,等等。许多新理论和新发明首创于欧洲而最后完成和实践在美国。有一则流传的故事:凯恩斯提出他的学说后,跑到美国去说服罗斯福予以实施,他说英国有颗大脑袋,而美国有个大身体,把英国的

---

[1] 这里的"民族"是用其广义,如说"中华民族"包括汉族和少数民族。

脑袋移植到美国的身体上可以发挥最大的作用。不论凯恩斯本人是否说过这样的话，讲这个故事的一定是英国人，反映了一种优越感和没落感混杂的心理，但是也很形象地描绘了欧洲与美国的关系，也就是力不从心的欧洲的精华移植到美国获得了新生。

但是，源于欧洲的理论在美国获得了新生不仅仅是由于美国的物质力量。如美国著名企业家朱克曼指出的，造成美国经济强盛的根本原因在于独一无二的"美记"企业管理资本主义。它本身有一种特殊的自我更新机制和灵活的转型与适应能力。由于幅员辽阔、市场巨大和人口复杂的需要，美国发展出了特有的企业精神，善于经营管理的传统，相信科学技术，以数字、法律、合同为基础，而不是以人际关系和习俗为基础。美国的企业除了得天独厚能吸收全世界的优秀人才之外，比其他任何国家都舍得在培训人才上花本钱。与欧洲相比，美国绝大多数优秀人才在私人企业中，其成功者受到社会的鼓励和尊重。19世纪末"新边疆"结束后，整个大陆由纵横交错的铁路连成一片，州际的关税壁垒被取消，一个统一的大市场逐渐形成，成为推动生产发展的强劲动力，新发明层出不穷，而且迅速普及，代替了地理上的新边疆。今天，美国的"新边疆"是全球经济，美国在其中仍然处于优越地位。美国的企业精神和个人独创性在当前的知识经济时代比工业化时代更能发挥优势。所以19世纪出现了卡内基、洛克菲勒、摩根这样的能够把握世界的巨头，20世纪比尔·盖茨、泰德·特纳、拉里·埃里森等领导世界新潮流的新巨头也出现在美国就不是偶然的了。[1]

---

1 Mortimer B. Zuckerman, Debate: A Second American Century, *Foreign Affairs*, May/June, 1998.

一般说来，在民族融合中，总是处于先进发展阶段的民族同化后进的民族，中国盛唐时期就是最好的例子。美国号称"大熔炉"，不论原属于何种民族的移民到了这里，就成了新的"美国人"的一部分。他们保留自己的风俗习惯和宗教信仰，但是认同这个社会的基本制度和核心价值观。毋庸讳言，这样形成的美国人，其主流是欧洲裔的白人，也就是所谓的WASP（白种—盎格鲁-撒克逊—新教徒）。直到20世纪上半叶，所有后来的移民都有一个"美国化"的过程，也就是向先来的主流欧洲白人同化的过程。这一做法基本上是自觉自愿的。"大熔炉"之说就是一名俄国犹太移民于1908年创作的一个剧本的台词。1918年纽约7万新移民大游行，来自40多个国家的移民热切地表示认同美国。美国的活力和凝聚力在那时达到高潮。"二战"以后，情况就逐渐复杂起来，有人提出"马赛克"或"大拼盘"之说取代"大熔炉"的形象，说明种族的融合已经越来越困难了。但即使是拼盘，WASP仍然是占据中心的一大块，其他大大小小的族裔则处于层层边缘。这种情况能够继续多久，或者是否应该继续下去，是美国面临的一个难题。

问题的根源在于美国是以种族主义起家的，"白人至上"的思想统治了几个世纪。他们从一开始就把原住民印第安人赶尽杀绝，然后又从非洲贩来黑人做奴隶。各式各样的后来移民，从爱尔兰人、意大利人、犹太人等白人到亚洲的有色人种，先后都受到过不同程度的歧视，在"熔化"之前都当过二等、三等公民。先来者根据自己的需要在移民法上做文章，以决定接纳还是排斥。在这个信奉自由、民主的国家，对种族平等的观念却接受得很晚，过程曲折而痛苦。这一观念真正进入主流思想是在60年代的激进运动之后。但是直到现在，根深蒂固的种族歧视仍然时隐时现。与此同时，少数族群的觉悟也迅速提高。正因为过去受歧视，而且现在各方面的残余影响依然存在，这种觉悟和代表族群的要求就更为强烈，主要表现在对主流文化的挑战，这与1918年的大游行所反映的新移民急于认同主流文化的心态大不相同。这不仅是少数族群的要求，一部分自由主义知识分子也持这种观点。第七章提到的关于"确保行动"之争和第八章提到的90年代围绕历史教科书的大辩论，都反映了在种族问题上两种思想之争：前者关系到如何弥补历史遗留的种族不平等；后者涉及的问题更加深刻——美国的历史是否应该从根本上改写，不再承认白人基督教文明的主流地位。如何诠释历史关系到如何塑造未来，也就关系到美国是否还能继续在多元化中维持其原来的主流文化。笔者以为，在短期内，美国的多元文化远不足以威胁主流文化的地位，而且移民"美国化"的过程仍在继续，不论是自愿还是不得已。但是从长远看，这个问题始终存在。

美国的种族矛盾大于阶级矛盾，而且要深刻得多。社会地位是可以改变的，而肤色是不可改变的。种族与阶级有时相重叠，例如多数下层劳动者为黑人和拉美移民，但种族歧视是独立于阶级之外的。在黑人斗争的历史上，受过良好教育、已经进入中产阶层的照样受歧视。今天，亚裔人尽管已成为美国公民，甚至是生于美国的第二代，职业和经济地位都属于高等社会，但仍然不免被另眼看待。最典型的例子是滑冰选手关颖珊，她明明是生于斯长于斯的美国人，但当她在全国冠军赛中败于一名白人美国选手时，美国几大传媒都欢呼美国选手击败了中国人。1999年以莫须有的所谓泄露核机密罪名遭到迫害的李文和事件固然与外交有关，从深层次看，也是种族歧视问题。在美国的主流人种之外，生存能力较强、对美国的发展贡献最大的有两个族裔：一是犹太人，一是华人。犹太人过去曾受歧视，现在已经完全汇入主流，不再有区别；穷苦的拉美移民是照顾对象，但是其中的白人一旦进入高等社会，就不再被区分出来。而华人却似乎仍是黑白人种以外的"外来者"。究其原因，一是肤色，二是文化，三是受中美关系的影响。不论单个的华裔美国人自己的观点如何，总体上看，其在美国的"特殊"处境难以在短期内完全消除。

美国作为移民国家，吸取各民族之精华，构成它最大的优势之一，而根深蒂固的种族矛盾，又是美国最大的社会难题之一。

七 美国与世界

一个世纪以来，美国依靠渐进的改良不断缓解矛盾、克服危机向前发展。但是矛盾远没有解决，例如贫富悬殊、种族歧视、严重的道德堕落和犯罪问题等，都显而易见。原来的优越条件也有异化的危险，例如，健康的社会批判的传统会不会削弱？"美国精神"会不会也在变质？如丹尼尔·贝尔对马克斯·韦伯所说的促进资本主义发展的新教"禁欲苦行主义"做的补充："贪婪攫取性"这一面占上风，"宗教的冲动"为"经济的冲动"所淹没，结果道德自律和创造精神两败俱伤……总之，今后美国的发展仍取决于在20世纪起作用的优势能否继续克服异化而保持其生命力。

在今天各国相互依赖日深的世界上，一个大国的兴衰的影响绝不会限于其国土之内，美国就更不必说。不过至少到目前为止，人们担心的还不是美国如果衰落会带来什么影响，而是一个唯一的、在各方面遥遥领先的、超强的美国对世界是祸是福。也就是说，美国如何运用它的力量，奉行什么样的哲学，对世界其他国家的人都有利害关系。百年来，美国高度发达的科技和生产力带动了全球的进步，美国以雄厚的实力对反法西斯战争和战后恢复做出了无可替代的贡献，又直接帮助或间接促进了一批国家的经济发展。如果哪个国家善于学习，美国从治国到企业管理到解决社会问题到文化教育都提供了极为丰富的经验。今天，在有关全人类福祉的问题上，如环境保护、自然灾害控制、公共健康，以及反毒品、反国际恐怖主义等斗争中，美国还能发挥带头作用。但是另一方面，美国的外交思想和实践是不折不扣的强权政治和霸权主义，是"顺我者昌，逆我者亡"。无论以什么"主义"的名义，"理想主义"还是"现实主义"，"孤立主义"还是"国际主义"，"意识形态"为主还是"地缘政治"为主，实际上，美国一直都在随着实力的不断增长而不断向外扩张其势力范围。直到今天，全球都被当作它的战略势力范围。

"二战"结束后，有40年是美苏对峙的冷战时期。在这期间，以意识形态和社会制度划线，美国在"顺我者昌"和"逆我者亡"两方面都尽情发挥。根据前者，一批国家受其帮助和扶植得以发展，这是与其争霸的苏联所做不到的；根据后者，它对另一批国家则从封锁、包围到颠覆到武装干涉无所不为，不过有的成功，有的不成功。至苏联解体，冷战结束，人们曾一度以为美国注意力将"内向"，更多关心国内事务；然而事实正相反，所谓"内向"，只不过是短期的重新审时度势、调整部署。冷战后，美国强烈地意识到自己是唯一的超级大国，战略目标的核心是防止其他任何国家挑战它独一无二的地位，整个地球是它在上面进行部署的大棋盘。在经济全球化进程加速的今天，它使"顺我者昌"的能力已经大不如前，而且，国际关系大大复杂化，要定出全国一致认同的欲其"昌"的对象也不容易，但是对于"逆我者"欲其"亡"的意志却不稍减，而且少了冷战时的约束，更加肆无忌惮。

一般的传统观念认为，外交是内政的继续，对外侵略与对内压迫有必然的联系。日本军国主义、德国法西斯都是如此。美国却不然。美国的政治制度和政治信仰对内不能实行压迫，所以才有渐进的妥协、改良，才有今天的昌盛。相对来说，美国人民享有的自由和民主权利是比较充分的。在国内政治斗争中，双方不论如何互相攻击、无所不用其极，都必须遵守一定的民主程序和规则，最后失败者就认输，犯规者就出局。尼克松因水门事件不得不下台，就是因为违反了基本规则。但是在国际社会中，美国却不把自己看成平等的一员，而是超然于一切国家一切规则之上。自威尔逊开始，美国就意图以制定国际规则来"领导"世界，至小罗斯福领导创立联合国而获得成功。公平地说，没有美国的倡导和主事，"二战"后这样一个国际组织很难实现。但是今天，美国认为联合国已不那么得心应手，一旦其他成员国的发言权阻碍了自己的意图得到贯彻，就想方设法绕过它。总之，美国的意志必须贯彻，这是前提，国际规则以及其他种种法律的和道义的准则必须服从这一前提。美国的民主制度决定了决策者必须重视本国人的生命和福利，这对于对外用兵是一个制约因素。例如"二战"最后阶段，西方和苏联争夺战后地盘之势已成，美军原可以先进入柏林，但是因估计人员牺牲太大，而把这一攻坚任务留给了苏联红军，宁愿遗留下一个困扰几十年的"柏林问题"。战后，在可能的情况下，美国总是宁愿出钱出枪让别国出人打仗。如果由美国派出地面部队，如朝鲜、越南战争，则不可能做持久战，因为美国青年牺牲到一定程度，国内人民和舆论就要反对。现在武器日益先进，在不必派出地面部队的情况下对别国进行袭击，则顾忌较少。美国拥有世界最大最先进的武器库、最雄厚的经济实力，却常指认别国对自己构成"威胁"，这"威胁"究竟何所指？归根结底，是对左右世事的霸权（或如美国自称的"领导权"）的挑战。美国在综合国力方面必须保持大距离的领先地位。形象地说，在长跑竞赛中，美国不但长期习惯于跑在第一，而且与第二名的距离一直保持在1000米，若感觉到这距离有可能缩短到800米（还只是有可能），美国就感到威胁。这种心态使美国能对自身不断兴利除弊，奋发图强，不因富强而懈怠，但是对待别国无法平等。在国际社会，美国以最高裁判者自居，给其他国家的表现评等级以决定奖惩，最坏的是"无赖国家"（如伊拉克、南联盟），可以武力打击，甚至对别国内部不同的派别做出评判，决定扶植或反对，而自认为可以不受评判和制约。但是美国往往低估民族主义的意志和力量，在这方面屡犯错误。实际上，发展上的领先并不与左右世界局势的能力成正比，这是战后多次为事实所证明的。

在第九章中，笔者创造了"隐性霸权"的提法。这是指一个世纪以来，美国以它在科技和生产方式上的不断创新"领导"了世界潮流，使世人身不由己地接受它的影响，跟着它跑。不知不觉间，在器用、话语、生活方式，乃至品位、习俗方面，都向"美国化"发展。今天所谓的"信息时代"、"网络时代"，其源头还是在美国。美国根据自身的规律和需要实现某种发展进程，而这种进程必然辐射到全世界，不论它是否符合其他国家自身发展的阶段和模式，它们都只有紧追，否则就被淘汰。这是另一种"顺我者昌，逆我者亡"，不以人的意志为转移。这是一种客观现象。如何掌握，更多是他国的问题而不是美国的问题了。

"9·11"事件之后，美国是否又发生了一次转折？第十章专门对此做了分析和论述。总的说来，小布什政府内外政策沿着"新保守主义"的极端思想走得相当远，国家安全开始腐蚀国内民主。另一方面，美国的批判精神、社会精英对保卫宪法的自觉性和法治的力量依然存在。对外，小布什政府的"大中东民主"计划遇到严重挫折，深陷伊拉克泥沼不能自拔，现实迫使它必须收敛，但是无论如何不可能如某些美国人所担心的那样回到"孤立主义"，连像尼克松那样收缩战线都难；对内，社会矛盾再次尖锐化，美国制度的痼疾造成的负面现象正在加剧，似乎又需要一次类似"进步主义"的改革运动以兴利除弊。但是形势今非昔比，很难形成促成20世纪几次改革高潮那样的强大力量。美国国内预言美国衰落、危机乃至崩溃的种种议论再次兴起。这些议论都有一定根据，但往往片面夸大，表现出"爱之深而虑之远"。这种忧患意识及其尽情表达正是美国的希望所在。21世纪以来所发生的事态尚不足以修改本书的基本论点。美国是否会发生重大转折，现在还言之过早。但是对外人来说，不论美国过于强大，还是突然衰退，都非世界之福。

第二章　在自由竞争与追求平等的悖论中摆动

"一个复杂的社会经常在一种压力之下，就是要调整它的结构来适应它的中心价值观，以便减轻由于社会关系的变化产生的张力。做不到这一点，就要发生社会动乱。"[1]

纵观以自由主义为核心的美国思想的发展，从中可以看到两条线：

一条是侧重自由，倾向社会达尔文主义，鼓励竞争、无拘束的个人奋斗，讲求效率，无情淘汰，适者生存。这导致贫富差距扩大，社会不平等加剧。

另一条是侧重平等，信仰人道主义、社会公正、天赋人权，倡导对社会、对集体的义务，反对特权，反对压迫。这导致批判现实主义和社会改良，包括政府干预和福利政策。

这两条线构成美国的精神力量，缺一不可。政治、政策和社会

---

[1] Seymour Martin Lipset, *The First New Nation: The United States in Historical & Comparative Perspective*, W. W. Norton & Company, New York, 1979, pp.7-8.

思潮、风气在二者之间不断调整，取得暂时平衡（只能是暂时的），使美国得以相对平稳地发展。改良的实质是以第二条线抵消第一条线所造成的消极后果和社会矛盾。由此形成的哲学思想又有两个方面：一是理想主义，一是实用主义，二者相辅相成。理想主义并非完全不顾实际，实用主义也不是毫无原则，它们是一个硬币的两面。今天的价值观念与19世纪有很多不同。关于美国思想变迁的著作林林总总，要而言之，一种是强调其变化的一面，一种是强调其连续性的一面。实际情况是既有变化又有延续，变也是渐变，没有"和传统观念彻底决裂"的过程。迄今为止，自由主义的核心还是未变。也可以说，自由主义是一个边缘很宽的框架，每个历史时期的思潮根据实用的需要在边缘之内摆动。

一　简短的历史回顾

美国思想的渊源当然是欧洲。每一个时期欧洲的主流思想和反潮流思想在美国都有反映。最早来美的移民是英国人，这一事实奠定了美国早期的思想基础，从宗教、政治、经济、文化到生活方式，占统治地位的都是英国的影响。但是欧洲其他国家和地区，如法、德、北欧等的移民也差不多同时到来，使得美国从一开始也接受了欧洲大陆的影响，这对美国国族自性（national identity）的形成，以至最终实现独立非常重要。从最早的移民开始，就在欧洲大陆的理性主义和英国的改良主义、经验主义之间的广阔天地中进行伟大的实验。直到20世纪，许多思想、学说仍然发源于欧洲，但是在美国得到充分的实施，成为美国变种。作为美国立国之本并贯穿于整个美国社

第二章 在自由竞争与追求平等的悖论中摆动

会发展的主流思想是自由主义—个人主义。其来源一是基督教，二是欧洲的启蒙运动，特别是其先驱英国思想家约翰·洛克的思想。

基督教（包括天主教）教派林立，在欧洲不同的国家产生的影响和传统也各异。来到美国的欧洲移民带来了各自的宗教派别，正是这一事实形成了美国宗教，不论是主流的还是非主流的教派都能有一席之地。无形的宗教歧视是存在的，但是很少有欧洲中世纪那种激烈的教派争斗，更没有宗教战争，基本上各有各的地盘，和平共处。众所周知，早期作为美国思想主流的是新教的加尔文教派，亦即清教徒。加尔文教派早期确曾有排斥异教的倾向，不过为时比较短暂[1]，其他的教派，例如贵格派、浸礼会等都较早在北美立足。尽管不同教派教义各异，但总体上有其共性。基督教作为一种精神理想和普遍的道德标准，在潜移默化中对美国国民性的形成有深远的影响。美国在法律上是政教分离的，宗教信仰唯其不是强迫的，其影响就更具有渗透性。它所宣扬的某些基本原则始终是维系美国社会的共同价值观。不论种族、职业、处境、社会地位、政治观点乃至所属教派有多么不同，大体上都认同基督教对人、对社会、对知识的取向，有共同的善恶是非标准和伦理道德观念。从总统到街头流浪汉，至少理论上在上帝面前人人平等。"敬畏上帝，经常上教堂，按规定纳税"成为好公民的标准。早期，教堂是施教化的中心，牧师是当地最受尊敬的人，是道德文章的象征，是知识的传播者。事实上，在美国建国之前和建国初期，教会对教育的发展和各级学校的建立起了很大

---

[1] 众所周知，美国 17 世纪有过极端宗教狂热的表现，即"驱巫"浪潮。不过从**那时以后，特别是美国立国以后**，信仰自由占主流。

的作用。随着科学、经济的发达,教会也日益世俗化。但是直到今天,宗教无论作为实际的社会势力还是抽象的精神力量,其影响仍不可低估。所以至今,总统就职、法庭宣誓都得手抚《圣经》,而且每当新年伊始,还要举行总统祈祷早餐会——一方面借助彼岸的力量,呈现一派肃穆神圣;一方面,祈祷的内容高度实用,都与现实相联系,归结于永恒的主题:"上帝赐福美国。"这不能说成只是统治者愚民的一种策略。从广义来说,正因为绝大多数人民有此信仰,统治者才必须强调自己对这一信仰的认同,以取得除了通过选举制度的合法性之外的精神上的合法性。

洛克思想对美国的影响众所周知,例如主张宗教宽容、反对君权神授、重视教育,最重要的是关于政府的理论,即天赋人权、主权在个人、有限政府、分权制,等等。但是还有一种思想来源不常为人道及,就是远在1690年洛克的《政府论》出版之前约50年出现的"平等派"思想。"平等派"是1642年在英国内战中出现的一小股政治势力,为基督教激进派,代表底层劳动者,先拥护后反对克伦威尔。其平权思想对洛克本人和对美国独立都有影响。他们的斗争方式仍不外乎利用短暂的言论自由间隙从事宣传,印发小册子。作为政治组织,它存在时间不长即被镇压下去,但是其思想影响深远。"平等派"自称"生而自由的英国人",其人权为自然法所保护,议会的主权不过是选举它的人民暂时借给它的。1649年发表《人民的协议》,提出为英国制定的宪法纲领。美国独立的思想先驱托马斯·潘恩就是"平等派"思想的继承者。美国大陆会议发表《独立宣言》,其内容乃至措辞与《人民的协议》十分相似,起草人杰斐逊也承认,《独立宣言》中的思想并非他的独创。

第二章 在自由竞争与追求平等的悖论中摆动

基督教加上来自欧洲的启蒙思想共同在新大陆的土壤上生根、开花、结果，形成了有"美国特色"的自由主义传统。概括起来，大体有以下主要内容：

——个人主义：启蒙思想中的人本主义在美国得到了最充分的发展。它一方面是对神而言，不相信神力而相信人通过自己的努力能改造自然，但同时人通过教育和宗教信仰自律向善，在这一点上又借助宗教的力量；另一方面是对国家而言，相信天赋人权——生命、自由、财产、追求幸福的权利——神圣不可侵犯，国家无权剥夺。如果国家剥夺了这一人权，人民就有理由起而推翻之。这一思想是美国独立的依据，也是美利坚合众国宪法的基础。总之，这是一种乐观、向上，个人求发展的自由主义。也可以说，美国人对自由主义—个人主义的最基本的理解就是个人不受外力强加的拘束，追求成功和幸福的自由。

——理性主义：理性主义在欧洲大陆是作为神学的对立面而发展起来的，一传到美国就有了"美国特色"，不是作为宗教的对立面，而是与宗教信仰巧妙地结合起来，相辅相成。这在一定程度上与英国传统有关。加尔文教和圣公会教徒都不排斥理性。他们维护信仰自由，认为上帝既然赐给人以理性，就应用来追求真理，每一个凡人都有权对《圣经》做理性的诠释，也都有能力理解其中真谛，宇宙是有规律可循的，是可以被人认识的。这就使美国的宗教一开始就与自然科学没有矛盾。特别是牛顿的学说，为美国清教领袖们普遍接受。当然，在对教义的各种解释中也有许多非理性的成分，也存在对科学采取怀疑和抵制的保守的教会。但是总的说来，宗教信仰在美国没有成为理性主义的对立面，因而没有成为科学发展的阻力。

——人道主义：人道主义思想主要代表中产阶级对社会"不幸"阶层的人的同情和责任感。与欧洲的等级制度不同，美国立国前后是以中产阶级为统治阶层的社会，并且许多人由于脱离贫困不久，更容易接受人道主义思想。天赋人权说、基督教伦理以及当时兴起的浪漫主义思潮，都与人道主义相吻合。与此同时，作为启蒙思想的一部分，或由此派生出来的，是"环境决定论"。就是说，人的优劣是后天环境决定的，不是天生。从这一前提出发，顺理成章的应该是否定劣等人种之说，这是最早的美国废奴主义和倡导改善监狱条件与罪犯生活环境的理论基础（但是在实践中，对待种族问题更强有力的思想是弱肉强食的社会达尔文主义，或者根本不把黑人当作"人"来对待，这一点在以后的章节中还将详述）。

最早把人道主义及其组织贵格教会带到美国的著名人物是来自英国的威廉·宾，以及抨击奴隶制的约翰·沃尔曼、安东尼·贝尼泽特等人，著名的思想家本杰明·富兰克林也是人道主义倡导者。这一人道主义的延续和发展，后来实际上成为平衡社会达尔文主义的主要思潮的渊源。

——平民主义[1]：如果说人道主义代表中产阶级，那么平民主义则代表底层大众，它特别强调平等的一面。上述英国的"平等派"就具有这种特色。在美国，平民主义不是主流，但是一直作为一种潜流存在，在不同时期或隐或显，对精英政治形成一种张力。在社会矛盾尖锐时则对主流社会发出冲击，有时带有反智色彩。

---

1 Populism，现在通常称作"民粹主义"，这里笔者有意用"平民主义"以区别俄罗斯革命中的"民粹主义"。

第二章　在自由竞争与追求平等的悖论中摆动

以上简述的美国的自由主义—个人主义的几个方面，在早期是浑然一体的，它们之间的矛盾并不突出。这种理想化的自由主义社会基础是个体农户和中等庄园或农场主。如林肯所说，"资本和劳动混合在一起"。雇佣劳动者的地位并不固定，有很多机会可以成为独立的农场主或小企业老板。这种社会的"垂直移动性"（vertical mobility）是美国早期发展的特点，后来随着大工业的发展和垄断财团的出现，阶级的界限相对固定下来，但是较之其他发达国家，美国社会升降的流动性还是要大得多。这是共和党创建时期的思想基础——反对垄断，主张自由劳动，以"生产者"的代言人自居，反对"非生产者"，也就是反对不劳而获。在他们看来，从事经营管理和从事生产劳动的人同样是"生产者"。这也与加尔文教崇尚勤俭起家、鼓励个人创业的价值观一脉相承。在那种情况下，自由与平等可以结合成为统一的理想。

南北战争之后，从19世纪后期到20世纪初，随着大工业的急剧发展，阶级分化日益明显，使自由竞争与平等的原则日益难以相容。上述自由主义的几个方面就沿着两股道发展，互相制衡，也就是本章一开始提出的：社会达尔文主义和批判现实主义—改良主义。

19世纪中叶，欧洲思想界发生了两大惊世骇俗的事件：1）以1848年《共产党宣言》的发表和1859年《政治经济学批判》为标志的马克思主义的诞生；2）以1859年达尔文的《物种起源》发表为标志的生物进化论的诞生。二者都是从根本上挑战传统观念，但是对其后社会发展所产生的影响却是方向相反的。

进化论本是自然科学，讲的是生物的进化，它所挑战的对象是神学。但是被与达尔文同时代的赫伯特·斯宾塞发展，用于人类社会，就成为"社会达尔文主义"。他把"适者生存"的原则运用到人与人的关系之中,极而言之,就是证明社会不平等、弱肉强食的合理性。这一理论迅速传到美国,在那里找到了最适宜的土壤,成为美国发展的一股强劲的动力。这绝不是说,欧洲国家在 20 世纪就已经没有了弱肉强食的自由竞争,美国就没有争取平等的努力,相反,本章正是试图勾画出这两种思潮在美国的消长、冲突和互补。但是,毕竟社会达尔文主义在美国得到最大的验证和发挥是事实。

二 社会达尔文主义的沃土

事实上,美国思想中的实用主义贯穿始终,对两派都适用,其本质是主张人能够合理地控制地上的财富而不是依靠上帝的安排。亚当·斯密的《原富》刚好与美国《独立宣言》在同一年发表,对美国立国前后的思想起很大作用,为美国早期放任主义的经济提供了重要的理论基础。

斯宾塞的巨著《综合哲学体系》论证了人类在社会、心理乃至生物层面都是从简单进化到复杂,从野蛮到文明,从混乱到有序,从无政府到法治,并且预言这一进步将继续下去,与宇宙的变化力量相一致,最终臻于完美。他认为:"进步是必然而非偶然。我们称之为'恶'和'不道德'的事物一定会消失。人类一定会臻于完美……"[1] 这一观点在南北战争之后传到美国,刚好为当时的美国知识分子苦苦思索

---

[1] Henry Steele Commager, *The American Mind: An Interpretation of American Thought and Character Since the 1880's*, Yale University Press, New Haven, 1950, p.86.

的问题找到了答案。在工业化突飞猛进的时期,人们崇拜的是机器和实验室,17世纪的加尔文教教义和18世纪的启蒙思想理性主义的结合所建立的道德信仰,已经不足以解释当时日益出现的社会不和谐与不平等,也不足以抵挡物欲横流的大潮。如马克·吐温笔下尽情讽刺的那个充满了尔虞我诈的"镀金时代",每晚做祷告、每星期上主日学、诚实、帮大人干活的"好孩子"长大了一事无成,而那个既说谎又偷东西、又懒又淘气、亵渎上帝、不做礼拜、为乡邻所不容的"坏孩子",流浪出去之后却当上了国会议员,衣锦还乡。这个小故事典型地描述了靠旧的信仰和伦理观维持的道德标准正在解体。达尔文和斯宾塞的进化论正好解决了这一代思想者的困惑。它以无可辩驳的科学发现证明,万物和人的进步是不可抗拒的宇宙法则,进步不仅是理性的逻辑,而且是自然界的必然规律。它向人类指出前途无比辉煌,道德有了科学基础。"恶"意味着对这一规律的不适应,自然而然会被淘汰。达尔文和斯宾塞被公认为是对美国思想影响最大的两位英语作者,在美国宣扬他们的思想的先驱是哲学家兼历史学家约翰·菲斯克。甚至有一个说法:这两个英国人对美国的权威远超过当年英王乔治三世对北美殖民地的统治,而菲斯克则是其副摄政[1]。那个时代学术分科还没有后来那么细,西方许多学者承文艺复兴遗风,多才多艺,涉及领域很广,菲斯克也是其中之一,对生物学、哲学、宗教、人类学、法学和历史都有研究。他在18岁时读到了达尔文的《物种起源》和斯宾塞的《社会统计》,为之欣喜若狂,自称"灵魂为之燃烧",

---

1　Merle Curti, *The Growth of American Thought*, Transaction Publishers, New Brunswick, 3rd ed., 1991, p.552.

从此成为达尔文和斯宾塞的整套理论的忠实信徒和热切的鼓吹者。他通过笔耕、口传，毕其一生致力于把社会达尔文主义与美国的实际问题相结合，用进化论的原理来解释自然和人类社会发展的规律，最终证明当前美国社会和盎格鲁-撒克逊——美利坚文明是按照历史择优的原理发展而来的，并将继续不断地进化和完善。

但是达尔文主义本质上是反宗教的，而菲斯克既是优秀的生物学家，又是虔诚的基督教徒，他把二者结合了起来。在他那里，达尔文主义所揭示的这样一种完美的、不可抗拒的科学的法则是天定的，运用到人类的进步是在更高的层次上证明全能的上帝的意志。这与牛顿的第一推动力有异曲同工之妙。于是，正如18世纪传到美国的启蒙思想可以与17世纪的加尔文教教义结合起来一样，19世纪后半叶传到美国的社会达尔文主义又可以与宗教相结合，并成为理性主义的补充——而不是否定。这种影响是全面的，遍及各个领域，但最重要的是史学和哲学。在他以后如以赫伯特·亚当斯为首的约翰斯·霍普金斯学派和哥伦比亚大学的约翰·伯杰斯等人都对在美国宣扬这一学说做出了贡献。

不过，社会达尔文主义真正渗透到一般美国人的意识之中，成为全社会的主流思想，是20世纪初的事，而且主要不是在抽象的历史哲学领域，而是在政治经济层面。斯宾塞的著作在美国流传最广、时间最长的是《人与国家的对立》一书。这部著作最清楚地阐明了主张放任主义和反对政府干预的观点，与美国的个人主义和正在上升的物欲不谋而合，特别适合当时美国中产阶级和大资产阶级的口味，使他们觉得凡是个人的作为都符合进化论原理，而政府对个人的干预则都与之相违背。在这方面，美国的主要鼓吹者是威廉·萨姆纳。

他从一名圣公会教区长进而成为社会学家和经济学家,同菲斯克一样,他也把进化论和全能的上帝的旨意结合起来,不过更加侧重"物竞天择,适者生存"这一思想。他把放任主义的原则推向极致,使之成为与万有引力一样的自然法则,甚至成为衡量善恶的标准——放任主义是美德,政府法规是罪恶;前者是文明的法则,后者是反文明的法则。这一理论极端到连公共教育、公共卫生和禁止童工法等都反对。其理由是纵容人的贪欲固然要使社会付出代价,但总比娇惯弱者、延长"不适者"的生存好,因为前者导致社会进步,后者导致社会退化。萨姆纳有一句名言:"我们只能在二者之间选择:或是自由—不平等—适者生存,或是不自由—平等—不适者生存。前者把社会带向进步,使其优秀分子受益;后者把社会推向下坡路,使最劣等的分子受益。"这种理论与私有财产神圣不可侵犯的原则是相一致的。把私有财产作为天赋人权的一部分最早也来源于欧洲,同时是欧美经济学共同的基础,但是在美国,其神圣性几乎等同于宗教信仰,并且也是宪法的理论基础之一。沿着这条线发展下去,自由竞争也成为美国人的一种信仰,被认为是"经济宇宙"的天定的秩序。至于这种竞争造成的财富不均,这派理论的解释是,财富不平等所带来的罪恶远不如财富平等的罪恶大,对个人处境的不满是一切进步的动力,激励个人奋斗的最大的动因莫过于对匮乏的前景的恐惧。任何通过立法来缓解这种不平等的企图都是危险的,它不可避免地要抵消"少劳少得"的原则,从而破坏私有财产权,从而毁灭文明。也就是说,私有财产和不平等是文明的基础,穷人之所以穷,不是太笨就是太懒,上帝是公平的,只要通过个人奋斗,人人都能成为资本家。

这种理论最极端、最彻底的派别被称为达尔文主义"原教旨主义"。当然，还有各种不那么极端的说法。一时之间，不仅在学术层面，而且在通俗文学，乃至教科书、儿童读物中，都贯穿了这样的思想教育，其中影响极大、流传极广的如霍雷肖·阿尔杰写的100多篇儿童故事，专讲苦孩子如何通过善行和自我奋斗取得成功，说明社会充满机遇，吃得苦中苦，就可以成为人上人。这一思潮在当时的美国得以如此流行，当然主要是符合大财团的需要，但同时也有一定的群众基础，能为普通人所接受。这派思想最强有力的这几个代表都是虔诚的基督徒，这正是美国特色的物质和精神的结合。

社会达尔文主义在美国找到最适宜的发展环境不是偶然的。首先，它所宣传的不断进化、永无止境的思想与美国不断开拓边疆的历史经验相吻合，也与美国人所信奉的人可以改造自然、创建社会的乐观主义相一致。达尔文主义在欧洲被视为对宗教的亵渎，在美国尽管也受到某些保守的宗教势力的排斥，有过学校禁止讲授进化论而引起的诉讼，但是总的说来阻力不大，因为上面已经谈到，美国人早已找到把科学理性与基督教信仰巧妙地结合起来的途径。这里有两种平等的观念：一种是机会均等，也就是在起跑线上平等；一种是结果平等，也就是缩小贫富差距。在两种平等观念中，美国人更重视机会平等。有人说，市场经济对美国人来说几乎等同于宗教，简直神圣不可侵犯。美国独特的历史条件，使它一开始就没有像欧洲那样的现成的享有特权的贵族阶级，大批第一代资本家都是白手起家，也就是初始的竞争条件比较平等。尽管到美利坚合众国建国时有产者和无产者之分已经很明显，片面强调起跑线上的平等日益显露其虚伪性，但是直到上个世纪之交，还存在不断上升的机会和白手起家的榜样，使得"人人都可以成为富翁"的口号显得不那么虚妄，还有一定的吸引力。

更主要的是，斯宾塞的放任主义和适者生存说刚好切中当时正在兴起的大工业家的下怀，符合大鱼吃小鱼的潮流。所以大企业家代表人物如休伊特、卡内基等也亲自出马撰文以进化论为工具批判社会主义、工会主义和改良思潮，宣扬现状的合理性和进步性。他们的说法是：美国的工业一直是朝着造福人类的正确方向发展的，工商企业集中在少数人手中是竞争法则的必然结果，不但有益无害，而且是人类进步所必需，这种竞争无论多残酷，对全人类来说仍是最好的，因为它保证了每一个部类的适者生存。当时已经相当频繁的劳资纠纷，被解释为在公平正义的基础上、工资不断增长的过程中的必要插曲。至于罢工，则是"既错误又有害"。对于正在开始的对外扩张，这种弱肉强食的理论也正好合拍，所以老罗斯福虽然在对内政策上属于进步改良派，但在对外扩张上却是以达尔文主义为依据。马汉的海上霸权理论也是以此为依据。可以说，达尔文主义到了美国，既为商业竞争又为帝国主义扩张提供了科学和伦理的基础。

社会达尔文主义得到公开的、充分的、全面的阐述并和美国的实践相结合，是在19世纪末20世纪初。20世纪越往后，这种赤裸裸的弱肉强食的理论就越难公开发表，而见诸文字的多是形形色色的批判现实和改良主义的理论、观点和社会运动。但是并不等于说这种根深蒂固的自由竞争的思想已经式微。毋宁说，它在上个世纪之交已经为美国发展的主线奠定基础，已经贯穿在整个制度的实践之中，已经成为不言而喻的前提。而一些改良和批判的思想则需要大声疾呼，这正是为了不断地限制和修正其弊病，缓解受害者的痛苦，防止它恶性膨胀到影响社会稳定的地步。另外，在20世纪，特别是"二战"以后，自由主义的思潮有了一个新的对立面，那就是共产主义，所以反共主义在一段时期内成为美国的主要思潮，争论的焦点有所改变，下面将专门论及。今天很少有人承认自己是原教旨社会达尔文主义者，但是源于这一思想的主张——缩小政府职能，加强自由竞争——作为国内改良主义、福利主义的对立面一直存在。有意思的是，在美国的政治和经济界，主张自由竞争、反对政府干预被称为"保守派"，而主张政府对自由竞争进行一定限制的被称为"自由派"，这一语义的颠倒也正好说明，前者还是美国社会的根本。

三 改良主义的挑战

如果完全听任社会沿着弱肉强食的道路发展下去，美国就不会有今天，或许早已引起革命，或许在某个时候经济因社会动荡而崩溃。事实上，另一条线，对不平等的批判与主张抑强扶弱的思潮和呼声一直存在。它也是植根于美国的思想传统之中的，也就是自由主义中的人道主义和强调平等这一面。前一派社会达尔文主义在美国盛行的同时，在经济、哲学、政治领域都有其对立面，不过在特定的时期内哪一派成为"显学"，视情况而定。改良主义理论的蓬勃兴起，自成系统，在实践中发挥作用，是在19世纪80年代到20世纪10年代左右，史称**进步主义**时期。当时面对着急剧工业化及其带来的城市化、垄断财团、两极分化、权钱勾结的政治腐化，以及各种罪恶和不公，美国人建立在自由与平等和谐并存的基础上、以农业为主的社会传统价值观受到很大震动。改良派理论在若干主要方面都是对到那时为止的美国传统信念的批判，是对社会达尔文主义的制衡，也是为进步主义的改良实践鸣锣开道。从这个意义上，可以称之为一场"思想革命"。这个时期涌现出一大批学者、思想家,不可能一一列举,现择其影响较大、自成系统并有开创意义的,略加介绍:

1. 亨利·乔治(1839—1897)

1879年,他在纽约出版了《进步与贫困》一书,提出了对当时社会的深刻批判和崭新的理念,立即引起了轰动,说明它反映了当时的民众情绪。全书以生动、雄辩的散文详细分析了创造财富的要素——土地、资本和劳动,并给出了自己的定义,其立论自成系统。以下是一些要点(黑体为笔者所标):

只要现代进步带来的财富只能促进贫富之间的鲜明反差,那么进步就不是真实的。我们时代最大的谜,就是进步与贫困同时增长。这个谜如果不解开,找出医治之道,就只能走向毁灭。只有政治经济学能担起这个任务。

财富是劳动创造的,因而工资就是劳动的报酬。一切创造性的努力,包括体力和脑力,都是劳动。贫困不是土地缺乏造成的(如马尔萨斯人口论所说),而是财富分配不合理、社会不公平造成的。斯宾塞的社会达尔文主义"等于坚持让人们自己去游泳,而不考虑到有人是人为地配备了救生衣的,而有人则人为地背着铅"[1]。财富不能等同于增值,凡不能增加全社会财富的活动,如证券交易、钞票发行、占有奴隶、土地涨价,都不能算创造财富。只有可以触摸的有实际价值而不是相对交换价值的制造品才能算社会的财富。由此,

---

[1] Richard Hofstadter, *Social Darwinism in American Thought, 1860—1915*, University of Pennsylvania Press, 1945, p.93.

得出结论,工资应按付出的劳动计算,而不是如流行的观念所认为的那样,是预支的资本。

人的差别主要由于环境,与种族、阶级无关。人生而平等,不分主奴、君臣、圣人和罪犯。贪婪、好逸恶劳都不是天生的,而是因为现今社会中一切正义、道德都被践踏,人们失去了灵魂,劳动不是为了自我满足,而是为了雇主或他人,因而没有乐趣。在当前的社会结构下最受压抑、浪费最大的是精神力量,发明家、艺术家等占人口的比例实在太小。

提出"**单一税**"制(即废除一切租税,国家只征收土地税)。因为**造物主只承认对劳动的成果的所有权,没有天生应该拥有的东西**。由于土地是造物主无偿赐予的,所以首先应取消地租,使土地拥有者不能靠地租获利,却要对国家交纳高额税,这样他就必须竭力开发经营,从而促进生产,争取劳动力。于是劳动者由买方市场变成卖方市场,可以待价而沽。

理想的社会图景:通过实行"单一税"制改变社会制度,实现更为公平合理的劳动重组和财产分配,资本与劳动可以结合在合作社中。由于工资高、机会多,每个人都会把智力充分融合到体力劳动中,从而消灭粗放的纯体力劳动。劳动时间缩短,体脑交替使用。人人免于匮乏之虞,有了公正感,就会以劳动为乐,迸发出无限创造力,让所有阶级的人都有舒适、独立、从容、优雅的环境,就像把水注入沙漠,不久荒原上就会绿草如茵,鸟语花香。人类总的财富会大大增加,文明也会进步。这样一个美好的社会,即使负担最重的大地主也会欢迎,以便他的子孙生活得更幸福。

亨利·乔治出身贫苦,只上过七年学,没有受过正规的经济学训练,全凭业余大量的阅读和思考,结合切身体会,写出《进步与贫困》一书。他明确表示自己不是社会主义者而是"民主主义改良家",尽管他曾一度被工人运动推举为一面旗帜。[1] 他写作的时候,马克思的著作尚未有英译本,不可能对他产生影响。上述有些论点和理想似乎与马克思有异曲同工之处,但是他与马克思有两点最大的不同:一、他不反对私有制,相反,推崇在利益刺激下追求最高生产效率的机制,所以把小商人、小业主的收入都列为工资,他只反对不劳而获的对自然资源或公共财产的垄断,认为垄断是产生专制的根源。二、达到他理想社会的手段是改良而不是革命,各阶级的利益在其中是可以调和的。

《进步与贫困》出版后被译成多种文字,享誉国际,成为经典,欧洲各国纷纷请他去演讲,得到托尔斯泰、萧伯纳、杜威等人的高度评价。杜威甚至说他是自柏拉图以来屈指可数的世界社会哲学家之一。他所提出的"单一税"制,一度成为美国一派政见,尽管过于理想化,未有可能实施,但他的很多论点还是带有开创性,故而是进步主义思潮的先驱。

2. 莱斯特·沃德(1841—1913)

沃德是美国早期著名的社会学家,社会学学会的创始人。他是最早对放任主义经济和社会达尔文主义从理论到实践提出系统批判的人物。他与菲斯克、萨姆纳属于同代人,也是跨多种学科,原来

---

[1] 关于乔治被工人政党推选为纽约市市长候选人及其与工人运动的关系,见张友伦:《美国社会变革与美国工人运动》,中国社会科学出版社,1997年,第259—271页。

的专业是植物学、医学、地质学,而其重要贡献则在社会学、经济哲学方面。他和乔治一样是自学成才,原来长期在政府任职,1906年到布朗大学任社会学教授,同年,创办社会学学会,任首届会长,实际上他也可以算是美国社会学科的奠基人。他的代表作是《动态社会学》(1883)、《文明的心理因素》(1893)、《纯粹社会学》(1903)等。沃德也是进化论者,他正是从进化论出发,反对放任主义的竞争,反对弱肉强食。其理论要点如下:

人之所以分为阶级绝非"自然选择",在合理的制度下,人人机会平等,人为造成的阶级是可以消灭的。阶级社会,包括印度种姓制、古希腊奴隶制等的生成历史,说明统治和被统治阶级的形成是征战的结果,失败的一方沦为下等阶级有种种主客观原因,但绝不是因为这一种族或人群天生劣等。成吉思汗征服文明程度高得多的汉民族就是明显的例证。由此引申到美国当时的经济不平等是人为的,而不是因人的天赋不同产生的,富人中不乏低能弱智,穷人中也有天才。即使事实上底层人的体力和知识不如上层人,也是其存在的条件造成的。沃德确实提出了消灭阶级的目标,主张消灭"垂直的"不平等,而发展"水平的"差异。就是承认人的天赋是多方面的,正是这种差异推动社会的发展,而在一个消灭了"垂直的"差异的社会里,分工可以更加合理,多样化的才能得以充分发挥,社会就能繁荣进步。[1]

放任主义经济不符合自然法则,而且完全违反人类发展规律,

---

[1] 1907 年社会学学会上的会长讲话:"Social Classes in the Light of Modern Sociology Theory"。

否定人的创造性，堵塞进步之路，因为文明正是人运用智慧把自己从自然力量的暴虐中解放出来的结果，在人类文明的发展中从来就没有过放任主义。所谓"适者生存"是虚假的，因为"适合"不是绝对的，是有条件的，有一个对什么适合的问题。在人与人之间，放任主义是自相矛盾的、虚假的。相反，诸如洛克菲勒、摩根等大财团正致力于兼并、垄断以消灭自由竞争。约翰·洛克菲勒有一句名言："美丽的玫瑰，美国之花，只有在早期把周围的花苞掐掉，才能长成这样芬芳绚丽，令观者激赏喝彩。"[1] 这就一语道破了大资本家心目中的所谓"适者生存"的含义。

政府的保护总是存在的，就看政策对谁有利，大力宣扬放任主义的人正是最受政府保护的那一阶层。大企业要求政府对他们施行放任主义政策，不加任何管制，而自己并非真心欢迎完全自由的竞争。他们大声疾呼，反对劳工的要求，反对所谓"家长制"（即受政府监督），其实劳工只不过要求分享一部分资本家已经享受到的政府的保护而已，而这些大企业的代表人物每天都在进行院外活动，要求议会通过进一步保护他们利益的法案。

政府干预与自由主义没有矛盾，一定程度的集体主义和个人主义也没有矛盾，相反，真正的个人自由只有国家在社会强势阶层和弱势阶层之间起调节功能时才能实现。因为只有这样，才能建立真正平等的竞争机会，保障经济安全和提高全民的智力。这一切可以通过立法来实现。而立法也是人发明的，是"社会为了自身利益用集体智慧来对社会的各种力量进行科学的控制"的一种机制。

---

1 Commager，前引书，p.209。关于沃德的思想，在该书第 10 章有详细介绍。

经过教育而提高了智力的人可以引导社会的演变。既然没有天生智力优劣，那么首先就应该创造受教育机会平等的条件，通过普及和发展教育对社会进行根本性的改良。人类社会的进步与自然界不同，不是从遗传上自然选择，而是互相对立的因素，包括异质文化，在斗争中互相渗透、互相丰富，向更高阶段发展。社会学不但要研究已往社会进化的动力，总结出一定的规律，以预测未来，还要研究如何用科学的原则对这一巨大的能量加以控制，引导它进入安全、和谐的渠道，从而对现有的社会结构进行有益的改造。要做到这一点，先要对人进行教育，提高其智能。

用我们熟悉的语言来说，就是不但要解释社会，还要改造社会，首先要改造人。这是沃德赋予社会学的任务，因此他认为社会学是一切学科之上的学科。[1]

由于沃德常年在政府中任职，对政府的作用以及与大财团打交道中的种种甘苦有丰富的实践经验，所以他提出的政府调节的主张不仅是学理上的，而且具有可操作性。他的主张都是冷静的、理性的，同时从主观的同情到客观的效果都是向社会的弱势阶层倾斜的。他针砭"时弊"的深刻、尖锐、实际和严谨达到空前的程度。由于第一部著作出版较早，思想太前沿，当时比较孤立，甚至受到围攻，其个人处境与其对立面萨姆纳截然不同。但是随着形势的演变，他成为改良派的一面旗帜，以至于一时之间学者们不归于萨姆纳就归于沃德旗下。更重要的是沃德的主张切合实际，实际上奠定了整个20世纪从老罗斯福到威尔逊到小罗斯福乃至约翰逊的"自由派"政府的思路。

1　1906年12月沃德在社会学学会第一届年会上关于建立社会学的讲话。

他从社会学和人类进化的角度主张政府干预经济生活,起调节作用,比"新政"和凯恩斯主义早了半个世纪。同时,他也是美国高度实用的社会科学的先驱。他认为立法者必须懂社会科学才有资格对影响千百万社会单位的措施投票,他曾提出应为当选的议员开关于社会科学的训练班。

3. 亨利·劳埃德(1847—1903)

差不多同时的还有亨利·劳埃德,他毕业于哥伦比亚大学法学院,长期供职于《芝加哥论坛报》,最后任社论编辑。他的思想受爱默生和英国基督教社会主义影响,在19世纪80年代发表了一系列文章,详细揭露垄断财团如何在各个行业中垄断物价和工资的情况,被认为是最早的"调查文学"。他出版多部著作提出改良理论,反对导致弱肉强食的放任主义。1885年离开《芝加哥论坛报》后,他致力于反对童工和改善女工待遇的宣传活动,到处演讲,并支持工会和女权运动。他还曾为"草料场事件"中以爆炸罪被指控的工人辩护,使工人获得赦免。他集记者、学者和社会活动家于一身,对包括杜威在内的进步主义运动一代人有长远影响。

在沃德之后,在经济理论方面与他一脉相承的还有伊利、康芒斯、贝米斯、比尔德等。他们都从不同角度抨击放任自流,揭露时弊,主张政府向平等的方向进行干预。

4. 未成气候的社会主义思潮

19世纪从欧洲传入美国的社会主义思潮,在这段时期一度活跃,多少都对这个时期的进步主义思想家有一些影响。尽管未出现系统阐述其理论的阐述者,其思想却反映在一部已成为经典的科幻小说上。

1888年出版了一部科幻小说《回顾:公元2000—1887年》,作者贝拉米,书中写的是一个波士顿人因故于1887年长睡到2000年,醒来后发现城市变化一新,物质丰富,没有竞争,没有商品,人人安居乐业,人性摆脱了自私和嫉妒……书中还包括详细的制度和操作方法,反映了作者心目中乌托邦社会主义的境界。贝拉米自认是社会主义者,明确反对竞争,认为竞争的动力就是自私,它只能鼓励野蛮,培养最坏的人而淘汰优者,只有联合才是出路。此书出版后的畅销和引起的轰动效应,说明在当时的一般美国人心目中存在着对另一种制度的向往。

贝拉米所描绘的社会主义社会固然不可能实现,但是另外一种社会主义性质的模式,对美国的改革却发生过一定的现实影响,那就是德国式的国家社会主义。当时美国大学尚未授予博士学位,大学生到德国的著名大学读研究生成风。与美国大学重经典和宗教课程不同,德国大学重哲学、政治学,并采取历史的和经验的方法。而且学术自由,鼓励交流,重实证,重实践。德国不像美国那样重视个人主义,德国重视组织的力量,很多教授参与国家的改革。这些对美国学生都产生了影响。这批留学生在思想上受到黑格尔影响,在现实中见证了俾斯麦政府的国家福利,相信国家最不容易犯错误。他们回国后,引进了德国的思想和经验。例如伊利的《法国与德国社会主义》(1883),介绍欧洲社会主义。他们还凭借自己的威望把学术界组织起来,成立了一批学会,如"美国历史学会"(1884)、"美国经济学会"(1885)等,宣传此类思想。这种思潮从另一个角度批判放任主义,顺应当时加强政府干预的需要,与老罗斯福改革的思想方向一致。[1]

5. 凡勃伦的《有闲阶级论》(1889)

这是又一部传世之作。作者独树一帜,以独特的眼光深刻地分析了富人的致富途径和行为模式,把社会分为"有闲阶级"和"勤劳阶级"这样两类人,着重揭露有闲阶级的寄生性和穷奢极侈的生活方式,先是满足物欲和声色之需,然后再满足虚荣心,以金钱购买一切足以赢得社会尊敬的身份、头衔。凡勃伦在此书中发明了"显赫消费"一词,用今天通俗的话说,就是"炫富"、"摆阔气"。他指出,现代社会的生存竞争造成人对金钱的贪欲,使人走向野蛮,只不过在种种欺骗和高级行政手段的巧妙掩饰之下,在形式上不同于原始的野蛮掠夺而已。凡勃伦还提出"为用而生产"与"为利润而生产"的区别,他批判后者,主张由受过高等教育的"勤劳阶级"中的专家治国。这本小书刚好于上个世纪之交问世,正好道出了一般民众对当时的"财大气粗"的富人的奢靡之风的反感,因而反响很大,对富人造成了巨大的压力,在某种程度上起了移风易俗的作用。

四 杜威和实用主义

在南北战争以后的 30 年中,两大派思潮的辩论已经基本完成,而且是在当时所能达到的最高水平上进行,双方的论据已经发表得

---

[1] Arthur A. Ekirch, Jr., *Progressivism in America: A Study of the Era from Theodore Roosevelt to Woodrow Wilson*, New Viewpoints, 1974, p.133.

很充分。当然，在理论上谁也说服不了谁，但是20世纪主要是实践。在实践中，改良却是时代之需，于是上个世纪之交的进步主义思潮进一步导致威廉·詹姆斯和杜威（1859—1952）的实用主义、工具主义哲学。他们的出发点不尽相同，詹姆斯是医学生物学家，在哲学上主要师承英国的经验主义；杜威是哲学家和社会学家。二者殊途同归，成为美国实用主义和实证主义的主流。

杜威的思想极为丰富，对20世纪美国的影响贯穿在政治、社会和教育以及学术方法论等各个方面，并及于几代人。他本人的思想前后也有所发展。这里只着重谈与进步主义有关的部分。

对"适者生存"提出新的解释："适者"是善于和愿意灵活适应今天和明天的条件者。"天择"是由社会或一种有机体来选择多种优于其他的行动和反应的模式，而进行这种选择的机制是舆论和教育。

杜威无疑属于进化论者中的改良派，他的行动更是如此。不过在理论上，他不是把两种思潮对立起来，而毋宁是对"适者生存"做了自己的解释。他反对把生物的功能做僵化的解释，然后生硬地套到人类环境独特的、充满活力的条件上。食肉兽中的"适者"并不等于人类中的"适者"。人类环境变化和进步很快，因此"适者"是善于和愿意灵活适应今天和明天的条件者。既然环境的意义在不断变化，生存竞争的意义也就跟着不断变化，这种生存本能可以导向善，也可以导向恶。人类的问题实质在于把握预见的能力，既能保持过去的机制，又能改造之以适应新的条件。总之，是在习惯和目标之间取得平衡的能力。同样从进化论出发，对所谓"现存条件"应该综合来看，包括构成现有社会结构的所有习惯、需求和理想，那么"适者"就应该是最优秀的，"不适者"可等同于那些反社会的分子，而不是那些体力上最弱的或是经济上的依附者。从整个环境来衡量，依附阶级很可能是"适者"，可比之于人类婴儿期的延长，对他们的照顾使人类发展了预见性、计划性和社会团结，犹如照顾病人可以教会我们怎样保护健康人。

杜威崇尚知识、实验、活动和人的主观能动性。如果杰斐逊的时代可以相信人和社会能自然进步的话，现在必须用集体的力量努力推动社会向进步方面发展。一切都在演变中，事在人为。手段能够决定结果，所以过程的民主对一个民主社会的目标是至关重要的。由此产生了他的教育思想，他力主以知识与教育来改革社会，并提出以儿童为中心，充分挖掘其创造力。教育的过程是改变社会的巨大力量，民主的教育可以引导社会走向民主的目标。[1]

用比较浅显的话来说，这种实用主义或称工具主义的精髓，一是社会觉悟（略相当于我国的经世致用），杜威对此身体力行，身为哲学家，却忙于参加各种小党、改良组织和工会的活动，这本身就是对19世纪书斋中的知识精英的一大变革；二是应变能力，不拘泥于固定的教条，永远开着口，随时准备适应变化着的现实条件。从这个意义上讲，杜威是最名副其实的进步主义者，他痛恨墨守成规，故步自封。以下一段话很能说明他的观点：

> 不论是教育还是任何其他事物，只有在前进中才是进步的。有些思想、原则、风俗、习惯或机制过去曾经代表着一种改良，而现在却成为横在我们面前的问题，没有比硬要保

---

[1] Hofstadter，前引书，pp.114-120，和 Ekirch，前引书，pp.22-23，对杜威的这方面思想有很好的概述。

持这些过时的东西的后果更反动了。……盲目迷恋于一种适合于昨天的事物,而情况已昨是今非,就会阻碍我们认清当前的需要,看不见这种需要应该导致的结果。如爱默生所说,已经完成的"良好"往往是"更好"的敌人。

另一方面,杜威又不赞成突变而提倡渐进。他说:

当然,"新"总是相对的,不是绝对的。即使有的绝对新的东西是值得向往的,或者有人自欺欺人地以为拥有了绝对新的东西,然而文化的延续和经验排除了事实上任何东西是绝对新的可能性。[1]

杜威的威望在两次大战之间达到高峰。实际上,他的哲学思想前人已经画出轮廓,他是在此基础上集大成的人物。也可以说是杜威最集中地表达了美国式的进步主义思想的精华——实用主义加渐进主义,充满乐观精神,相信人的主观能动性能够创造美好的未来。

在 19 世纪末丰富的改良主义理论资源汇入 20 世纪人道主义复兴的潮流中,又出现了一批更为激进的政论家。例如沃尔特·韦尔,1912 年出版《新民主政治》;出身纽约新闻记者的赫伯特·克罗利,1914 年出版《进步的民主政治》,并创办《新共和》杂志;后来成为著名专栏作家的沃尔特·李普曼,也于 1913 年和 1914 年出版《政

---

[1] Introduction to Elsie R. Clapp, *The Use of Resources in Education*, New York, 1952, 转引自 "John Dewey: On Progressive Education", *The Annals of America, 1952*, p.182。

治学序言》和《放任与控制》；还有沃尔特·克拉克（北卡罗来纳州首席法官）、埃伦·史密斯、查尔斯·A.比尔德（哥伦比亚大学教授），等等。其中比尔德的《美国宪法的经济解释》（1913）从根本上揭示了美国宪法是为商业利益服务的，矛头直指美国人一贯认为神圣不可侵犯的宪法和最高法院诠释宪法的权力，认为宪法也应与时俱进，成为这一派的经典著作之一。

这些思想汇成一股潮流，从道德伦理到现实生活，从社会发展到国家利益，揭示放任主义之不公正、不道德，实质上并非自由竞争；认为"放任自流"经济是把人抛向残酷的市场，任其自生自灭；主张运用各种有组织的社会力量进行干预，其中最重要的是政府的力量，以"国家利益"制衡极端个人主义。他们的学说和提出的方案各异，但其共同的特点是：都赞成进化论，而且从中吸取理论根据，着重在"演变"（evolution）这一侧面，强调人能掌握自己的命运，并改良社会，使之更加人道、公平、健康，指斯宾塞一派为歪曲达尔文的学说。他们不把社会看作各自游离的个人的混合体，而看作有机的集体。另外，他们大多是虔诚的教徒，建立了与进步基督教相通的桥梁，对当时以及以后的进步宗教影响极大，不可低估。作为社会科学家，他们各自的命运有所不同，但是总体而言，形成了一笔巨大的思想财富，成为从老罗斯福到小罗斯福乃至今天的历届美国政府改良之路上取之不尽的资源。

1934年，亨利·华莱士在一部著作中对"时代"做了总结性概括：

> 新时代的宗教的、经济的和科学的主调应该是这样一种压倒一切的意识：认识到人类已经具备的精神力量和对自然

的控制力使得为生存而竞争的理论肯定已过时，而为更高级的合作的法则所取代。[1]

华莱士的说法过于理想化，但也有部分道理。20世纪的资本主义进入不同程度的福利国家，再也不可能回到原始的弱肉强食的竞争，但是美国社会的主线还是自由竞争。就社会思潮而言，整个20世纪的美国就在这两端之间摆动，直到90年代，美国极端保守派把各种社会弊病都归罪于"新政"以来的政府干预和福利政策以及主张平等的思潮，其所使用的语言和论据基本上与菲斯克、萨姆纳等人的一脉相承，例如认为政府干预、福利制度以及各种同情弱者的理论都是鼓励人的最坏的嫉妒心，是罪恶之源，等等。[2]

知识分子对社会总是抱有批判的态度，这一点美国与欧洲是相同的。但是欧洲知识界的批判对象除了社会的不平等、非正义之外，还有强烈的对工业化本身的逆反，对人性日益为机器和技术所异化的疑虑，从而形成了深厚的与物质文明相对立的人文主义传统。而美国虽然在19世纪也出现了梭罗这样的反社会的思想家，但是总体说来，这种呼声要微弱得多，其主流是对技术进步、工业发展的拥抱和歌颂。如马克·吐温对当时的大资本家权势集团尖锐抨击，极尽冷嘲热讽之能事，而对一切新的技术发明颂扬备至；诗人惠特曼也曾以极大的热情歌颂专利办公室厚厚的报告书。他和马克·吐温都

---

[1] Henry Wallace, *Statesman and Religion*, 1934, 转引自 Hofstadter, 前引书, p.102。

[2] 比较典型的这类论调见 Robert H. Bork, *Slouching Towards Gomorrah: Modern Liberalism and American Decline*, Regan Books/Harper Collins Books, 1996。该书被《纽约时报》列为畅销书，有一定代表性，以后还将提到。

以生于这样的新发明层出不穷的年代为莫大的幸运。这指的是20世纪初奠定的思想界的主流。比较激进的乃至倾向于社会主义的批判之声也一直存在,时有起伏。到20世纪下半叶,特别是60年代以后,对工业化社会及其带来的一切弊病的逆反思潮开始兴起,以后的几十年中形形色色的"后工业社会"、"后现代"的批判思潮不断出现。这些将在下面论述。

第三章　进步主义运动

托克维尔曾指出，美国人喜变革而害怕革命。胡适20年代在美国也颇有感慨地说过："美国不会有社会革命，因为美国天天在社会进步之中，这种革命是渐进的。"[1] 旨哉斯言！

渐进主义的确是美国发展的一大特点——不断从改良和妥协中化解矛盾，避免了大起大落。如果以"左"和"右"来概括其思潮和政治的变化的话，可以说它犹如钟摆，每隔一段时期就向一方摆动一次，而总的趋势是向中间靠拢。所以，美国社会和政治的主流是中间派。20世纪的发展说明了这一特点，其轨迹清晰可见。

前一章阐述了改良主义思潮为进步主义改革鸣锣开道。所谓"进步主义"，宽泛地说，是指19世纪最后20年到20世纪前20年间，也就是美国工业化基本完成、全社会财富激增而社会矛盾尖锐化的关键时期，实行了一系列重大改革，完成了一次基本上和平的转型。

---

[1]《漫游的感想》，《胡适散文》，浙江文艺出版社，2001年，第150页。

第三章　进步主义运动

这段改革统称"进步主义运动"。正是这一运动开启了美国渐进改革的模式，对以后的发展有深远的影响。

何谓"进步"？

"进步"、"落后"、"反动"是我们耳熟能详的词。在不同的年代又有不同的联想和内涵。在中国人心目中，一个永恒的话题是中国的"落后"和"进步"。自从鸦片战争以来，中国的仁人志士都痛感中国"落后"而努力"急起直追"。而关于什么是衡量"落后"、"进步"的标准，似乎有一个不言而喻的共识，就是生产或生产技术的水平（甚至不是全面的生产力发展水平）。但是美国"进步主义"之称，恰恰是代表一种新的觉悟，就是认识到生产水平、社会总体的富裕程度并不一定代表进步。自从 1776 年美国独立之后，美国是"新大陆"、欧洲是"旧大陆"的观念，已经深深地印在大西洋两岸人们的心中。也就是承认美国"进步"，欧洲"落后"，或者至少趋势是如此。但是正当美国生产力突飞猛进，开始把欧洲甩在后面之时，美国人忽然发现自己落后于欧洲了，需要"急起直追"。这个"落后"指的是什么？指的是"人道主义的行进队伍"（humanitarian procession），也就是对社会两极分化中底层百姓的关怀和与之相应的一系列学说、思想和措施。

19 世纪 80 年代，美国的知识精英到欧洲考察，发现在这方面自己的国家的确是落后了。如芝加哥大学的社会学教授在考察儿童福利问题后说："世界上最伟大的国家正在逐渐爬到人道主义行进队伍的排尾。"[1] 美国著名的改良主义者简·亚当斯注意到当时俾斯麦

1　Daniel T. Rodgers, *Atlantic Crossing: Social Politics in a Progressive Age*, Harvard University Press, 1998, p.73.

的德国政府竟是最关心劳动人民的基本需求的,她问道:"难道民主制度在保护其最低贱的公民方面反倒更加迟缓?难道能够坐视他们境遇逐步恶化,就因为根据民主理论他们不需要保护?"[1]1908年西奥多·罗斯福总统(史称"老罗斯福")在国情咨文中说,在1907年欧洲有关意外工伤事故的国际会议上,美国被点名为"雇主责任立法方面最落后的国家",他为此深感羞耻。

这说明美国人得到启发,"放任自流"的经济制度不是绝对优越的,政府也不一定管得越少越好,而是有责任保障公民最基本的生活。他们明确了"进步"的方向,那就是基于关怀人民普遍生活条件的社会改良。当时美国的有识之士没有以己之长比人之短,也没有满足于哪一年GDP超过英国,或哪些重要技术指标超过欧洲大国,而是在两极分化开始加剧、社会矛盾开始突出时,及时发现自己的落后方面,从而努力借鉴和学习,博采欧洲各国之长,又结合"美国特色",开始一系列的改革,构成了对资本主义残酷竞争的制衡,同时有效遏制了政治腐化,从而形成了美国历史上最重要、对后来的发展方向具有决定意义的时期——名副其实的进步主义时期。这一交流和学习过程又继续了将近半个世纪,直到小罗斯福总统实行"新政",美国人才确定自己已经形成适应美国国情、有"美国特色"的社会保障模式。

1　Ekirch,前引书,p.14。

第三章 进步主义运动

一 改革的推动力

美国的改革之所以滞后于欧洲，更主要是由于其发展本身与欧洲有时间差，矛盾尖锐化到非变不可的局面出现得较晚。欧洲的经验固然有启发作用，而真正促成这场进步主义运动的还是美国本身的社会矛盾所形成的巨大推动力。没有全社会强有力的推动，没有危机感，地位优越的既得利益者很难主动进行变革。这是普遍规律，美国也不例外。社会贫富差距从来就存在，到什么时候、什么程度就变得不能再继续下去了呢？套用列宁的一句话（大意）：当上层社会不能像先前那样统治下去，下层人民也不愿接受按原来的方式被统治下去时，就具备了爆发革命的条件。对于当时的美国来说，如果要避免革命，占统治地位的人就必须设法去适应不可避免的变革，进而掌握主导权。

美国南北战争之前，压在最底层的当然是黑奴，他们根本无所谓"收入"，从财富的统计来看，这部分人甚至不算在分母之内。其他包括新老移民的劳苦大众流动性很强，在一个地方生活不下去了，可以不断加入西进运动的人潮，在为美国开拓新边疆的同时，实现自己的创业梦。南北战争之后，工业化、城市化急剧发展，一下子把各种人群的距离拉近了。解放了的黑奴名义上有了自由，有了企盼，生活却更加没有保障。与此同时，财富急剧向少数财团聚集。19世纪末出现了一批顶级富豪，有"十大家族"之称，奢靡成风。像芝加哥、纽约这样的大城市，隔着几条街区之遥，一边是豪门盛宴，在灯红酒绿中一掷千金，一边是贫民窟中全家老少（包括未成年儿童）

在危险而恶劣的条件下日夜操劳，难求温饱。每天面对着这种鲜明的对比，如果老一辈还能靠宗教信仰、传统价值观而逆来顺受的话，到年轻的一代就难以忍受了。而此时西进运动已经基本停止，一走了之的机会已经很少，他们不得不在形同囚禁中讨生存。那种不平之愤不断发酵，终归要找到出口爆发出来。与此同时，各行各业的组织纷纷出现。欧洲的经验不仅有改良措施，还有大规模劳工运动和19世纪中叶的革命浪潮，方兴未艾的社会主义思潮也正在越过大西洋向美国袭来。1901年麦金莱总统的遇刺，可以说象征着一个时代的结束。1896年，麦金莱第二次击败有平民思想的著名改革家、民主党人布赖恩而连任总统，富商巨贾为之额手称庆。四年后，麦金莱被一名无政府主义者刺杀，消息传来，给那些正在寻欢作乐的绅士贵妇当头一棒，他们意识到盛筵难再，再也不能按原来的方式生活下去了。美国的中间阶层精英与上层权势集团感受到了覆舟的危机，他们从不同的角度意识到必须在还能控制局面时主动进行改革。"progressivism"一词除了"进步主义"外，还可以理解为"渐进主义"，所以从本质上讲，这是一场避免暴力革命的大规模改良运动。归根结底，推动改革的原始动力还是来自底层的不平之鸣。具体说来，有以下几种力量。

（一）劳工运动

美国情况独特，一个重要的因素是移民造成的多族裔，组织往往以族裔分，而不完全以阶级分；移民有先来后到，这个时期大批新移民来自东欧、南欧，从事不熟练工种，处于底层。先到的熟练工人

第三章　进步主义运动

要维护自己的利益，排斥后到的非熟练工人。凡此种种，造成劳工队伍难以团结一致，工人运动的声势和影响不能与欧洲相比。尽管如此，劳工组织起来，为改变恶劣的生存条件、维护自身权利而斗争，还是大势所趋。不论结果如何，有组织的劳工运动仍是改革的最重要的推动力，因为只有它能使全社会感到震动，产生危机感。

南北战争后曾有一定影响的劳工组织是1869年出现的"劳工骑士"，但它不是真正的产业工人工会。它最初是费城的制衣工人发起的，具有秘密行会的性质，后来发展为全国性的公开组织，规模迅速扩大，成员包括工人和雇主（主要指小业主），后来吸收妇女和黑人，只排除银行家、律师、赌徒和股票持有者。它提出的口号是："一人受难，众人关心。"目标有：建立八小时工作制、废除童工和囚犯劳工、同工同酬、消灭私人银行、建立合作社等。它组织过几次成功的铁路罢工，在1886年势力达到顶峰时成员超过70万。但因内部派系斗争、目标不切实际、管理不善等种种原因，很快衰落下去，到1890年已基本消亡。

代之而起的是1886年成立的"美国劳工联合会"（以下简称"劳联"）。这是个松散的联盟，作为其成员的各行业工会仍可自行组织斗争。"劳联"也只吸收技术工人，其领导人是有名的劳工领袖冈帕斯。他认为非熟练工人没有与老板讨价还价的力量，与其共同失败，不如让一部分工人先胜利，然后再帮助其他人。"劳联"曾组织或支持了几次大罢工，其中就包括有名的普尔曼罢工。

19世纪的最后20年，美国劳资纠纷引起的工潮此起彼伏，实际上从来没有停止过。其中比较著名的、引起全国震动的有1886年的"草料场事件"和1896年的普尔曼铁路工人大罢工。二者都发生在芝加哥，都以罢工者失败告终。"草料场事件"更是引起暴力骚乱,遭政府残酷镇压,好几名参与者被判死刑。尽管如此,工潮次数仍不断上升,到19世纪最后10年,其数量达到世界之最。1898年罢工与各种形式的怠工有1098次,1900年1839次,1901年陡增至3012次。[1] 另一方面,美国资方的态度一贯强硬,从思想上就不能接受罢工的正当性,认为那是妒忌心引起的"恶行",即使有时被迫做出有限让步,也不承认有组织的工会;与此同时,劳工方面的组织能力却越来越强大,劳资双方对立日益尖锐,直到1902年发生震惊世界的宾州无烟煤矿工人大罢工。

1902年5月12日,属于"劳联"的"联合矿工工会"一声令下,位于宾州西北矿区的全体煤矿职工同时停止工作,覆盖几个县的矿区顿时陷入一片寂静。这就是载入世界劳资冲突史册的、持续5个月的宾州14万无烟煤矿工人大罢工。他们一致提出的具体条件是:8小时工作制(当时是10小时)、增加工资20%、公平秤(他们怀疑矿主在出煤的秤上做手脚),以及资方承认"联合矿工工会"。当时美国的大部分无烟煤矿为9家铁路公司所有,资方照例态度强硬,拒绝妥协;工会方面则通过正式决议,认为如果这次退让,将一败涂地,必须坚持到底。此时,各种中间力量为之震动,纷纷出面调停。劳工领袖中的温和派曾一度占上风,准备接受调停,但是资方错误估计形势,认为此风不可长,继续顽固拒绝。他们企图利用过去工人中因族裔、工种、熟练程度不同而造成的不团结来分化、瓦解、

---

[1] Michael McGerr, *A Firece Discontent: The Rise and Fall of the Progressive Movement in America*, *1870—1920*, Free Press, New York, 2003, p.120.

击败罢工。但是这一回矿工却空前团结。双方僵持不下,直到进入10月,寒秋逼近,煤价飞涨,整个东北地区都感受到了取暖的威胁,医院肺炎患者增加,工厂因缺燃料纷纷关门,学校也停了课。资方的强硬态度引起全社会的谴责,社会进入危机状态,随时可能出现暴乱。老罗斯福总统被迫亲自介入。但是他首次召集劳资双方代表会谈,就以资方态度的极度傲慢无果而终。相反,工会领袖米切尔却表现理性、克制而有教养,这使原来并不同情罢工的老罗斯福转变了对工会的成见,态度开始向劳工方面倾斜。更重要的是,他认为这种劳资冲突关系国家安危,政府必须介入,并取得一定的权威。最后,总统请出他的好友、金融家J.P.摩根与资方斡旋,终于取得资方同意,并作为资方的建议,成立一个有各方代表参加的"总统委员会"负责调查和仲裁此事,工会方面也无异议。白宫于10月15日正式宣布该委员会成立,次日工人复工,长达5个月的罢工宣告结束。此后,"总统委员会"进行了500多次听证,于次年3月提出报告,部分地接受了工人的条件:实行9小时工作制,工资提高10%。不过另外两条:正式承认"联合矿工工会"和改变产煤计量制度,仍未得实现。

　　对劳工来说,这次罢工取得了突破性的胜利。当然,这次胜利有种种特殊的主客观条件:东北部地区对煤的需求特别敏感;第一线采矿工人根据法律必须受过两年培训,这阻碍了矿主招收足够的临时工;资方态度强硬引起全社会反感;工人这样团结一致的持久战斗力以后也很难再现。在此以后,工潮仍然不断发生,尽管没有这样的规模和成果,组织上有种种缺陷,而且常遭地方政府镇压,但还是足以造成对既得利益者的威慑,引起他们的警觉。它的历史意义在于:第一,打击了资方的气焰,使全社会接受了劳资谈判的原则,为整个20世纪和平解决劳资问题树立了先例；第二，政府作为代表更高的公众利益的仲裁者的权力由此确立。过去，劳资纠纷只有地方武警以扰乱治安为名镇压工人的先例，政府本身，特别是联邦政府，从不介入，更遑论迫使资方让步。这件事开了政府敢于抑富扶贫的先声。其结果不但使当时尖锐化的社会矛盾缓和下来，而且开启了一种解决矛盾的机制。实际上劳资双方都可以从中得利。以此为先例，劳工通过谈判争取工作和生活条件的改善成为正常的、合法的途径。

那些惧怕"外国激进思想"和暴力革命的当权者、资本家与中间阶层都意识到改革刻不容缓。许多工厂主也吸取教训，改变策略，在本单位主动实施超过政府规定的改善劳工福利待遇的措施，以与工会争夺群众，逐渐发展出"福利资本主义"。"劳联"还坚持不懈地提出改善劳工条件的法案，要求国会通过，包括八小时工作制、反对"禁令法"（即政府有权下令禁止罢工）、更严格的反托拉斯法、保证劳工不受囚犯工人的排挤，等等。这些要求在老罗斯福和塔夫脱共和党执政期间遭到国会拒绝，"劳联"转而支持民主党，为威尔逊竞选助力，结果威尔逊上台后通过了一系列立法，部分满足了劳工的要求。从此，支持民主党成为美国工会的传统。所以，不论是直接还是间接，劳工运动确实是推动改革的重要初始力量，并对现实政治产生了影响，尽管发展的结果并不能完全满足劳工的诉求。

早在1886年的宾州矿冶工人（炼铁和炼焦业）大罢工曾得到大洋彼岸的恩格斯的欢呼，他认为美国社会在十个月中发生了其他任何国家需要十年才能完成的变革，否定了美国没有欧洲式的工人阶级之说。他还满怀信心地期待下一步——美国各派独立的工会联合成一支具有临时纲领的全国性的工人大军，成立自己的政党，然后朝着《共产党宣言》的方向夺取最终胜利。[1]但是这一步没有实现，美国劳工斗争只是促进上层及时采取改良措施，从而阻止了那"下一步"的出现。

（二）平民主义运动

主要是农民[2]，也包括少部分城市新移民、手工业者和小业主，在南北战争之后受农产品价格下跌、生产成本上涨，特别是1870年经济萧条的影响，收入急剧下降，债台高筑。19世纪70年代初，他们开始组织起来，著名的有"全国格兰其协会"和"农民联盟"，力量迅速壮大。到1892年，在内布拉斯加州的奥马哈，来自联盟和其他农民组织的代表开会成立人民党，选出韦弗将军为其总统候选人。

平民主义运动与"劳工骑士"所代表的劳工运动一度结成联盟，为社会公正而斗争。他们的许多主张，如累进税、八小时工作制、直选参议员等，与进步运动的目标一致，后来逐一实现。但是他们代表独立农民（小农场主）、手工业者和小业主，其理想是拯救农业免受工业的吞噬，回到杰斐逊时代的农业美国，包括恢复其传统价值观。从本质上讲，它是个体劳动者抵制大资本家和政府干预，其理想是复旧，不能适应不可阻挡的工业化的发展，最终目标与城市劳工相矛盾，谈不上"进步"。但是它对大资本特权的冲击，则与进步主义运动

1　恩格斯：《美国工人运动》，《英国工人阶级状况》（美国版）序言，1887年1月，《马克思恩格斯选集》，人民出版社，1972年，第6版，第255—264页。
2　美国的"farmer"包括农业劳动者和小农场主，不同于中国"农民"的概念，为方便计，统称"农民"。

的方向一致，也起到一定的施压作用。1896年，同情平民主义的民主党人布赖恩获得民主党总统候选人提名，于是平民主义者放弃独立竞选，全部支持布赖恩。此后，他们作为独立的政治力量开始式微，到1908年左右销声匿迹。但是平民主义思潮的影响长期存在，在以后的美国政治生活中时或起一定的作用。

（三）公众舆论的监督和批判

扎根于自由主义思想的西方知识分子有着深厚的批判现实的传统。"知识分子"的定义就和批判精神联系起来，代表自由、平等、公正的理想和以此为核心的社会良心，对一切有悖于这一理想的社会弊病加以挞伐是其天职。也可以说，资本主义从一诞生就伴随着对它的揭露和批判而成长，这也正是它的生命力所在。这一传统当然起源于欧洲。19世纪丰富多彩的批判现实主义的作家及其传世之作可以为证。作品以外还有行动，表现在代表某种思想或政见的集会结社、报纸刊物乃至在特殊事件中与群众一道上街游行，等等。

与欧洲的思想一脉相承的美国知识界也不例外。不过其资本主义的兴盛既然晚于欧洲，这种批判的兴起也略晚些，可以说，从南北战争结束之后，美国文学就不约而同地以批判特权阶级为己任。中国读者熟悉的马克·吐温是最早的代表之一，不过当时还没有形成规模。大约从进步主义时期到20世纪前半叶，是批判文学的鼎盛时期。

以《宪法》为保障，建立在充分的言论和出版自由基础上的欧美新闻媒体一直都以报道真相和批判社会为己任。从20世纪初开始，矛头指向正在兴起的大财团和其所代表的思想观念、生活方式的文学

第三章 进步主义运动

和其他写作蔚然成风。有的偏重于揭露社会的种种不公平和劳动人民的苦难生活；有的提出各种改良方案。总的是说明现行制度并不像保守派说的那么公正、美好，揭穿那种只要努力人人都能致富的神话，指出恰恰是那些辛辛苦苦劳动的人创造了财富，却富了游手好闲的人，穷了生产者。大资本家在文学作品中很少以正面形象出现。从这个时期开始直到50年代，整整半个世纪中涌现出一大批著名的作家和传世之作，形成美国文学史上辉煌的一页，有美国第二次"文艺复兴"之说(第一次是指19世纪以惠特曼、霍桑等人为代表的时期)。可以举出一连串的20世纪伟大作家的名字：辛格莱、海明威、斯坦贝克、德莱塞、威廉·福克斯、道斯·帕索斯、安德森、诺曼·梅勒……他们流派、风格各异，并不一定属于某种"主义"，批评的角度也不相同，但与权势集团和上层社会保持距离，采取不同程度的批判态度，同情社会不幸者，则是其共同点。

美国进步主义时期，这种批判性的舆论的作用尤为突出，并出现了有名的"耙粪文学"。"耙粪"一词并非他们自己所起，而是老罗斯福总统对他们不满的贬词。他说，有些专门揭丑的作者像《天路历程》里的一个人物，"手里拿着一把粪耙，不会看别处，只会低头往下看"。但是这一词却为公众认可，成为正面的称号，从此载入词典。顾名思义，"耙粪文学"就是专事揭露各种腐败丑闻和黑幕的写作，因此中国有些文献也译为"揭丑文学"，其揭露的对象主要是上层权势集团和地方政府。其中影响最大的是通俗杂志而不是大报，其首先考虑的也是市场效应。"耙粪者"们就其多数而言，并非一开始就是抱定改革社会的宗旨，专事反对大资本家的。当时正在兴起的大财团的发家史及其经营内幕当然是一般老百姓关注的热门话题，围绕着上层人士、社会名流的一切故事，包括私生活，总是吸引人的。1902年《麦克卢尔杂志》连载女记者塔贝尔关于标准石油公司如何实现全行业垄断的纪实报道，和林肯·斯蒂芬斯揭露美国市政腐败的文章并列为"耙粪文学"之滥觞。但二者出发点不同：麦克卢尔本人开始选中洛克菲勒家族的标准石油公司做专题系列时，原是想报道其走向成功的道路。接受采访任务的塔贝尔也不是一开始就有意揭丑，但是作为优秀的新闻工作者，忠于真实的原则、职业本能和敏感促使其穷追不舍，结果该公司如何通过巧取豪夺吞并同类企业、政府又如何予以纵容等内幕，以及工人的困苦生活等，被详细解剖，揭露无遗，结论是实际上公平的个人自由竞争已经荡然无存。这一系列文章结集成《标准石油公司》一书，大为畅销，成为进步主义的代表作之一，至今还是揭露大财团的经典著作，塔贝尔也因此成为著名的改良派记者。其他报刊也群起效仿。斯蒂芬斯则与塔贝尔不同，他一开始就比较自觉地具备社会改良意识。他有社会主义思想，十月革命后曾拥护苏联。他以纽约为典型进行了一系列采访，后来把这些采访的文章汇集成书，题为《城市的耻辱》，成为专门揭露市政官员腐败行为的名著。

除了新闻界以外，还有一批严肃的文学作品，如弗兰克·诺里斯的著名小说《章鱼》（1902）和《深渊》（1903），揭发南太平洋公司和芝加哥谷物市场的罪恶行径；厄普顿·辛克莱的著名小说《屠场》，描述芝加哥肉类加工厂的残酷阴暗，等等。这些著作在美国都引起了轰动。它们与新闻报刊一道形成美国的批判现实主义文学，不论自觉还是不自觉，客观上矛头大多指向垄断财团，同情社会底层和弱势群体。这一现象使人想起马克思评论巴尔扎克的一句话："伟大的作家是能够具有驾凌于他们自觉信念和态度之上的见识的。"这些作者可能不一定称得起"伟大",但是只要能独立于利益集团,忠于现实,并有一定的职业洞察力,当然还要有正义感,就能写出直指时弊的优秀作品。这样,美国的每一个角落都难逃记者和作家的笔锋。他们的主要对象是政府和企业的关系、关于参议院的"百万富翁俱乐部"、托拉斯、金融集团、保险公司内幕,等等。这些都在公众中引起强烈反响。众怒难犯,形成了改革的压力,同时也得到了身受垄断财团之害的企业主和开明政治人物的欢迎。

揭露社会阴暗面并非新现象,它本是资本主义社会文学和舆论的特点,其所以新,不在于它"暴露黑暗",也并非提出了比以前更激进的新思想,而首先是其规模和影响达到了空前的程度,这是与美国新闻事业的大发展分不开的。如果说20世纪末正在发生一场信息革命的话,世纪初美国新闻事业的发展和电信的普及所带来的影响,也可以算是一场初级信息革命。以日报的发行量为例,1870年全国有574家,发行量共280万份,到1899年这个数字分别为1610家和2420万份。[1]量变引起质变,新闻工作者的角色和社会地位、经济状况都发生了变化,从新闻提供者变成了舆论和思想情绪的塑造者。报纸杂志进入了家家户户的餐桌和起居室,比起学术著作、文学作品,它们的读者面要宽得多。与此同时,报刊和报人的经济收入也今非昔比,这又至少产生了两个重要结果:一是更加独立于政党政治;二是有更多的财力聘请高水平的记者和进行广泛深入的社会调查。新

---

[1] Alfred M. Lee,*The Daily Newspaper in America*,1937,pp.716-717,转引自 Hofstadter,前引书,p.187。

闻记者的天职就是报道真相，除了一般的消息外，对事件的内幕挖掘得越深，价值就越高。毋庸讳言，这一类的文章总是十分吸引读者，给刊物带来巨大的经济效益，"耙粪"刊物之兴旺与利益驱动分不开，也是事实。但是就总体而言，它起到了舆论监督的作用，是推动社会改革不可缺少的力量。这种舆论气氛为老罗斯福政府通过限制垄断、改善劳工条件的立法创造了有利条件，也使得大财团坐不住，它们必须设法挽回声誉，卡内基、洛克菲勒等一系列基金会的成立与此不无关系。当然美国公益基金会的出现有更深、更复杂的原因，不仅是为应付舆论，以后还会谈到。

（四）基督教福音派及其他教会改革派

与欧洲的革命运动不断淡化宗教情绪迥异，美国人的宗教与社会道德伦理始终紧密联系在一起。基督教改革派，或称"社会福音派"，是进步主义的一支重要力量，可谓美国特色。

"关心你的邻居"和慈善为怀，本是基督教传统，不过在农业经济社会，这是个人行为，最终的救赎靠自己和上帝。有组织的社会改良对教会来说是新事物。从组织上说，1900—1914年间参加有组织的教会的人数激增（包括天主教和新教），从3600万增至5200万。从思想上说，到19世纪90年代自由派神学界已经接受了达尔文主义，建立起一种新的世界统一的观念，把进步演变看作上帝的意志在地上的展现。神学不再拘泥于僵化的教条，而转向社会正义的伦理。上帝和教会成为改革的积极推动者，进步和演变是天意的一部分。这样，进步主义在宗教上完成了合理化，教会于是放手参与社会改革。

教会的"社会福音派"兴起于19世纪90年代。许多新教徒继承了前辈反对蓄奴制的精神,到上个世纪之交,出现了一批思想自由的牧师,作为城市传教士,倡导进步主义改革。他们与城市贫苦劳动者有直接接触,亲眼见到他们的劳动和生活状况,感到在这样一种压迫和剥削的环境中空谈道德是脱离现实的。

他们中又有两派:以格莱顿为代表的一派害怕欧洲社会主义传播到美国,企图找到在个人主义无情竞争和社会主义之间的妥协道路,以预先实行某些社会主义可接受的主张来防止社会主义的"威胁";另一派比较激进的则更接近社会主义运动,如布利斯受英国社会主义和费边主义影响,成为"基督教社会主义"者,他建立了波士顿劳动者的教会,称"木匠差会",以及"圣公会促进劳工利益协会"、"社会改良联盟"等,并曾参加"劳工骑士"组织。个别激进人士如赫伦于1899年成为美国社会党的骨干。

宗教界最重要的知识分子代表是德裔浸礼教牧师劳申布什,他撰有多部关于基督教与社会改革的著作。他最初的教区是纽约贫民窟。他认为,一个国家如果不能在民主合作的基础上重新组织经济生活,就绝不可能成为基督的国家。其途径是非暴力的革命运动。如果基督徒不团结起来在地上建立主的王国,就会面临社会陷入少数人掠取猎物而多数人失去生产和生存能力的混乱情况。即使是宗教界的保守派,在传教中也不能对广大下层人民的生活状况无动于衷。一批教会人士描述底层生活的著作问世,把基督的理想社会与物欲横流、贫富悬殊的现代美国做对比。他们提出问题:"如果耶稣来到芝加哥会怎样?"如果耶稣面对现代美国的生活将如何?

"社会福音"导致一些跨教派的世俗化的宗教合作组织的诞生,

如"救世军"、"基督教青年会"等,它们不是以传教而是以公益活动为主要工作。1908年成立的"教会联合理事会"第一次会议就通过了《教会与现代工业宣言》,赞成通过社会福利立法和加强工会组织来实现基本社会改良。

实际上宗教力量参加或推动改革,不仅是新教福音派,天主教、犹太教以及从东欧、南欧来的新移民各自的教会,都有共同的思想基础,就是关注贫苦大众,反对弱肉强食的社会秩序。社会福音派的作用,就是在宗教情绪很浓的美国,唤起公众的良心,把基督教和世俗的改良运动很好地结合起来。因此,尽管缺乏深刻的理论分析和切实可行的改革方案,仍对广泛的阶层有吸引力。它的影响及于一大批进步主义人士,包括政治家和学者,他们都把自己的主张与基督教理想结合起来。

(五)学者、政党、政治家

如果说新闻和文学揭露了社会问题,指出了疾病的症候,那么分析病因,开出药方,就是学者和思想家的事。前一章已经介绍了这个时期的改良主义学者及其学说。他们的贡献还在于直接参与社会改革,在当时特定的条件下,得以与地方或全国的执政者相结合,把他们的主张付诸实施。"思想库"一词是40年代小罗斯福时期才出现的,但是进步主义时期这一批社会科学的知识分子实际上已经开了"思想库"之先河。

民间的各种呼声和压力,最终必须落实到掌权者的政策、立法和行动上,才能在整体上实现重大的转变。风云际会,出现了若干

第三章　进步主义运动

著名的进步主义政治领袖,在联邦和州、市各级都有;在美国的政治运作中,改革派的代表逐步占据各级议会的多数,从而实现了影响深远的改革措施。

1. 20 年中两位关键性的总统

改革的内容涉及面很广,实际上是对政府职能的观念的一次转变。要实现全国性的改革,离不开关键性的政治领袖。在这期间共三位总统,其中塔夫脱政绩平平,有特色的是老罗斯福和威尔逊。

(1) 西奥多·罗斯福(即"老罗斯福")

老罗斯福青年时代即对从政感兴趣,以抨击当时政府用人中盛行的"党派忠诚制"和"分赃制"起家,力主公务员人事制度的改革,任人唯能。这使他声名鹊起。他历任纽约市警察局长、纽约州长,于 1901 年在麦金莱总统遇刺后以副总统接任总统,后又于 1905 年竞选连任至 1908 年。此时刚好是在 20 世纪初,实际上是现代美国的开始。他是美国历史上个性鲜明、政绩显著的强势总统。对外开始帝国主义扩张,占领古巴、取得菲律宾、开辟巴拿马运河、把对远东的"门户开放"政策付诸实施,都是他任内之事;而对内却采取了较大幅度的改良政策,涉及劳工权利、反垄断资本等广泛的领域。在他身上这两方面并不矛盾,而且在推行中同样坚决。他在当时社会的一片乐观中坦率指出美国经济发展的根本问题,并且是第一个把公权用于广泛的社会经济目标,而不限于狭窄的政治和财政目标的政治家。他被认为最能代表他的时代:"国家主义的民主"(democracy of nationalism)以别于"个人主义的民主"(democracy of individualism），他的思想是社会达尔文主义与改良主义的结合，汇入进步主义思潮，并成为其重要构成部分。

（2）威尔逊

威尔逊（任期1912—1920年）是到那时为止美国总统中学历最高的，集教育家（普林斯顿大学校长）、学者（著有多种著作）、政治家于一身。他在外交方面的名声比内政大，那都是与"一战"、美国在巴黎和会上的作用以及"国际联盟"有关。在国内改革方面，他在总统任期内也有比较重要的举措，继续通过了若干重要法案。就思想体系而言，威尔逊比较复杂，并非一开始就认同进步主义。他出生于南方比较保守的笃信宗教的家庭，是长老会教徒，受过良好的教育。青少年时代经历了南北战争，同情南方邦联派，认为南方要求分离是正当的，甚至认为奴隶制有可取之处。这一点始终没有变。但他又是人道主义、理想主义者，梦想把一切普通生活的进程都"人道化"。他早年专攻英国文学，对英国的文化十分推崇。所以一方面，他带有贵族气质，反对平民主义，与劳工、黑人、新移民格格不入；另一方面，他反对工业和金融大财团，反对赤裸裸的弱肉强食，反对特权，也反对"北方佬"的粗俗文化。他任普林斯顿大学校长期间正是进步主义运动高涨时，他根据自己的理想进行了提高教学标准、取消学生中的不平等界限等革新措施。他从政开始时是由民主党保守派推出来的。到1912年大选时，共和党前任总统老罗斯福击败了现任总统塔夫脱又成为候选人，并提出了"新国家主义"的口号。威尔逊作为民主党的候选人提出了"新自由"的口号与之对垒。当时总的潮流仍是进步主义方兴未艾，所以威尔逊一当候选人就背离支持他的保守派而向进步主义靠拢,从此在国内问题上进一步坚定改革的立场,其主张的实质与老罗斯福大同小异,而且在反大财团方面更为激进,终于以微弱多数赢得总统宝座。他所依靠的谋士路易斯·布兰代斯(1916—1939年间任最高法院法官)是强烈主张对大财团特别是金融资本进行监督和限制的代表人物。威尔逊所采取的改革大多以此为方向。与老罗斯福和小罗斯福都不同的是,他的理想还是回到中小农场和中小企业为主的社会,对正在发展的大工业心存疑虑。

美国有的历史学家解释"新自由"之所以"新",在于第一次有一个身居总统职位的人在社会理论上重视为个人保持经济的与政治的自由,在政治理论上主张政府对人民的社会安全负有责任,并主张建立新的经济制度,使其既对财富集团负责,也对社会负责——这一切并不是在威尔逊指导下创始的,但却在他的指导下推进到前所未有的地步。[1]简单地说,也就是通过政府干预,限制向垄断资本发展的趋势。在这方面,时任威尔逊政府海军部副部长的富兰克林·罗斯福以后将更大规模地实行。

但是威尔逊从思想上对妇女平权、妇女就职并不热心,对黑人权利尤其不感兴趣。在他任内通过妇女选举权是多年的妇女运动此时水到渠成,他无法反对。而黑人问题,在他任内没有任何进步。在这方面他是保守派。

2. 进步党

进步主义不等同于进步党,但进步党的出现是与这一思潮紧密

---

[1] 《现代美国》,第182页。

相连的政治现象，它也是美国历史上两大政党以外的小党中相对而言发挥过一定影响的党。1908年共和党保守派塔夫脱击败老罗斯福成为共和党总统候选人并最终当选为总统，于是一些改革派的共和党国会议员成立了"共和党进步派联盟"。在此基础上，1912年8月，老罗斯福同他们一起在芝加哥成立了进步党。他于同年发表了"新国家主义"的演说，主张把国家利益放在个人利益之上。以后他又在各种公开演说中提倡一系列保护弱者和劳工的措施。1912年总统竞选中老罗斯福败于民主党的威尔逊，实际上威尔逊的竞选纲领与共和党进步派并无多大区别。威尔逊上台后，把改良派的主张进一步理论化，进步党基本上销声匿迹。

1921年威尔逊下台，共和党人哈定上台，保守思潮又占上风。于是在以拉福莱特为首的一批改革派的努力下，重建进步党，1924年在克利夫兰召开代表大会，拉福莱特被提名为总统候选人。其政纲称，美国《独立宣言》所确定的美国公民的自然权利已为少数人的特权所取代，现在面临的重大问题是"私人垄断组织对政府和工业的控制"，主张用政府权力来"摧毁"私人垄断，把水利、矿产、木材产地等资源收归公营，改革税收制度，裁减军备，修改宪法，等等。总之，这是朝着平等方向的、在体制内社会主义色彩最浓的改革主张，因而被保守派攻击为"共产主义"和"非美的"，最后在当年的竞选中败于保守的共和党人柯立芝。[1]

"二战"后冷战初起时，以曾任罗斯福副总统的华莱士为首，又重建进步党，这回是代表民主党的自由派，与20世纪初的进步主

---

[1] 详见黄安年：《二十世纪美国史》，河北人民出版社，1989年，第54—62页。

义已无组织上的联系。当时的主要目的是试图延续罗斯福政府的自由主义的一面,对内遏制正在升起的反共浪潮,对外与苏联妥协合作。1948年华莱士以进步党的名义参加总统竞选,并得到共产党的支持,但以失败告终。从此不但进步党,任何两大党之外的小党都难以在政坛上占一席之地。

综观进步党的几次兴起,都是在改革派、开明派总统下台之后,美国政治趋于保守之时,一批原来属于体制内的人士企图另外组成力量继续往自由派方向推动,但是都以失败告终。这说明美国的政治中实际上容不下第三党。从左到右的"光谱"上代表社会主流的势力总是在一定范围内,过于激进的主张都没有成功的希望。

二 全国性改革

(一)遏制垄断财团

自1870年以来,美国的经济经历了结构性的变化:全国铁路网建成,原料大大丰富,技术革新,资金雄厚,黑奴的解放提供了丰富的劳动力,外加一些有关政策,所有这些促使工业生产突飞猛进,形成了规模巨大的公司、财团,如洛克菲勒的标准石油公司、卡内基的联合钢铁公司、杜克的烟草公司、J.P.摩根的金融财团。1897—1904年间出现了兼并潮,1800家公司合并成了157家。仅1900年就有185起合并,其中73起资产在1000万美元以上。1901卡内基钢铁公司与摩根财团合并,成为第一个10亿资产的财团。从公司的名称就可以看出其野心,例如"大陆棉花"、"合众国粘胶"、"全国饼干"、"全国玻璃"、"美国自行车"、"美国铜业",等等。从食品到石油到金属到木材到造纸,几乎重要的经济领域都为垄断性的公司所掌握。1904年300多家托拉斯控制全国制造业资本的2/5。[1]每家公司都占有本行业40%的市场,其中1/3的公司占有70%的市场。[2]

这些大财团一方面提供物美价廉的产品,为投资者、白领管理人员和蓝领工人都提供就业机会,促进生产发展。另一方面,造成了一批寡头操纵各个行业,可以任意抬价坑害消费者、压低工资、增加劳动强度坑害工人,提高铁路运营价格坑害农民和小商人,还可以削减成品价格、抬高原材料价格以坑害实力较弱的竞争者。他们还操纵货运价格,把铁路运输和整个行业集中到某个地方,从而坑害整个地区和城市、乡镇。更重要的是,这些财团和银行、证券、保险业结成一张利益相关的网,成为一股特权势力,影响政治,危害广大民众的利益。这一情况引起舆论广泛关注。虽然仍有人坚持放任自流的原则,认为这是自由竞争的结果,即使是罪恶,也只好接受,但是要求改变的思潮开始占上风,遏制这种兼并潮的呼声日益高涨。

当时的美国政府对付大财团形成几种方法:

1. 反托拉斯

自19世纪70年代起,地方性的反垄断法已经开始,如阿肯色

---

[1] 详见《二十世纪美国史》,第140页。
[2] McGerr,前引书,p.156。

州针对保险公司、得克萨斯州针对石油公司、北卡罗来纳州针对烟草公司等。1890年通过的《谢尔曼反托拉斯法》是第一部全国性的反垄断法。该法规定:"凡足以限制州际或与外国贸易的以托拉斯或其他方式建立联合的合同,或者阴谋",均为非法。而且对违法者可以做刑事犯罪处理,他们不但可能坐牢,罚款也比以前此类案件大大增加。但是这部法很不完善,对什么是托拉斯,什么是"联合"(combination),怎样才算妨碍竞争,没有明确定义,也缺乏严格的司法措施,所以难以制止变相的以新的公司为掩护的大托拉斯。

大力推行反托拉斯措施,是老罗斯福的主要政绩之一。在开始采取行动之前,1901年12月他发表了著名的"关于托拉斯"的演说,这是一篇很有代表性的妙文:首先以大段篇幅说明,美国的制度是健康的,经济蓬勃发展,出现大规模的企业是自然现象,是发展的需要。他驳斥了美国富者愈富、贫者愈贫的说法,认为多数美国人生活已大大提高。他称赞工业巨子,特别是铁路巨头(即将采取的反托拉斯措施的主要对象)的功劳,尤其是在对外竞争中的贡献。他还警告:不要以冲动来对待大企业,自毁美国朝气蓬勃的力量。然后话锋一转,说现在的问题是美国已经今非昔比,旧的法律对过去的财富的积累和分配是适宜的,而如今已经不够用,因此需要有新的立法,对"过度资本化"(overcapitalization)加以限制。前面肯定大资本的话说得很多,后面却很简短,但是很坚决。他最后表示,如果这一改革与宪法有所矛盾,那就对宪法提修正案。[1]

这篇讲话说明:第一,老罗斯福本人并不反对大资本家,甚至

---

[1] *Encarta 98 Encyclopedia*,Theodore Roosevelt.

不承认贫富悬殊是严重问题；第二，他对当时进步主义思潮的激进派存有戒心，担心在改革中引发更强烈的要求；第三，他估计到改革定将遇到来自财团的强大阻力，因此态度坚决，为此而修宪也在所不惜。"违宪"是保守派反对政府干预的一张牌，因为美国宪法保护私有财产不可侵犯。后来为采取累进税制，果然需要宪法修正案，到威尔逊总统任内才通过。老罗斯福已预料到这一着，所以先发制人。以下是老罗斯福任内两个最著名的拆散托拉斯的成功案例：

——北方证券公司案：起因是两大铁路财团——联合太平洋铁路公司和大北方铁路公司争夺西北铁路的控制权，双方背后都有华尔街大银行的支持，并涉及摩根、洛克菲勒、哈里曼等当代垄断巨头。在相持不下、眼看要两败俱伤时，这些财团转而决定在北方证券公司中整合它们的利益，让该公司同时握有两家公司以及它们要争夺的西北一家铁路公司的股份。此举显然是危害正当竞争的。1902年2月，司法部部长根据总统指示，依据《谢尔曼反托拉斯法》起诉北方证券公司。经过几番较量，1904年最高法院以5票对4票判政府胜诉，使该公司的兼并计划失败。

——标准石油公司案：20世纪初，标准石油公司大鱼吃小鱼，席卷同行，引起全国瞩目。在塔贝尔揭露其各种巧取豪夺手段的名著发表后，有八个州个别或联合起诉这家公司，迫使老洛克菲勒东躲西藏，以逃避被传唤。最后联邦政府介入，于1906年正式起诉，要求解散新泽西的标准石油公司及其附属公司，这回洛克菲勒不得不出面应诉。1909年联邦上诉法庭判决公司败诉，1911年又由最高法院判决新泽西州标准石油公司解散，其所属各家子公司分别独立运营。直到20世纪80年代AT&T被拆散之前，标准石油公司案一直是美

第三章 进步主义运动

国历史上规模最大、最有名的由法院判决拆解垄断财团的案例。

——《克莱顿反托拉斯法》：1914年威尔逊执政期间，作为对谢尔曼法的修正案，通过了由参议员克莱顿提出的法案。该法进一步详细规定诸如大幅降价、专卖权等不正当竞争手段为非法，禁止大公司之间互相控股，等等。1915年在威尔逊总统建议下，又立法建立"联邦商业委员会"，取代原来的"公司局"，负责受理因垄断行为而受害的投诉。违法行为一经证实，该委员会有权下令对违法企业进行冻结。此外，克莱顿法特别肯定了工会罢工、联合抵制等权利，并把劳工排除在反垄断的范围之外。这部法也仍然有许多漏洞，对垄断财团只能略加限制，远不能伤筋动骨。"联邦商业委员会"的委员由威尔逊任命，多为企业代表，等于自己监督自己。所以，有的进步主义人士认为，这个委员会是"新自由"的终结，是威尔逊向"新国家主义"的投降。

反托拉斯有其局限性，是政府与财团、法院，联邦政府与州政府之间的博弈。美国人一方面崇尚自由竞争，本能地反对垄断；另一方面又有根深蒂固的私有财产神圣不可侵犯的信念。反垄断的运作，是行政部门根据有关法律对财团起诉，由法院判决。在实施中，经常遇到政府权力与个人自由以及财产权不可侵犯的原则之间的界限问题。财团方面可以据此力争，影响法院的判决。另外，还有国际竞争的问题。因为欧洲的卡特尔，特别是德国的国家资本主义，大大加强了竞争优势，也使得美国政府并不愿意一味反对大财团。

2. 法规监督

从上述老罗斯福的讲话中可以看出，他并非反对托拉斯本身，只是限制其恶性膨胀。相反，他认为集团公司是发展的必然结果，应该承认其存在的合理性。相对拆散而言，他和多数进步主义者更主张由政府通过法规来对它们的行为进行疏导、限制和规范，让企业在政府监督下运行。原则是不妨碍竞争，而且促进更健康的竞争。1903年，在总统建议下，国会通过在商务劳工部增设"公司局"，负责调查财团的违规行为，进一步扩大了总统干预经济的权力。在立法方面，1906年正式通过了三项重要法案，标志着政府监督的胜利：《赫伯恩铁路价位法》、《肉类视察法》和《纯洁食品与药品法》。

——《赫伯恩铁路价位法》，是针对铁路运价的。那时的美国铁路是一大垄断行业，操纵运输命脉，最大的不正当行为就是对不同的对象任意制定价格，以丰厚回扣或赠送免票勾结其他财团和政客。例如标准石油公司实行兼并的手段之一，就是利用与铁路方面达成的秘密运价挤垮中小同行。许多州已经在不同程度上采取了监督措施。在联邦层面，最早的是1887年国会通过成立"州际商业委员会"监督铁路运价和贸易行为。不过这些措施收效甚微，虽有反回扣法，但形同虚设，到20世纪初，回扣日益猖獗。全国要求规范铁路的呼声日益高涨。老罗斯福第二次当选总统后，决心对此有所作为。私人企业一般最珍视的是自由定价权、账目和营业秘密，以及与本单位职工单独谈判、不受第三方干扰的权利。他在1905年向国会的演说中对这三方面都提出了挑战，表示跨州集团公司的权利太大，必须受到政府的监控，并首先拿铁路的运价问题开刀。在他推动下，1905年众议院提出了赫伯恩法。经过国会的曲折斗争，该法于1906年正式通过。赫伯恩法授权州际商业委员会仲裁投诉，规定合理运价，调查铁路公司账目，并制定统一的簿记方法。

——《肉类视察法》(*Meat Inspection Act*)和《纯洁食品与药品法》(*Pure Food and Drug Act*)。1905年,继几家生活类杂志揭露肉类行业的价高质次问题后,辛格莱著名的小说《屠场》发表,其中对肉类加工厂的令人作呕的肮脏条件做了详尽的揭露,引起舆论大哗。该书畅销上百万册,可以说调动了跨阶级、跨族裔的消费者。罗斯福总统派出个人特使到芝加哥去视察小说中作为原型的工厂,发现小说的描述并未夸大。其结果就是先后通过了联邦政府的《肉类视察法》和《纯洁食品与药品法》。这两部法首次赋予政府官员权力,不仅在商场检查,而且在食品和药品投放市场之前就深入生产部门进行检查。对美国来说,这是联邦政府权力空前扩展的一大突破。在此之后,在每一项具体案件上都有主张或反对、加强或放松法规之争,但是对政府以法规来监督企业的原则已经不再有争议。工厂主方面开始竭力抵制,罗斯福即下令公开发表对肉厂视察的报告,肉类营业额立即急剧下跌,工厂主被迫就范。后来他们发现这些法规的执行使消费者更加放心,反而有利于促销,利润不减反增,也就不反对了。

3. 税收调节(又称"补偿代替")

在承认大财团存在的前提下,以课税的方法强迫他们将一部分财富返还社会,这项措施到威尔逊政府才积极启动。

直到19世纪末,美国对大公司的赋税一直是比较轻的,而且各州各自为政。1900年之后,有一些州开始对铁路、保险及其他大公司征税,特别是对"外来"企业(即总部在其他州,到本州来营业赚钱的企业)征收特别税。1908年,在进步主义州长拉福莱特倡导下,威斯康星州首先实行累进所得税制,这是最早的创举。不过,全国范围的税改主要是在威尔逊政府时期实行的。威尔逊总统根据其"新自由"理念,进一步采取消除特权和垄断的措施,在税收上有两大举措:

——实施累进所得税:1913年正式通过并批准宪法第16修正案(此法案开始提出是1909年塔夫脱任内),内容是国会有权对任何来源的收入规定征收所得税,无须在各州按比例进行分配,也无须考虑任何人口普查和人口统计。这样,联邦政府就有了可以对付违宪指责的武器,放手决定按各种收入的水平规定所得税率,因此而获得的税款可以弥补降低外贸关税的财政损失,也可以用于福利措施。这一修正案开启了以税收来缓解贫富悬殊的机制,是又一大突破,从此确立了累进所得税制度,并延续至今。

——降低外贸关税:美国自内战结束以来,最重要的支持特权和垄断的手段就是日益提高的保护性关税。威尔逊上台后第一件事就是召集国会两院,发表取消保护性关税的演说,以刺激企业主们不断提高效率、节约成本、改进管理来在竞争中取得优势。除了美国不能制造的产品和奢侈品之外,一切关税都应着眼于推动美国人与世界其他国家斗智来进行有效的竞争。最终于1913年4月通过了《安德伍德-西蒙斯关税法》,平均降低进口关税27%—37%。这一措施的意义是取消对国内大企业的价格保护,有利于普通消费者,但是一部分企业的工人对此有意见。

4. 币制改革

进步主义总的倾向是银行体系应该掌握在政府手中而不是为私人利益所左右。威尔逊总统上台后采取的最重要的、有深远意义的

第三章　进步主义运动

改革措施,就是建立联邦储备银行(简称"美联储")。他利用公众担心大银行互相勾结造成金融托拉斯操纵经济的心理,于1913年成功地通过了《联邦储备法》。根据该法,全国分为12个联邦储备区,所有全国性的银行必须参加这一体系;在美国政府支持下,发行以黄金和银行储蓄为基础的联邦储备纸币;全面决策在华盛顿的联邦储备董事会,全国货币流通的收或放掌握在该董事会手中。以后的历史证明,联邦储备银行在美国经济生活中的作用越来越重要。

(二)劳工福利与社会保障

1. 互助形式的劳动保险

最早的劳动保险是工人自己发明的。他们自发地组织互助储金会(英国称"Slate Club"),每年年初交一些钱,遇到老、病、死、事故、失业等可从中提取救济,如果到年终有盈余,则大家分掉。以后发展成商业性的承包保险组织。再以后,最大的保险机构变成以产业工人为对象的保险公司。然后,政府才逐步介入。

在上个世纪之交,美国此类互助组织的数量和覆盖的人数不亚于欧洲,但是社会和政治影响远远不如欧洲,因为不像欧洲的组织那样经常参与公共政策辩论,并对政府政策的倾向产生影响。其主要原因是美国是移民国家,互助组织多在某一族群中,需求和地域都十分分散,形成不了公共力量。在这种情况下,保险公司的发展大大超过欧洲。到1911年已经执行的保单有2470万宗,是所有互助会会员的3倍,其钱数与同时期德国的国家保险制度相等。所有这些制度覆盖的领域有限,熟练工人得到的保险多一些,越到下面越少,妇女基本谈不上得到保险。[1]

从自发互助经过政府介入发展到以政府为主导的社会保险制度有一个过程。一方面,强迫雇主参加工人的风险承担,树立一个新的观念——老、残、失业、工伤事故等不仅是工人的风险,而且是雇主的责任,劳工的痛苦是对有权制定其工作条件者的控诉;另一方面,也迫使工薪获得者自己加入保险,建立比过去各种互助组织更加健全、稳定的制度。这一制度于19世纪80年代始于德国。1911年英国通过的《国家保险法》(National Insurance Act)比德国的范围还要大。美国的社会保险立法阻力重重,滞后于其他方面的措施。全面的社会保障观念和制度直到20世纪30年代小罗斯福"新政"时期才建立起来。

2. 保护劳工的立法

直到20世纪初,在美国人的观念中,劳资双方还是契约关系,每一个工人都是成年人,是在对劳动条件和风险知情的情况下接受雇佣的,所以出了问题自己负责,老板没有责任。如上一节所述,1902年的宾州煤矿工人大罢工以后,在老罗斯福总统干预下达成劳资妥协,是第一次突破,但这一成果并没有巩固下来。到1910年左右,美国"危险"工作条件仍然恶劣,工伤事故频发,而有关法律条款中存在种种漏洞,使雇主得以逃避责任,赔偿率极低。以工伤事故最严重的煤矿业为例,1910年华盛顿州法院的案件中一半涉及工伤

---

[1] Rodgers,前引书,p.221。

事故，司法调查的最后结果仍为矿主开脱责任。但是随着事故频发，即使少量赔偿，也使法院、雇主和保险公司不堪重负。这种状况必须设法改变。[1]

劳工保障法律最初的推动者是"美国争取劳工立法协会"，它是国际劳工立法协会的分支。发起人是耶鲁大学的德国留学生，他们利用美国经济学会年会之机发起成立。该协会第一个游说的题目就是争取更严格的劳工安全标准立法，特别是在磷加工的火柴厂，这完全是从国际协会中学来的。另一个组织是"全国消费者协会"，领导人是凯莉，她带领一批妇女主要争取为改善女工的工作条件而立法，着重揭露恶劣的劳动条件。此外，1906年澳大利亚最低工资立法传到国际上，美国全国消费者协会也随之积极推动，在一个一个州相继就部分血汗制工种进行限制性立法。自1910年至美国参加"一战"，各州陆续通过了一系列有关劳工的法律。

在联邦领袖中，最早、最有力的工伤赔偿倡导者为老罗斯福。他到欧洲开工伤事故会议，发现美国在这方面非常落后，受到刺激，回国后大力推动。1910年，纽约通过了第一部《劳工赔偿法》，以后迅速扩大到其他州，到1916年"一战"前夕，有30个州立法建立了劳工保险制度。

在此之后，有以下一些重要立法：

1914年通过《基廷-欧文法》，禁止出售14岁以下童工产品。

1916年通过对雇佣童工的企业课以额外所得税法。

但是以上两项法案又先后于1918年、1922年被最高法院裁定为

---

[1] Rodgers，前引书，p.246。

违宪。

1916年通过《亚当逊法》，同意铁路工人实行八小时工作制，但又规定，未经政府调查禁止罢工。

可以看到，进步主义时期美国在劳工福利方面的立法开了一个头，欧洲的榜样和激励起了很大作用，但是由于美国劳资力量对比迥异于欧洲主要国家，这方面的进程步履维艰，直到小罗斯福"新政"，才有更大的突破。

（三）资源保护

一般人印象中美国的环保运动始于20世纪60年代，其实20世纪初已经开始，是进步主义运动的一部分。自那时以后，环保一直是各个时期改良派的题中之义。只是早期污染问题还不严重，主要是森林、水、土资源保护，出现了一批"资源保护主义者"（conservationists，以下简称"环保主义者"或"环保人士"）。最早、最著名的环保人士是加州的约翰·米尔，他于1892年建立了美国第一个环保组织"塞拉俱乐部"，主张永久保护森林和公园，不做经济开发。不过，资源保护形成气候是在东部先工业化地区，主要在中产阶层的精英中间，越来越多的人对无节制地开发自然资源产生疑虑，他们从审美、民主、道德、实际经济效益，以及反对富人剥夺、提倡公平享有资源等各个角度出发倡导"资源保护"，逐渐引起了全社会的注意。1891年，在环保主义者的艰苦努力下，国会勉强通过了一项不为人注意的法案，授权政府在国有土地上建立森林保护区。即使这样一项极为有限的法案，在实施中也是阻力重重，遭遇到来自各种利益集团的巨大阻力。

老罗斯福本人是强有力的资源保护主义者。他上台后在权力所及的范围内大刀阔斧地推行他的理想，逐步改变了力量对比。不过，他的出发点与米尔等自然主义者不同，后者倡导返璞归真的生活方式，以对抗当时与奢靡成风相联系的向自然界无节制的索取，而老罗斯福及其领导下的一批人则更加实际，从对国家长远发展的利益出发，倡导合理发展，因而更加有说服力。那时还没有"可持续发展"这一提法，不过他在1901年第一次国情咨文中提到这个问题时所说的一番话就包含了这层意思：

> 森林保护本身不是目的，而是一种手段，目的是增加和维持我们国家和工业赖以发展的资源……我们必须管理好水、林和草原，以便传给子孙时的状态比我们接受时更好，而不是更坏。[1]

他最倚仗的手下、环保主义者平肖说得更明白：

> 资源保护的核心就是要使这个国家成为我们以及子孙后代的最佳宜居国；反对浪费不可再生的自然资源，如煤、铁等；主张使可以再生的资源永久持续下去，如产粮的土地和森林；最重要的是，主张使每一个美国公民现在和将来都有平等的机会从这些资源中获取一份公平的利益。环保主义的主张就是由人民对这个国家进行实际的、符合常识的管理，

---

[1] McGerr，前引书，p. 166。

犹如一切企业家处理他们的生意一样。[1]

平肖是老罗斯福的耶鲁同学，林业专家，1898年被麦金莱政府任命为农业部林业局局长。老罗斯福上台后，主张把公共领域内的水、土、矿、森林都收归联邦所有，而不是州或财团。为此，他把原来分散在各部门的水、土、草原管理职责集中到平肖所管的林业局，给予他大力支持。凡是行政命令能够合法做到的，他都不遗余力地推行，在全国20多个州建立了几十个鸟类、野生动物保护区以及国家公园和大批的国家保护文物建筑。但是有些问题非通过国会不可。1902年，他争取到国会通过《新地法》，该法授权政府回收某些土地的灌溉权，并建立了"回收局"。其后，罗斯福又成立"内陆河流委员会"，以制定水资源的统一规划。可以想象，这些措施必然受到地方利益的抵制。为取得各州的配合，他特于1908年在白宫召开全国州长会议，讨论自然资源流失和保护的必要性；同年12月，又召开部分州长和官员联席会议，以爱国主义、国家的长远利益和加强与欧洲发达国家的竞争力来号召大家。这样，美国资源并非取之不尽这一概念开始深入人心。

这些举措成绩斐然，1899年，在麦金莱政府治下，用于资源保护的联邦拨款只有28519美元，到1908年罗斯福任期满时已增至3572922美元，划入保护的森林从41块4600万英亩增至159块1.5亿英亩。[2] 不过，也就到此为止。罗斯福下台前后就遭到反弹。塔夫

---

1 Ekirch，前引书，pp. 150-151。
2 同上书，p.148。

脱继任后，平肖即离开政府。资源保护运动的势头大大减弱。

三　州市改革、反腐与民主化

美国尽管有宪法保障基本的民主制度原则，但是随着形势的发展，政治制度也经历了多次改革，民主权利陆续扩大和完善也是渐变过程。众所周知，南北战争之后的第15修正案确定了黑人的选举权。进步主义时期这方面最重要的改革成果是：第17修正案规定参议员直选制（1913）和第19修正案给予妇女选举权（1920）。直选制的由来与城市改革有密切的关联。

（一）欧洲的启发

直接与人民生活切身攸关的是城市改革。因为城市化与工业化同步，绝大部分社会矛盾集中表现在城市化的过程中。在农业社会中，贫困户是分散的，不那么显眼。集中到城市，贫富的鲜明对比时刻都在眼前。条件恶劣的贫民窟以及一系列的卫生、水电、公交等各种公共设施的严重问题，都与人民日常生活密切相关，实际上劳工福利与市政改革也是密不可分的。从恩格斯的著作中也可得到证明：1845年恩格斯出版的名著《英国工人阶级状况》所揭示的英国工人的恶劣生活条件，不少人都熟悉。但是较少受到注意的是近半个世纪之后的1892年恩格斯为此书德文第二版所写的"序言"，其中指出（大意）：从那时以来，情况已经发生了很大的变化，原来提到的城市触目惊心的恶劣条件已得到改善，如公共卫生、下水道等，在贫民窟中也修筑了宽阔的街道；工厂主学会了避免与工人不必要的纠纷而鼓吹和平与协调，实现了一系列的改革。原著中所描写的情况，"至少就英国而言，现在很多方面都已成为过去"。[1]

与其他方面一样，欧洲的经验，主要是英国和德国，对美国有不可忽视的影响。其中英国走在前面。第一次世界大战前夕，伦敦的工人聚居区域成为欧洲模范劳工住宅区，此时英国80%的供水、60%的电、37%的煤气、80%的电车轨道都是市政府所有。[2] 德国则后来居上，出现了一批模范城市，其中杜塞尔多夫被美国学者誉为"为其居民所做的事超过世界任何城市"。[3]

总的说来，美国工业化的进程晚于欧洲，大规模城市化和"城市病"的恶化也较晚而进展速度较快，还有源源不断的新移民，治理远远跟不上。因此，20世纪初，访问美国的欧洲人觉得美国城市污秽不堪，而到欧洲考察的美国人则充满对欧洲市政建设的赞语，痛感美国的落后。

美国进步主义运动中的几位著名学者都是欧洲经验的传播者。其中突出的如阿尔伯特·萧是"崇英派"，理查德·艾利、弗雷德里克·豪是"崇德派"，他们到欧洲考察后，著书立说，传播经验，影响了若干州市的领导进行改革。

除了"走出去"之外，还有"请进来"。纽约是欧美交流的一个中心，

---

[1] 恩格斯的《英国工人阶级状况》1845年初版，至1892年德文第二版时在"序言"中肯定了这几十年中情况已有很大的好转，《马克思恩格斯选集》第四卷，人民出版社，1972年，第271—287页。

[2] Rodgers，前引书，p.129。

[3] 同上书，p.123。

举办过不少报告和研讨会。19世纪90年代，伦敦进步人士纷纷到纽约演讲，传播英国经验。其中有一位叫约翰·马丁，不久就移民纽约，成为当地改革组织"政治教育联盟"的领导。后来赫赫有名的报业巨子赫斯特，当时在他主办的《晚报》上一马当先批判市政承包商，并以英国格拉斯哥和伯明翰为榜样赞扬市有化。[1]

（二）美国的改革与反腐相联系

城市改革首先是改造公用设施和公用事业的体制。美国的特色是州一级政府有相对的独立性，在地方改革中州与市同等重要，并且差不多同步进行。当时的公用服务设施大多由私商承包，以劣质高价坑害平民，因此首先要改革这一体制。在美国每一步改革都发生政府干预与自由经济之间的关系问题，长期争论不休。在市政、州政改革中这一矛盾比联邦一级更早出现，因为市政改革牵涉到公用事业是否公管，乃至公有的问题。这方面也有欧洲经验可资借鉴，并有许多研究机构如"全国市政联盟"、"纽约市政研究局"等，对观念和理论的转变起了一定的作用。不过最终要落实到立法和政策措施上，还有赖于政府。这里遇到的最大障碍就是政治腐败问题。

当时州议会被认为是最腐败的机构。到上个世纪之交，州与市的腐化已经相当严重。1905年《文摘杂志》刊登了一张法国印制的美国地图，标明在45个州中只有6个是没有腐化的，有25个全部腐化，

---

[1] Rodgers，前引书，pp.136-137。

13个特别腐化。[1] 最常见的形式就是权钱交易，或权钱勾结。在州一级，最重要的表现在行使批地建铁路权上，就是州政府将其管辖内的土地批准给私人建铁路，在低税率、高票价等方面给予优惠待遇，有关官员从中牟取私利。有些情况严重的州，如密苏里和新泽西，州立法机构和政府关键职位都为铁路游说集团所控制。西部各州对铁路的依赖更甚，南太平洋铁路公司几乎拥有了整个加州，著名小说《章鱼》就是揭露该公司的。

在市一级，腐败有所谓"外部腐败"和"内部腐败"。前者是指政府在将公用事业承包给私商的交易之中受贿、吃回扣、勒索等。承包商可以通过现金交易（直接行贿），或安插官员的亲友，或给予政治支持等不正当手段，得到利润丰厚的项目。后者是美国政治体制特有的，主要是行政与立法部门之间的交易，例如在任命官员中裙带风、分赃制，在选举中变相勒索政治献金等。这两种腐败有时互为消长。政府权力缩小可减少内部腐败，但却增加了私商供应中的腐败；政府权力扩大则内部腐败增加。美国城市两种腐败都有，但以第一种权钱交易更为猖獗。

美国各州议会选举办法自行其是，相当复杂，宪法并无明文规定。南北战争后发展成两大党把持，经常由大资本家与两大党的权势人物幕后交易，共同操纵。这成为权钱勾结的一大领域。在第17修正案通过之前，宪法规定，全国参议员由各州议会选举，各地的大财团也就可以间接操纵联邦参议院的选举。他们常常把自己中意的代理人，或干脆就把老板本人选进参议院。因此，参议院有"百万富翁俱乐部"

---

[1] Ekirch，前引书，p.108。

之称。所以，改革必须与反腐败相结合。当美国是以小城镇为主时，只要把诚实可靠的人选进政府领导职位就可以避免腐化。因此，传统的自由主义者认为，市政改革是个道德问题。但是到了城市化、工业化、人口达到一定规模时，经济社会问题之复杂就超越了道德领域，必须组织化、专业化，在道德伦理方面也需要新的社会价值观来替代旧的个人道德修养。如弗雷德里克·豪所说，"城市摧毁了个人主义，不论是自愿还是强迫，必须通过合作而生存，没有合作，一天也活不下去"。[1]

　　进步主义运动理所当然地包括政治上的民主改革。在美国的制度下，改革总是从有改革思想的政治人物被选入权力机构而落实在立法和行政措施上，但选举本身又往往是权与钱勾结的途径。如何打破这一悖论？一是靠舆论，其威力已经在第二节详述。另一途径，就是改革选举制度，改革派喊出了"还政于民"的口号。但是要改变选举制度，必须先通过宪法修正案，而修正案又必须由参议院多数通过，这等于"自己革自己的命"，可以想见其斗争的艰苦与曲折。

（三）改革的主力和思路

　　和全国性的改革一样，州市改革的推动者也是各阶层的综合力量，包括有组织的劳工、知识分子、社会工作者、各种人道主义机构，也有一部分开明行政长官和议会议员。当时有两股力量，两种思路：

　　——精英式：倡导者主要是中上阶级的开明人士。主张改革政府

---

[1] Frederic Howe, *The Modern City and its Problems*, 转引自 Ekirch，前引书，p.101。

结构，把权力从政客手中转移到专家手中，使政府超越于政党政治的压力。其具体主张是减少选举产生的岗位、取消党派标签、改革吏治、规范行政、避免任人唯亲，由专门委员会成员对城市进行专业化管理，既不受选民压力，又可以提高效率。在一个城市中不分区，而是全市统一投票选举市议员，以消灭当时选区的"政客走卒机制"（ward heelers，即专门帮政客拉票的人）。

——平民式：倡导者主要是底层市民，特别是新移民和代表他们的政客。主张非但不减少反而增加选举产生的岗位，甚至包括原来任命制的法官；直选参议员，设立预选制，取消选举法中的财产和性别限制，从而大大扩大选民范围，扩大无记名投票的范围；采取措施防止雇主在选举中胁迫雇员，以保障底层百姓的权利；选举前举行民意测验，以扩大民意的表达途径；重新分配州议员的比例，以结束农村对城市的牵制。

前者主要代表老罗斯福等进步共和党人的思路，总的是加强三权中行政这一支的权力，在全国范围内发展为"国家主义"。不过在州市一级，基本上是后一种思路占上风，即直接民主。其根本原因是州长、市长和议员都是选举产生的。当时的现实情况是大量新移民来自东欧、南欧。他们在本国习惯于互相依赖的社会机制，家庭、行会、教会、村落、地主，都在某种程度上有义务对老弱病残的劳动者提供一定的保护。到了新世界以后，他们与美国老移民传统中全凭个人奋斗、激烈竞争的氛围格格不入，加上属于非熟练劳力，在竞争中处于劣势，自然而然会依靠各自的族裔组织，如"改良犹太教义"、"波兰民族联盟"、"意大利之子"，等等。当有人提出政府应该干预经济以保障起码的生活时，新移民当然是最积极的拥护者。他们虽然贫穷，但是每人一票，拥有人数优势，在了解情况、提高参政意识后，自然会把票投给能改善自己切身处境的人，而那些族裔组织能使投票集中。这样，政治人物为争取多数选票，也会把关注点转到底层人民身上，提出提供经济和安全保障的政治纲领，逐步形成议会中的改革派。在多数情况下，改革派是民主党人，也有一部分共和党的"游离分子"（自老罗斯福以后，共和党领导为保守派所把持）。民主、共和两党权力基础的相对分野，大约从此时开始。

中产阶级关心城市的环境，更有主人翁感，更加敏锐地认识到城市的危机将破坏自己赖以生存的条件，因而在大方向上也是改革的动力。他们有广泛的社会联系，"朝中有人"，或本人就在朝，或掌握舆论工具，或接受进步的理论，其作用在于塑造一种舆论氛围，使得改良的新思想为社会所接受，从而加强为改革立法而游说的成效。如一位美国历史学家所说："进步主义时期及后来的有效的社会改良，似乎是靠下层和中层的改良派在一个个具体问题上的建设性合作而实现的。"[1]

各州的改革进程不平衡，由先进的州带头先通过直选法，再逐步扩大，各州陆续通过，然后全国立法。到1912年，国会终于通过第17修正案，规定各州两名参议员由各州人民直选，于1913年得到四分之三以上的州批准，得以生效。

---

[1] Joseph Huthmacher, "Urban Liberalism and the Age of Reform", *Mississipi Valley Historical Review*, Sept. 1962, 转引自 John D. Buenker, *Urban Liberalism and Progressive Reform*, Charles Scribner's Sons, 1973, pp.203-204。

（四）妇女选举权

美国妇女开始争取选举权大约始自 19 世纪中叶，到 19 世纪末争取妇女权利的斗争进一步开展。1900 年卡里·卡特夫人当选为美国妇女选举权协会主席，女权运动开始有组织地在全国大规模展开，并逐步与进步运动结合起来，经过 20 年的斗争，一个州一个州地取得胜利。1890 年怀俄明州成为妇女取得选举权的第一个州，1900 年有 4 个州，1914 年另外增加了 7 个州。"一战"期间女权运动达到高潮，到 1919 年，妇女选举权扩大到 15 个州。在威尔逊总统支持下，1918—1919 年众、参两院先后通过给予妇女选举权的第 19 宪法修正案，1920 年得到全国 3/4 的州批准后生效。与此同时，妇女经济权利也提上日程，各州逐步通过保护女工的法案和政策。1917 年有 39 个州制定法律，限制女工每周劳动不得超过 60 小时。但是，同工不同酬的问题并未解决。

著名的玛格丽特·桑格夫人（旧译"山额夫人"）的节育运动也是这一时期的重要创举。1916 年，她在纽约开设了第一家节育门诊诊所。当时受到广大妇女欢迎，却被社会视为大逆不道，桑格夫人还因此被捕坐牢。虽然最后法院部分承认某些避孕措施合法，但直到今天，堕胎问题在美国还是一个争议极为尖锐的政治问题。

（五）州市改革的内容

改革的发展是不平衡的。在改革势力占上风的地方，先进的人物掌握了地方政权，就可以推行自己的方针，一些典范于是产生。

第三章　进步主义运动

由于改革是顺应社会发展需要的，必然会在其他地方产生影响，被提上政治日程，由点到面推广到全国。这种推广是自然产生的，不是由上而下推行的。改革主要方向是社会公正和劳工权益。东部工业化和城市化实现更早的那些州起步略早。以下略举几个州为例：

——马萨诸塞：起步最早。早在进步主义运动之前就已有规范公用事业和铁路经济的立法，1888年它是第一个实行秘密投票选举州长的。

——威斯康星：是最早成功地大刀阔斧进行改革的州。1901—1906年间，其州长为著名进步主义人士、后来的进步党领袖：拉福莱特。而其他州的改革高潮大多在1910年左右或以后才形成。拉福莱特的有利条件是在任时议会中支持他的议员占多数，所以他可以较为顺利地推行改革。更重要的是，得到了威斯康星大学的支持。如上所述，该大学集中了一批留德归来的学者，他们被称为"威斯康星学派"，这使该大学成为进步运动思想的重镇。他们创建了美国经济学会，其纲领中宣称"州政府的积极帮助，对人类进步是必不可少的条件"。[1] 因此，他们把州的改革作为实现其理念的实验场。该大学一度成为州政府的"第四部门"，与州政府合作，共同推进改革。豪教授认为德国政府不是民主的，但市政服务是民主的，对全世界起了示范作用，而威斯康星州作为政治、社会和工业立法的实验站，及其科学和高等教育的民主化，可以对全美国起示范作用，加上这个州德国移民较多，更容易接受德国的改革经验。

威斯康星州最重要的创举，一是建立州铁路视察委员会，进而

1　Buenker, 前引书, p.43。

出台规范铁路的法案，成立交通定价委员会，提高铁路和公司税率等；二是通过新所得税法，使之成为美国第一部累进所得税法。另外，还通过公务员法、反游说法、水土保持和水力利用法、直接预选法，以及建立州立银行等。由于拉福莱特接受了德国的不少影响，其改革带有一定的社会民主主义色彩。

在威斯康星州影响下，东部、中西部一些州的州长相继由改革派当选，并进行反腐败和类似的改革。比较先进的有纽约、芝加哥、克利夫兰、麻省等东部和中西部工业发达、新移民较多的州。各州根据自己的特点和居民的需要，先后通过不同的具体改革措施。不过其领域和方向都是共同的，都是提高弱势群体的福利，例如保护劳工权益、改革税制、杜绝腐败、普及教育、规范公司企业、限制暴利以及改革政治制度，等等。

——纽约：西奥多·罗斯福曾任纽约州州长，他在任时提出过许多改革措施，但是在任内来不及实施，离任后往往被反对派推翻。实际改革缘起于纽约衬衫厂的一场大火，随即"纽约州工厂调查委员会"成立，根据该委员会的报告和建议，最终在1911—1913年间先后通过了36项有关福利的立法，而且没有一项为法院所否决。其中很多涉及女工、童工，除工时、产假、未成年人体检和工种限制外，还有服装厂安全设备的详细规定。最重要的有关劳工的立法是建立赔偿制度。美国第一部劳工赔偿法是1910年通过的，1913年民主党占多数的纽约州议会又通过了更进一步的劳工赔偿法，赔偿率比1910年高，而且规定不必雇主同意强制执行，同时杜绝保险公司的介入。工会领袖冈帕斯称之为"任何州、任何国家所通过的此类立法中最好的",还有学者称之为"美国社会保障之始"。[1]另外还有星期日休假制,铁路工人工作时限和带薪休假,为有孩子的职工遗孀及退休公务员设养老基金,为贫寒子弟设奖学金,等等。此外,针对高收费职业介绍所、赌场和妓院向警察交保护费等弊病,设立了相关机构并采取措施。

——克利夫兰:1913年通过《母亲津贴法》,不但包括给母亲以津贴,还包括对童工的限制,以及强制义务教育(男童到15岁,女童到16岁,亦即在此之前不得工作)。1911—1914年通过的法包括:规定公立学校教师退休金和教师每月最低工资(如果当地学校负担不了,就由州政府补发差额)、维护矿工与铁路工人权益(对矿井、火车安全和工时等都有过细的规定),以及防治有害烟雾的工种的职业病、禁止用罪犯劳动,等等。

——芝加哥:州长杜恩是社会民主主义者,他明确提出靠工资为生者是"生产阶级",是国家栋梁,是真正的统治者。他竭力争取的保护职工的一些措施很多归于失败,特别是禁止童工问题,争议很激烈。当时在男性家长去世的情况下,事实上童工是许多家庭主要的生计来源。有的小店主认为,不让童工当店员,将造成一批游手好闲的青年。还有对舞台上的儿童演员是否应该禁止也有很大争议。杜恩的成功之处在于确立州视察员巡视工厂生产条件的制度,并根据其人道主义标准,修改州《卫生、安全和舒适法》,强制工厂建立符合安全和卫生的各种设施,内容也十分详细,重点也是在

---

[1] Buenker,前引书,pp.50-51。

矿工和铁路工人。[1]

——新泽西：这个州一向被认为是最腐败的、由大财团控制的州。1911年在威尔逊任州长期间，经过大力改革，通过了一系列进步立法，改变了形象。其中对杜绝腐败最起作用的有1911年通过的《新思想法》，它把公交和公用事业置于政府严格监控之下，被认为是到那时为止最彻底的公用事业法规，是进步主义者过去十年来努力的目标。但是威尔逊离开之后，不少改革措施被推翻，或名存实亡，以后才逐渐恢复。

各州先后进行的改革大同小异，不再一一列举。其中很多州都建立了"州公用事业委员会"，负责监督公用事业，制定法规。但对于其权限，一直有很大争议。不过，总的方向是推动政府监控公用事业。另外，这个时期的一些改革派已经开始努力推动的主张，诸如建立工会的合法地位、进一步规范企业、实施更加公平的税制（累进税）等，当时未能实现，要到小罗斯福"新政"时期才能实现。

州政改革中最重要的是致力于直接诉诸选民，推动州议员直选制，然后进一步改革联邦参议员的选举制，这一情况上一节已有介绍。

市政改革的内容主要有：争取公用事业优质服务，保证廉价煤气和电车票，进一步争取公用事业市有化，或限制承包期，重新分配税务负担，改善公共教育、住房、娱乐、医疗、卫生设施，建立失业救济，实行人道主义工时、工资和劳动条件，保护新移民不受歧视，等等。市议员本来就是直选的。随着新移民的增加、底层群体组织的加强和觉悟，政客们为争取选票，开始把施政纲领转移到对底层阶级有

---

[1] Buenker，前引书，pp.62-63。

利的社会经济改革上,同时以一种相对公平的办法帮助各族裔的代表进入公共机关。总之,他们建立了一些新的机制取代老的政治机器的许多功能,而避免贪污腐化。这样,他们逐步失去了一部分过去的中上层选票,但获得了更多的新移民族裔和工人阶级的选票。

美国两位成绩最突出的市政改革领袖是俄亥俄州托来多市市长琼斯和克利夫兰市市长约翰逊。

琼斯原以炼油机器工业发家,是托尔斯泰基督教无政府主义信奉者,向往以《圣经》的教义管理企业。他1897年当选市长,推动实现公用事业市有化、改进城市体育场、在公园举行免费音乐会、把幼儿园纳入教育系统等一系列措施。他把基督教教义用于市政管理,却引起教会和传统上层势力的反对,而得到工人和下层百姓的拥护,并以独立身份连任市长三次。1904年琼斯去世后,其继任者继续改革,使该市通过新的市宪章,确定市政官员由市民直接提名候选人和罢免的制度,还确立了重大问题市民公决制。

约翰逊原来也是企业家。他受当时著名改革派经济学家亨利·乔治的经济哲学影响,弃商从政,1901—1909年任克利夫兰市市长。曾在威斯康星州推动改革的学者弗雷德里克·豪此时到克利夫兰定居,协助约翰逊,并成为他的继任者。他们都坚定地支持公用事业市有化。他们共同推行完成的改革有:街车轨道市有化、降低车票价、通过市政规划重估房地产价等。

另一位英国市政的仰慕者是1895—1900年任波士顿市长的昆西。他在任期间仿效英国,在波士顿到处建立公园、公共浴室、游泳池、体育馆、儿童游乐场,以及举办免费音乐会、艺术展览等。英国进步分子和费边主义者对他评价很高。

在进步主义时代结束时,美国大部分城市的供水和排水系统都已由市政府控制,但是煤气、电力和公交则较少市有。还有许多市的宪章不允许市有化。总之,经过进步主义运动的改革,美国在城市化和工业化的过程中遏制了州市政府腐化,改进了底层居民的生活质量,在制度上更加民主,更加负责任,更有效率。[1]

四　进步主义与种族主义、帝国主义

进步主义的基调既然是强调平等、关注弱势群体、反对弱肉强食,那么合乎逻辑的应该是在世界上同情弱小民族、反对帝国主义。但这个时期刚好美国开始向外扩张,为"二战"后的称霸全球从理论到实践奠定基础。对内改革,对外扩张,仔细分析,并不矛盾。

(一)种族优越论

首先,进步主义的改革有一个薄弱环节,就是种族问题。1870年通过的宪法修正案名义上给予黑人的选举权,到20世纪初实际上丧失殆尽。诚然,进步主义思潮的产生与内战之前的反对蓄奴运动有某种渊源,但这只是一部分。到20世纪初,许多主流改革派是白人精英,不是本人有种族优越感,就是知难而退,回避种族问题。他们强调经济平等,但多数不关心种族平等,无视当时尖锐的种族隔离和黑人的处境。有些人是公开的种族主义者。老罗斯福在种族

---

[1] 参考 Ekirch,前引书,pp.99-100,pp.104-105。

和国族问题上是公开的社会达尔文主义者。他在从政以前多次发表关于印第安人的讲话,用极端鄙视的语言形容乃至咒骂印第安人,认为对这种充满罪恶的"野蛮人",如不使其驯服,就理应赶尽杀绝,否则"文明"无法在这"蛮荒之地"立足。1896年他有一段著名讲话称:

> 我还不至于认为印第安人中只有死人才是好人,不过我相信十有九个就是如此,而对第十个我也无须仔细查问。最坏的牛仔也比普通的印第安人多一点道德原则。

对于黑人,特别是在他执政之后,鉴于当时形势,他没有公然发表过此类言论,并且曾邀请黑人领袖布克·华盛顿参加白宫晚宴。但此举引起了南方种族主义者的强烈反对,以后他就不再邀请了。他和威尔逊在思想上或隐或显都是盎格鲁-撒克逊种族优越论者,甚至认为其他族裔扯了美国的后腿。

从底层来说,有组织的劳工运动代表多为先移民的熟练工人,且多为白人,他们本能地排斥新进入劳工大军的黑人和后来的移民。新移民虽然对推动市政改革有积极性,但是不同族裔之间互不团结,与黑人更不团结,形不成反对种族歧视的力量。所以,美国从立国以来的白人至上,特别是盎格鲁-撒克逊至上的思想,并没有被克服。

(二)新国家主义

进步主义改革的方向是反对放任自流,加强联邦政府的职权。

也就是在宪法允许的范围内，将一部分州政府和私人的权力收归联邦政府。从这里派生出了"新国家主义"（new nationalism）。在理论界的代表人物之一是克罗利。他明确主张加强权力集中，认为杰斐逊式的建立在个人自由、分权基础上的民主已经过时。他反对拆散托拉斯，主张加强政府法规；反对平民主义的民主，主张精英民主。当然，并非所有进步主义者都与克罗利一致，例如其对立面布兰代斯就倾向于平民主义，仍向往杰斐逊式的民主。不过，在实践中加强联邦政府权力是大势所趋。

从某种意义上说，主流进步主义与帝国主义思潮有共同的根源：与进化论一致，都相信人定胜天，通过人的主观努力可以改造世界，进步战胜落后，同时把进化论与基督教教义结合起来。那个时期的美国人充满自信和乐观，与生俱来的"以天下为己任"的"天命"思想到此时具备了付诸实现的条件。进步主义者更是推波助澜，他们要与过去的"渺小"决裂，要创造伟大的、史无前例的民主。他们相信一个现代化、城市化、多元化的美国社会能够为普适的、充满活力的新式民主提供基础，真正实现民主所许诺的一切。他们所理解的民主对一国的公民和全人类的公民之间的界限模糊不清，把创造民主公民等同于把美国变成上帝的王国。美国人的责任不仅在本国，而且在全人类。[1]

最早的海外扩张鼓吹者是媒体、传教士、伦理哲学家和海军主义者，其理论是"天命论"、达尔文主义演变论、盎格鲁-撒克逊种

---

[1] Bob P. Taylor, *Citizenship and Democratic Doubt: The Legacy of Progressive Thought*, University Press of Kansas, 2004, pp.16-24.

第三章 进步主义运动

族优越论、经济决定论、海军主义、国家主义和爱国主义大杂烩。用的语言都是传道的语言。例如，1885年有一位斯特朗牧师，出版了一部名为《我们的国家》的书，影响很大，把基督教的理想社会与现代物欲横流的美国做对比，充满种族主义论调，结论是要把盎格鲁-撒克逊的基督差会遍布全世界，以拯救罪恶的灵魂。[1] 本书第二章提到的著名的社会达尔文主义学派领袖菲斯克就认为领导世界的天命已经落到盎格鲁-撒克逊族头上，因为他们是神授基督原则和公民自由的承载者与传播者。他的理论在国内问题上遭到进步主义者驳斥，但是在国际上，他们是一致的。

1899年，哈瓦那发生暴动时，有"公正而宽容"之名的进步主义作家艾伦·怀特主张美国派兵干涉，他在文章中写道：

> 盎格鲁-撒克逊人的使命就是要以世界征服者的身份勇往直前。他应该占有所有海洋中的岛屿。他要消灭那些不能臣服的民族。这是上帝的选民的命运，是天谴。对此提出抗议的人会发现他们的反对意见会遭否决。必然如此。[2]

老罗斯福集中代表了这种思想，他在大刀阔斧与垄断集团斗争的同时，加强和扩大了政府的权力。他鼓吹好的公民应该有责任感，为国家的整体利益而自律，反对放任的个人主义。他认为美国向外扩张不但符合美国利益，不可避免，而且符合优胜劣汰规则，是美国的

---

[1] Ekirch，前引书，p.54。
[2] 同上书，p.189。

"天命"。他解释门罗主义的延续是为了阻止欧洲国家对拉美的干涉，美国干涉拉美国家的内政是正确的。他说美国为了遵守门罗主义，可能不得不行使国际警察的权力。他在美西战争后不久撰文称："在这个世界上，一个没有尚武精神、闭关自守的国家终究要屈服于那些保持雄风和冒险精神的国家。"[1] 他反对美国国内同情弱国的倾向，曾公开表示，一个民族如无力保卫自己，就不配存在。他说：

> 如果我们要成为真正伟大的人民，我们必须认真努力在世界上作为大国起大作用。面对大问题，我们不能回避，唯一可做出的决定，就是做好还是做坏。1898年，我们无可避免地面对与西班牙战争的问题。我们只能做出决定，是否像懦夫一样从竞争中退缩……[2]

更重要的是，这一思潮符合实际发展的需要。在占领和争夺世界资源与市场方面，美国是后来者。到上个世纪之交时，美国国内已经实现繁荣稳定，同时美洲大陆的边疆已经开拓到头，而过剩的产品需要出路。1897年，美国第一次出现工业品出超，全部外贸的出超数字达到历史最高水平。从内战结束到1898年，美国人口增长了一倍，可以消费90%的产品，但是剩下的10%，绝对数字达到10亿美元。所以，剩余工农业产品的海外市场成为主要的需求。此时美国与"旧世界"，特别是英国，越来越接近。英国在南非对布尔人的战争，美国主流政界并不反对。英国的费边主义者、社会主义者

---

1 Curti，前引书，pp.557-558。
2 Theodore Roosevelt, *The Strnuous Life*, 1898, 转引自 Ekirch, p.191。

也找到理由为南非的战争辩护,如萧伯纳也认为,到了 20 世纪,一国可以在自己本国内为所欲为而不影响他国之说已经站不住脚,妨碍国际文明发展的民族,不论大小,都应该消失。[1] 一批有影响的杂志,如《独立》、《展望》、《世纪》、《哈泼斯》、《北美评论》等,都连篇累牍发表文章支持帝国主义,认为这不仅符合美国的经济利益,而且是美国对世界负有的民主责任。这样,美国进步主义者与英国的改良派也找到了共同之处。他们相信英美联合,或各自行动,可以给世界"最低下"的人带来秩序、民主、文明和正义。在这里,现实利益、进步主义、盎格鲁-撒克逊种族优越论和帝国主义汇合在了一起。

不过,反帝国主义的思潮在当时也是存在的。以民主党领袖布赖恩为首,指责美国对古巴和菲律宾反抗的镇压,说美国过去在世界上以自由的捍卫者受到尊重,现在却转到了非美立场——以军事力量镇压前盟友争取自由和自治。包括马克·吐温在内的一批著名作家、新闻评论家、民主党人以及老共和党自由派等,都反对美国自命代表世界文明,认为这样会使美国的民主垮台。传统自由派认为帝国主义背离了早期的共和理想,是对其他国民自由的粗暴干涉,是"把手伸过大洋,探入他人的口袋"。[2]

有一些学者在理论上把进步主义所主张的政府干预与帝国主义者的强势政府立场区别开来。其中就有先为威斯康星大学教授,后任驻华公使,并任中国政府法律顾问,死于上海的芮恩思。他于 1900

1　Ekirch,前引书,p.182。
2　同上书,p.176。

年发表《19世纪末的世界政治》,指出英美过去的个人主义、自由主义已经日益为黑格尔式的民族主义所取代,关于养老金的立法不如大国荣耀更能吸引群众。他担心政府权力日益集中,人民的福利将被牺牲。

还有一派反对帝国主义扩张的正是从反对进步主义出发,如放任自流经济的坚决维护者萨姆纳等人认为,恰恰是进步主义运动反对放任自流、主张政府干预促进了强势政府,把干预扩大到国境之外,就走向了帝国主义。[1]

但是前一种思潮远远压倒后一种,成为美国20世纪对外关系的主流,因为它符合现实需要。而且也是20世纪美国内外政策的基调:对内行民主,对外立霸权。

---

[1] Ekirch,前引书,p.187。

第四章 小罗斯福"新政"及其后

一 小罗斯福"新政"

整个20世纪,美国经历过几次危机,有的主要是经济危机,是经典的经济周期的表现,有的是经济和社会全面危机,还有的主要是社会危机,经济却没有很严重的问题(如60年代)。其中最严重的全面的经济、社会和思想危机,是以1929年的股市崩溃为标志的著名的大萧条。那一次,美国确实面临经济崩溃的边缘,资本主义制度到了生死存亡的关头。正因为如此,小罗斯福的"新政"对挽救美国资本主义所起的关键作用怎样强调也不过分。关于"新政"的措施内容,中外著述已言之甚详,本章主要从挽救和改良资本主义这个角度探讨其深层意义。

(一) 20 年代末大萧条的形势

可以说,在所有资本主义周期性的萧条中,20 世纪 20 年代末至 30 年代初的这一场大萧条,在深度和广度上是空前的,它来势猛烈而且是世界性的。它是资本主义世界一场真正的大危机,是美国内战以来,也可以说是美国建国以来最严重的全面危机。胡佛政府勉强采取的应急措施——成立"全国复兴总署",用巨款挽救许多已经解雇大批工人的企业免于破产,等它们能赚钱时再重新雇佣工人——显然是远水救不了近火。到 1932 年冬,通货紧缩已持续三年以上,国民总收入三年中减少了一半,5000 家银行倒闭,使 900 万储户的积蓄荡然无存。失业人数达 1500 万的最高峰。1929 年在钢铁工业领取工资的人数是 22.5 万,到 1933 年 4 月降为 0。多少家庭断电,连蜡烛都买不起;多少人失去住宅,露宿街头。200 个以上的城市面临破产危险。几百万人民丧失了以血汗挣来的积蓄和房产。几十万少年失学,到处游荡。几百万青年没有就业希望……美国史籍、文献、个人回忆录和文学作品对那个冬天的情况有丰富生动的描写,亲身经历过那个时期的老人都谈虎色变。有人写道:"我想在近代从来没有过那样广泛的失业和那样惨不忍睹的饥寒交迫。"[1] 美国早期移民经历过难以想象的艰难困苦,美国建国以来也经历过各种曲折、艰险,即使是在南北战争时期人们都抱有希望,认为总有出头之日。而此时最严重的是普遍的、空前的绝望情绪,看不到任何出路,如

---

[1] Irving Bernstein, *The Lean Years*, Boston, 1960, 转引自 William E. Leuchtenburg, *Franklin D. Roosevelt and the New Deal, 1932—1940*, Harper & Row, Publishes, New York, 1963, p.19。

有人在日记中称"世界末日已经到来"。[1]

在这种情况下,贫富悬殊、社会的种种不公平表现得特别尖锐。20年代繁荣时期,统治集团和传媒大肆宣扬企业界的功劳。既然他们是社会的支柱,那么人们自然想到如今的困难也应由他们负责。胡佛总统对股市狂泻恼火之余,敦促国会对华尔街的幕后操纵者进行调查,找出罪魁祸首,以为这样可以平息民愤,解决问题。谁知这一调查就不可收拾,金融界、企业界的黑暗面越揭越深,使他们自私贪婪的面目,不顾国家法令、不顾人民死活巧取豪夺的手段和种种罪恶行径,得到深刻的揭露。原来道貌岸然的金融家爆出丑闻,曾经不可一世的瑞典火柴大王、美国公用事业大王等相继破产,都揭露出许多骇人听闻的骗局——发行空头证券,大量偷税漏税,造假账、烂账等等,不一而足,而这一切都以诚实劳动者为牺牲品。一方面,学校发不出工资,敬业的教师因饥饿而晕倒在讲坛上;另一方面,大企业和大银行的老板、经理们仍领取着高得吓人的红利和薪金,还设法逃避缴纳所得税。诸如福特等大老板,完全拒绝对自己企业的失业工人负任何救济的责任。当饥民在垃圾堆里捡东西吃时,大批粮食、果子烂在地里,牛奶倒到海里,奶牛被屠宰后扔到山谷里。这一切都使人们意识到是制度本身极不合理,不是哪个领导人好坏的问题。19世纪欧洲各种社会主义思潮乃至马克思主义兴起时所依据的社会现象、所揭露的资本主义的矛盾和罪恶,此时正在整个资本主义世界变本加厉地显示出来,美国也不例外。国际共产主义者预言的资本主义总危机,此时比以往任何时候看起来都更接近现实。

---

[1] Irving Bernstein,前引书,p. 18。

与此同时，年轻的苏维埃社会主义联邦共和国实行了新经济政策之后正在复苏繁荣起来，对世界劳动人民和进步知识分子有巨大的吸引力。20年代是共产党在各国建立和发展壮大的年代。在社会主义和共产主义思想土壤最贫瘠的美国，这个时期是唯一一次共产党势力发展壮大的时期。工人运动、工会组织也在这个时期有所抬头。在前十几年进步运动和自上而下的改革比较成功的时期，工潮比较少，工会会员数量下降。到1929年之后，由于劳工状况的恶化，工人运动又活跃起来。此时美国共产党在工会中的作用加大，例如组织纺织工会并领导罢工，但遭到残酷镇压，被迫转入地下。共产党人还在各城市组织失业者委员会。1931年失业者委员会发起向华盛顿饥饿进军，1932年3月7日在福特工厂门前示威，有4人遭杀害，引起3月12日4万名工人参加出殡游行，同日，共产党联合其他组织在各城市举行了大规模的示威游行，仅纽约和底特律就有10万人参加。这也是历史上唯一一次出现"倒移民"倾向，据说1931年秋有10万人登记申请去苏联工作（实际很少人成行）。眼看共产党和左翼工会的势力迅速扩大并得到越来越广泛的社会舆论的注意和同情，当局做出了让步，1932年通过了《诺里斯-拉瓜迪亚法》，宣布取消部分对罢工及示威游行的禁令，同意了集体谈判的原则，并规定了一些保护工人斗争权利的条款，但是这些措施都是杯水车薪。

种种迹象似乎都在证实马克思主义的预言，资本主义世界已面临革命的前夕。但是历史没有朝着无产阶级革命的方向发展（中国革命的胜利和一系列社会主义国家的出现是"二战"以后的事，而且其动因并不是资本主义经济危机），而是发生了两大转折：在欧洲，德国人在绝望中给希特勒以可乘之机，导致法西斯上台，把世界拖

第四章 小罗斯福"新政"及其后 119

向战争浩劫；在美国，产生了罗斯福的"新政"，使民主资本主义获得新生。

（二）"百日新政"——罗斯福上任的三把火

当时美国政界和思想界就救济、复兴和改革展开了激烈的辩论。概括起来，从政治社会层面来说，分歧在于先考虑企业家的利益，复兴公司，然后重新雇佣工人，还是先救济或扶助广大劳动者；从经济政策上说，就是坚持放任主义和主张政府干预之争。这样概括是过于简单化的，每种主张还有其复杂的内涵，具体说来还可以分为以下几派：

1. 保守派

胡佛总统应算是温和的保守派。他的出发点是认为美国经济结构基本上健全，如果能使信心恢复，通货紧缩的时间是短暂的。他坚决反对由政府出资救济失业者，认为这是原则问题，在困难时期应当诉诸个人对个人的慷慨好义的责任感："假如我们（政府）开始这种性质的拨款，我们就不仅危害了美国人民生活中极其宝贵的品质，而且打击了自治的基础。"[1] 后来失业人数急剧增加，到1932年达到1000万，他才批准国会通过一项法令，授权通过地方委员会分配农产品，后又允许复兴金融公司贷给各州救济款。但是他仍然顽固地反对由联邦政府拨款救济饥民。商会和企业界是这种保守主张的积

---

1 《现代美国》，第488页。

极倡导者。他们发起运动强烈反对使用公款救济失业者，并掀起在全国范围内压缩教育经费的运动，若非及时遭到制止，几乎使美国引以为自豪的教育受到致命的打击。

2. 温和的改革方案

《共同安全计划》：1931年由艾伯特·迪恩（后任联邦住房管理局副局长）提出，其主要内容是扩大现有的工程、建立永久性公共工程和足以维持购买力的捐税制度、设立循环储备基金以补助就业时数低于平均数的工人工资，等等。总之，其主导思想已侧重于提高就业和保持购买力。

《肯特计划》：1931年由查尔斯·米勒（复兴金融公司）提出，由其公司进行调查以确定在正常时期某一工业系统或单位开工所需资本、原料、职工等资金总额，然后授权银行给予贷款，并规定该企业因此而增加的利润的50%归政府。政府再用这笔钱从事各项救济及社会公益事业。这是先救资本家再救劳动者的方案，但是不反对政府干预，是一种折中方案。[1]

3. 激进派

技术主义：这一理论起源于进步主义时期的改革理论家凡勃伦于1919年出版的《工程师与价格制度》一书，该书是他的《有闲阶级论》一书观点的发展。它批判企业管理者为谋求最大利润而限制技术发展，主张抛弃现有的资本主义制度，建立一种技术政体的新的

---

[1] 《现代美国》，第454—455页。

经济王国,由工程技术人员管理企业,以便用最低成本得到最高产量。这种理论沉寂了十年,在经济危机的形势下,1931—1932年间又受到注意,并获得某些响应。其中较有影响的是世界工人联合会的斯科特于1920年发表的文章。斯科特受到李普曼、诺曼·托马斯等人的批判,两三年后逐步在公众视野中消失。

平民主义:以参议员休伊·朗提出的"共享财富"方案为代表。其基本内容是把税收的负担转到富人身上,要求重新分配财富,而不考虑发展生产。他本人出身乡村,升到州长,在任期内集大权于一身,在本州实行了劫富济贫的各种措施。1932年当选参议员,立即掀起重新分配国家财富以拯救国家的运动。他在参议院提出的提案,包括每个公民年收入不得超过100万,凡超过100万的由政府没收重新分配,还有重新分配税收、补助低收入和养老金等内容。他建立的"共享财富社"的口号是"人人都是国王"。休伊·朗在经济上是绝对平均主义,在政治上迎合了困难时期一般老百姓希望有强人领导解脱困境的心情,很容易通向法西斯,是一种形左实右的带有民粹色彩的主张。朗本人于1935年遇刺身亡。

罗斯福于1933年3月就职,开始了美国历史上最全面的社会和经济改革,称之为"革命"也不为过。他不拘一格,根据实际需要采纳各派意见,不过总的说来,接近于中间温和派。由于当时美国人所感到的危急情况不亚于外国入侵,所以国会破例授予总统空前广泛的权力,总统又把广泛的权力委托给行政部门和执行官吏。国会在100天之内通过了大批立法,史称"百日新政"。其措施有的是继续并发展前几届政府已经开始或未及实施的政策,有的是创新。

以后又有"第二次新政",此处只概述其意义重大的几个方面:

1. 金融改革

首先向银行开刀,通过紧急银行法,把黄金的流动牢牢控制在政府手中,并给政府以宏观调控的权力。以后又毅然决然使美元与黄金脱钩。

2. 开创了"以工代赈"的政策

创立了"民间资源保护队"、"联邦紧急救济署"、"公共工程署"、"工程兴办署"等机构。由政府各有关部门和军队通力合作,付诸实施。形式和对象是多种多样的,其所承担的工程都是国家所需的,如修铁路和公路、架电话线,以及桥梁建设、水利工程、建筑工程、植树造林、森林和野生动物保护,乃至制造军舰、飞机,等等。实施的结果不但解决了失业问题,而且使成百万教育不完全的青年受到文化教育和技能培训,大学生通过工读得免于失学;另一方面,许多耗资巨大又非特别急需、在一般情况下国会难以通过拨款的工程,在此非常时期得以在平时难以达到的低成本、高效率的情况下完成。著名的田纳西河谷工程就是那时完成的。联邦政府和各州之间在财政分担等方面复杂的法律关系,也只有在共赴"国难"的使命下才得以克服。真可谓一箭数雕,从某种意义上说,也是因祸得福。

3. 救济债务者

到那时为止的法律都是保护债权人的。因此,在经济萧条时期大批公司破产,多少人一夜之间因无力偿还债务利息而失去终生为之奋斗的产业，因银行倒闭而失去终生积蓄。在这种情况下自杀率特别高。而债权人可以趁火打劫，廉价购买大批企业或房产，进一步加深社会不平等现象。罗斯福政府第一次以保护债务者为己任，创立复兴金融公司，通过一系列立法，如对《农场贷款法》的修正案、《房产主贷款法》、《农场破产法》等。也是第一次由联邦储备银行保证储户在银行破产时能得到一定数量的存款偿还，当时定的数字是1万美元之内可以全额偿还。从那时起，一般靠劳动工资为生的人结束了旦夕之间失去终生积蓄的噩梦。特别是通过了《房产主贷款法》，规定以房产做抵押品的房产主无力偿还欠款时可以其抵押品转借由政府担保的国债，从而使许多人保住了住房。

4. 保护劳工权利和促使劳资妥协

1933年6月通过的《全国工业复兴法》是妥协的产物。该法以放宽反托拉斯为条件，取得资方同意，规定了最低工资、最高工时、工人集体谈判的合法权利等保护劳工的条款。同时，政府拨款33亿美元，用于公共工程的工资支出。

政府在最困难的时候也采取了一些纯救济措施。不过，到1935年联邦救济署就结束了。罗斯福原则上也不赞成由联邦政府拨款救济的做法，他认为靠这种救济生活会造成精神上和道德上的瓦解，对国民素质是根本有害的，甚至等同于吸毒。

"新政"的实施并非一帆风顺。最初的几年，在全国处于危机状态时，罗斯福得以凭借他空前的声望和权威推动通过一系列法案，成就其"百日新政"。但是国家稍稍缓过劲来之后，就遇到既得利益集团和保守势力的反抗。1933年通过的好几项立法被最高法院判为违宪，国会的阻力也开始增大。于是罗斯福进一步依靠劳工组织的力量，1935年后，克服重重困难，通过了更多、更彻底的立法，被称为"第二次新政"。其内容主要是提高对富人的征税、增加农村用电的补贴以及对养老、失业救济、地方福利的补贴，等等。其中最重要的是两部涉及劳工权利的法：1935年的《全国劳工关系法》（或称《瓦格纳法》）和1938年的《联邦公平劳工标准法》。前者确定了工会与老板集体谈判的权利，还包括资方如破坏这一权利的惩罚条款；后者规定了最高工时和最低工资的限额。

（三）"新政"的深刻意义

对于"新政"在解决经济危机问题上的成败，中外论者一直有不同的看法。许多人认为罗斯福和美国人应该感谢第二次世界大战的爆发，否则美国很难摆脱经济再一次萧条。这个问题不是本书要讨论的。事实是，"新政"的意义远远超过经济领域，也超过一般的改良运动，不论其提出者是自觉还是不自觉，它都造成了资本主义的一次深刻的变革，或者说是一次再生，并且树立了一种模式，对日后有深远影响。至少可以归纳为以下几点：

1. 改变了美国传统的"自由"的含义

罗斯福在有名的就职演说中把旧"四大自由"改成了新"四大自由"——言论自由、信仰自由、免于匮乏的自由和免于恐惧的自由。也是**第一次在基本人权中注入了"经济正义"的因素**。作为放任主义思想基础的社会达尔文主义，已经受到进步主义理论家的批判和冲击，他们指出，在一个这样富有的社会里还有赤贫现象是不合理的、非正义的。现在又把"免于匮乏"列入带根本性的"四大自由"，实际上是对宪法原则的修正，尽管不是以修正案的形式出现。其意义是把消灭这种不合理现象列为政府的职责和社会的目标，帮助"不幸者"（underprivileged）是全社会的责任。例如传统的观念是只有资本家认为有利可图时才雇佣工人，这是天经地义的；现在规定了最低工资福利，不仅是从法律观念出发，而且成为一种公认的正义的观念。它保护有劳动能力的人就业的权利，同时规定没有劳动机会的人得到救济的权利。过去救济工作是从基督教的道德良心出发的私人行为，现在对公民来说是应得的权利，对政府来说是用法律固定下来的义务。从此以后，社会福利和保障进入了政府经常性的政策。有一位分析家估计，从1929年到1939年的10年间，在福利方面所取得的进步胜过美国人在这块大陆定居以来的300年。[1] 这不仅是数量的增加，更是观念的更新。有些救济措施胡佛政府也已经开始做了，不过那是被迫的，胡佛从理论上根本反对政府担负济贫的任务。"新政"的观念逐步为全社会所接受，同时也成为民主党的一个标志。从那以后，在两党斗争中，民主党总是打着社会平等的旗号，而共和党则强调私人志愿和减少政府开支。

2. 树立了社会安全（或称社会保障）的观念

这个问题与上面的经济正义有联系，但是角度不同，更多是从维持社会稳定出发。罗斯福有一个明确的思想，就是与发财的机会相

---

[1] Leuchtenburg，前引书，p.332。

比，广大人民所追求的更重要的是生活安全。"新政"的一系列立法，诸如失业救济、最低工资、养老保险以及医疗保险等都是这一观念的内容。后来历届政府又加以发展，成为今天的福利制度。特别是财政保险，是一项创举，直到那时为止，减轻债务者的负担而牺牲债权人的利益在法律上都没有根据，而"新政"这一创举对稳定中产阶层起了极大的作用。

3. 在观念上向种族平等的方向迈进

到那时为止，美国仍是种族等级观念极深的国家。美国人主流的核心是所谓WASP，即白色、盎格鲁－撒克逊、新教徒，而且是有产阶级。其他民族或种族在不同程度上被分成不同等级。即使是其他的白种人，也略低一等。排犹情绪到美国参加"二战"前还很严重，直到1945年，著名剧作家阿瑟·米勒还出版过描写排犹的小说《焦点》，讲述一个并非犹太人的男子只因戴上黑框眼镜看起来像犹太人就到处受歧视、碰壁。亚裔和黑人就更不用说了。罗斯福夫妇以及其"新政"的执行者们在种族问题上都是比较彻底的自由派，他们为倡导种族平等做了积极的努力。罗斯福手下有一批黑人顾问，分布在各政府部门或政府以外，人们称之为"黑人顾问团"。这并不是一个固定的组织，只是有为数不少的黑人经常受到罗斯福的咨询，或被派去完成特定的任务。他们当中有不少高级知识分子，因此也被称为"黑人智囊团"。黑人在政府中职务最高的到部长助理，还有不少司、处级官员。此外，参加各种特殊任务的黑人可以列出一个长长的名单。罗斯福政府还颁布了新的公务员条例，第一次规定申请就职登记表上可以不必填写种族和附照片。尽管多数黑人还只担任低级职务，但联邦雇员中黑人的人数从1933年的约5万人增加到1946年的20万人,已是不小的进步。在"二战"中,为了改变黑人士气低落的状况,也取消了军队和兵工厂中某些歧视性的惯例和规定。另外,"新政"的就业措施对以非熟练劳力占多数的黑人是有利的,有助于阻止黑人进一步贫困化。1945年联合国成立大会在旧金山举行,国务院任命的美国观察员中有包括著名黑人领袖杜波依斯在内的好几名黑人代表。全国各地的黑人报纸得以派记者去采访。对当时的美国来说,这些都大大地提高了黑人的地位,并使黑人本身打开眼界,看到自己的命运与世界其他有色人种的联系。这些日后都产生了深远影响,其意义不可低估。所以,绝大多数黑人都对罗斯福有好感,认为他是林肯以来最好的总统。罗斯福夫人更是积极的民权运动支持者,一直到她逝世,她在这个问题上的立场都没有变。

罗斯福任内还有一段佳话:著名黑人女低音歌唱家玛丽安·安德森因受种族主义者的抵制不能进宪政大厅演唱,内政部部长就安排她在林肯纪念像的台上向7.5万听众演唱。这件事一方面表明了最高当局的一种姿态,同时也说明当时种族主义者的势力还很大,白宫方面也只能做到此为止。宗教联合组织也开始接纳天主教和犹太教。

当然,根深蒂固的种族歧视在"二战"后还延续了相当长的时间,法律、政策并不能在短期内克服民间的组织和传统观念。例如罗斯福不愿得罪南方种族主义者,在他任内没有推动反私刑(lynching)法的通过。但是,最高领导在观念上的不懈提倡比私人努力对改变社会风气的作用总是要大得多。在种族问题上,小罗斯福比老罗斯福要开明得多,"新政"所促进的观念上的转变为60年代在这方面的进步奠定了基础。

4. 调整劳资关系，劳动者的社会地位得到承认

在此之前，许多与工人切身利益有关的社会团体甚至慈善救济机构组织的社区委员会，都很少有劳动者代表参加。在罗斯福"新政"的后期，任何为社会福利集资的团体都必然有工会代表参加。通过了一系列法律保护工人为维护自己利益而斗争的权利，首次确定了劳资双方"集体谈判"的原则。政府的作用从主要维护有产者的利益转变为劳资之间的调解者，或者说是各种利益集团的协调者。政府至少在某个方面同某一部分资本家处于对立地位，而依靠强大的工会争取提高最低工资的标准，同时用金融、经济手段与资本家争利。另一方面，这样做的结果使工会不再是一种反社会的潜在的革命力量，而纳入了体制内。这从根本上改变了美国工人运动的性质，也可以说是等于"招安"了工人阶级。从此，美国的工会成为民主党的主要支柱之一。

"资方"也被置于工资的基础之上，也就是把出资者和经营者分开，出现了一个"经理"（executive）阶层。这也使美国的阶级关系发生了深刻变化。

5. 知识分子参政

有一位评论家说过："把总统职位提高到现在这种强大、有尊严和独立的状况，除了创始总统职位的华盛顿和重建这一职位的杰斐逊之外，没有人比罗斯福做得更多了。"[1] 当然，罗斯福进行的行政改革，统一了行政部门的职权，结束了政出多门的状况，是一大成就，对战后美国政府的决策起了很大的作用。但是其更重要的力量源泉还

1　Clinton Rossiter 语，ibid., p. 327。

第四章 小罗斯福"新政"及其后

在于他的博采众长、兼听兼容。知识分子和大家一样，也是大萧条的受害者，一开始大批失业，笼罩着一种悲观失望的情绪。社会精英首先敏感地意识到出现了根本性的问题。在这种情况下，素有批判和反抗传统的知识分子自然是向左转，汇入社会主义、共产主义思潮。但是"新政"扭转了这一局面。在全社会失业问题尚未解决的情况下，大批各行各业的知识分子首先得到任用，他们从全国各地涌向华盛顿，加入新设置的各种立法、行政管理、研究机构。有的仍不脱离所任教的大学，而经常被邀请参加咨询。他们纷纷提出自己的理论和治国良方，在罗斯福周围展开讨论和争论，罗斯福使他们感到自己有机会被倾听。"新政"所实施的内容在不同问题上采取不同人的建议，不拘泥于一种理论。特别是一些因改革的意见而受到权势集团排挤的有识之士被召回华盛顿，使他们有用武之地。"思想库"一词就是在那时开始出现的。这种做法的意义远远超过解决就业和生活问题，更重要的是把消极的批判变成了建设性的建议，把反抗力量变成了政权的支柱之一。全国的智力资源如此大规模地与体制相结合，汇入政策的制定，这不但在美国是空前的，在西方其他资本主义国家也前所未有。而且所容纳的政治光谱也空前地拓宽，不论右边还是左边，反对"新政"的知识分子都是极少数（这里指的是知识界，不涉及政界、企业界的反对派），共产党员及其同路人或公开或隐蔽地参加政府工作，这在美国历史上也是空前的。除了实用的政治、经济、法律等学科的学者之外，还有一大批有才华的失业艺术家、作家等，他们在罗斯福政府中有远见、有鉴赏力的官员的运作和鼓励下，由国家资助从事创作。就在那个经济最困难的时期，出现了文学、艺术、音乐、电影的**繁荣和创新**，许多著名作品和作家、艺术家就是那时崭露头角的。

有意思的是，这个时期有系统的理论创新并不多。向着改良主义方向的理论在进步主义时期已经表达得相当充分，为以后的实践奠定了基础。"新政"与以前的改良主义比较，有两点主要的区别，一是在范围和程度上要宏大和深刻得多，并且制度化、系统化，这点已如上述。二是摆脱理想主义，高度实用主义。过去的改良主义者多少都与基督教的影响有关，道德和人道主义色彩较浓，威尔逊总统最为典型。早期进步运动倡导者常常诉诸基督教教义，诉诸人的良知，其中还包括爱默生的"改造人"的思想。而"新政"倡导者的着眼点是改造体制，不是改造人。在当时的社会危机下，人们需要权威和强人，社会价值观更崇尚**力**而不是**善**。也就是马克思所说的撕去了前资本主义的那种"含情脉脉"的纱幕。为每一项计划辩护的依据，主要不是从道义出发，而是从纯经济规律出发：设法救济穷人、增加就业等，最终目的是让更多的人买东西以维持工厂开工。它使更多的人生活有所改善，这是客观结果，而不是主观出发点。他们的思想有很浓的实用主义色彩，即使是法律，也要视实际需要而加以解释或修改。罗斯福最信任的助手哈里·霍布金斯曾说过："在法律许可范围内，我们不怕进行任何探索，而我们有一位律师，只要是你需要做的事，他都可以宣称是合法的。"[1] 所以有人说：罗斯福政府起用知识分子之多是空前的，但是从某种意义上讲，它又是反智的，因为它削弱了真正深刻的、暂时与现实无关的思想的探索。

实际上，专家学者的作用总是有一定的限度，他们绝不像当时舆论和反对派所夸大的那样，成了各种法令政策的主要制定者。在美国，

---

[1] Leuchtenburg，前引书，p. 340。

第四章 小罗斯福"新政"及其后

任何一项法案如果不是符合相当的利益集团的需要,都是通不过的。罗斯福重视知识分子是真诚的,同时也有其策略的运用。一项新政策出台,建议者在被炒作的同时,也成了反对派集中攻击的靶子,这样,火力就不直接射向执政者,为其留下了缓冲的余地。如果反对太激烈,总统可以决定不用其策,甚至不用其人。所以,"思想库"中的成员并不稳定,可以说是各领风骚几个月或几年(50年代初美国的反共高潮中,右派全面反攻,"新政"时期的大批知识分子被指责为"亲共")。无论如何,自"新政"开始,实用型的专家学者大大发展,"思想库"确立了一种知识分子参政的模式:其运用十分灵活,与政府的关系可远可近,其意见被采纳的成分可多可少;两党轮流执政,不同倾向的"思想库"和学者也轮流行时。"思想库"承担政府委托研究的项目也已是题中之义。所以,到今天为止,美国知识界的批判传统虽然依然存在,但其主流是体制内的。他们尽管对现行政策不断地批评,但大多数不超出美国政治正常的争论范围,这一点与欧洲有所不同。

资本主义社会两大反抗力量——有组织的工人和思想精英——都被纳入了体制内,这对制度的维系、巩固和发展的意义毋庸赘言。

6. 关于政府职能的观念变革继进步主义之后进一步深化和巩固

美国赖以立国的传统政治理论以杰斐逊思想为主导,建立在对"国家"的不信任上,立足于尽量缩小联邦政府的规模、限制政府的权力,特别是在政府的开支上,国会代表纳税人监督甚严。在政府与私人的关系上,主要是站在私人立场,反对政府干预。当然,从19世纪反托拉斯法的出现到老罗斯福的改革,对最后一点有所突破，但以后还有反复，没有从根本上改变观念。罗斯福"新政"的实施，首先在财政上处处需要政府拨款，自然大大增加政府开支；许多措施都是削减大财团的特权和利益，而且与传统观念背道而驰，必然会遇到强大的阻力，非用行政手段强制执行不可。这一需要导致政府特别是总统的权力扩大。这样一种变革，如果不是非常时期，在当时的美国是很难办到的。正是大萧条造成的绝望情绪促使人们把希望寄托在强有力的政府身上，从而在很大程度上消除了美国传统政治中对国家干预的抵制。那个时候，地方政府在处理从救济到严重犯罪问题上都软弱无力，也促使联邦政府的**职**和**权**都空前集中。政府的强制权从在实践中的必要性发展为在理论上得到肯定的一项原则。从罗斯福本人到他的"新政"谋士们都认为，一个关心群众福祉的可能犯错误的政府比一个漠视人民疾苦的无所作为的政府好；对美国人自由的威胁主要来自私人财团而不是国家。

政府干预最重要的是对经济领域。"新政"在凯恩斯主义之前首先提出了增加劳动者的收入以增加消费，从而促进社会需求来繁荣经济的理论。也就是说要提高工资、降低物价，这与商人一贯的谋求最高物价、最低工资的做法背道而驰。它为凯恩斯主义理论提供了丰富的实践依据。与此同时，加强政府的作用和权力，也是凯恩斯主义加以发展的重要部分。诸如政府大量补贴农业户实行休耕、政府代表进厂矿帮助工会选举、对公用事业、航空公司等进行调节，有时甚至与私人企业竞争，例如开办国营水力发电站以分散电力集团的垄断权，等等。在金融方面，政府监督大大加强，政府的手伸进了联邦储备银行和纽约证券交易所，以至于有人说金融中心已从纽约移到了华盛顿。

第四章 小罗斯福"新政"及其后

不过，必须指出的是，在罗斯福个人威望达到顶峰，手中权力大于华盛顿以来任何一个总统，又在形势危急的情况下，他还是依法办事，每项政策的出台都通过国会立法。只不过在那个非常时期，国会议员多数都以大局为重，愿意放弃成见支持他。美国历史上有过两个总统曾经有条件个人集权，一个是华盛顿，一个就是罗斯福，但是他们都抵挡了这一诱惑。当然，实际上罗斯福的处境与华盛顿不同，他的超乎寻常的威望是暂时的，到第二任时各种反对意见就纷纷出笼了，美国政治又恢复了吵吵闹闹的常态。所以罗斯福一切通过立法的做法愈显明智，已经立了法，再推翻就比较困难了（尽管如此，在罗斯福第二任内还是有几项新法被最高法院判为违宪而废除）。

"新政"的许多思想和措施看起来带有社会主义成分，但在本质上是拯救和维护资本主义；改革内容中虽然农业政策占了很重要的位置，但在思想上却是反映城市工业社会的要求。其主导思想没有脱离自由主义的框架。事实上，罗斯福本人以及"新政"的"思想库"成员本质上都是自由主义者。例如天主教大学道德神学与工业伦理学教授瑞安神父，他提出了工业民主思想，"新政"的许多措施都是他的主张的一部分。他明确与社会主义、共产主义等各种类型的集体主义划清界限，把自己的学说定位在维护美国的民主制度上，只提出既能保持经济自由又能保持经济繁荣的方案。增加就业机会、提高劳动者的工资福利等各种措施的目的是扩大消费，增加资本家的利润，从而增加扩大再生产的能力，最终有助于巩固和稳定现有的以私有财产为基础的制度。[1] 罗斯福自称，他的最终目的是要"给

---

1 《现代美国》，第 502—504 页。

私人企业加油"。大量使用社会青年，使他们不全部涌向劳动市场，成为稳定社会的安全阀；以工代赈的方针实际上提供了平时不可能得到的大量廉价劳动力，这是凡拥护"新政"的政客和资产者心里都明白的；使工会合法化，创造劳资谈判的模式，把工人运动纳入现存社会制度的框架，这更是一项创举，它使工会永远失去了潜在的革命力量的性质，成为美国政治体制中的一种利益集团，而且在很多问题上倾向于保守。

1933年，凯恩斯曾在一封致罗斯福的公开信中说，世界各国所有谋求在现存的社会制度框架内补救社会的罪恶的人都奉罗斯福为他们的总头头，"如果您失败了，全世界理性的变革就会受到严重损害，留给教条主义和革命去争天下了"。[1]

总的说来，对传统的资本主义而言，"新政"可以称得上一场深刻的革命，不但是在政策措施上，而且是在思想上，说它拯救了资本主义，并不为过。

二 约翰逊的"伟大社会"计划

林登·约翰逊作为总统以两大"业绩"载入史册，一正一负：正的是"伟大社会"计划，负的是越南战争。1963年，他因肯尼迪总统被刺而继任总统。1964年大选中，他以"伟大社会"的口号赢得美国近代当选总统最高比例的选票（61%），而到1968年大选时，由于越南战争的不得人心，他又成为20世纪唯一的自动宣布放弃竞选连任的总统。

---

[1] Leuchtenburg，前引书，p.337。

第四章 小罗斯福"新政"及其后

就国内政策而言，约翰逊政府的改良的确前进了一大步，从某种意义上讲，也带有里程碑性质。无论是从个人经历还是从政策性质来讲，约翰逊的"伟大社会"都是罗斯福"新政"的继续和发展，其方向是一致的。1932年，青年约翰逊初涉政事，第一个职务是民主党众议员克莱伯格的私人秘书。他在大萧条中第一次到华盛顿，正好赶上胡佛与罗斯福交接的几个月，于是从罗斯福政府一开始，他就是"新政"的热切拥护者。他于1937年当选众议员，其竞选纲领是全面拥护"新政"，到任不久就有机会与罗斯福面晤，深得后者赏识。在罗斯福的亲自推荐下，他作为资格最浅的议员进入国会"海军委员会"。在任众议员期间，他把"新政"的政策和为他选区的选民谋福利结合起来，推动了许多立法，在得克萨斯州多有建树，如推动电气化、修水坝、修公路、实施水土保持工程、促进农业贷款，等等。"二战"时，他继续全力支持罗斯福的反孤立主义政策，并利用加强国防之便，使得州成为重要的海军和造船业基地。珍珠港事件爆发，他立即参军，在军中一年，获麦克阿瑟银质勋章。罗斯福逝世时，约翰逊曾说过，罗斯福是他的第二父亲，足见其爱戴之深。他的这些早期经历对他后来当政时的路线有很大影响：一是大幅度的改革，一是重视军备建设和对外强硬，也就是人们评论他的"既要黄油，又要大炮"。此处主要讲他的"黄油"这一面。

"伟大社会"虽然是继承"新政"的传统，但是二者的时代背景很不相同。此时美国经济不但没有危机，而且持续增长，进入"丰裕社会"（affluent society）。主要问题是如何更合理地分配日益增长的财富，使更广泛阶层的人民得以在富足的社会中改善生活质量。唯其经济繁荣富足，贫困的存在就愈形突出和不可容忍。这是"向贫困宣战"的口号的来源——这"贫困"不是国家和全社会,而只是一部分人,所以不是靠财富增长,而是靠公平分配来消灭之。如前一章所述,当时各种抗议性的社会运动迭起,有关民权、和平、妇女、环境、消费者权益等,矛头都是指向现行制度本身,方向都是要求平等。就全社会而言,物质不成问题,精神却发生了危机。在新旧交替中,美国传统的价值观面临挑战,青年一代思想尤其苦闷,找不到动力。在这种背景下,作为一个追求青史留名的总统,约翰逊要回答的问题与当年的罗斯福是大不相同的。

1964年5月22日,约翰逊因肯尼迪被刺而继任总统不到半年就在密歇根大学发表演讲,正式提出"伟大社会"的纲领。这篇演讲以及以后一系列的演讲,提出了许多消灭贫穷和不平等的具体主张,并特别强调:国家和个人收入的增加本身不是目标,"**下半个世纪的挑战是看我们是否有足够的智慧把这些财富用于丰富和提高我们的国民生活,防止旧有的价值观念被无节制的经济增长所埋葬**"。他一再强调,物质本身不足以建立理想的文明,还需要道义、精神和美的追求。因此"伟大社会"计划不仅要在若干方面促进福利的改良,而且要在建立一个合理社会的同时重新创建精神文明。约翰逊之所以敢于提出这样一项雄心勃勃的施政纲领,一是因为他从当时美国社会的各种运动中感觉到了美国人需要什么,自认为把握了美国公众的脉搏;另一点是他确实是自罗斯福以来支持率最高的总统,在举国哀悼肯尼迪的气氛下,他以继承肯尼迪遗志的名义提出自己的创造性纲领,最能得人心。不久后,他在正式当选中的得票率证明,这两方面的估计都是对的。而且,当时国会两院都是民主党占多数,1964年大选后民主党席位有增无减,这也是他推行改革极为有利的条件。在他任内实现的各项改革中最重要的有两大领域：一是关于种族平等，一是关于医疗保障。

1.关于种族平等：1964年7月通过的《民权法》和1965年通过的《选举权法》是美国黑人斗争史上的大事。

——《民权法》：肯尼迪于1963年就已提出民权法案，并为此成立了白宫"平等就业机会委员会"，由副总统约翰逊任主席予以推动，但在国会遭到强烈反对。1963年8月著名的"向华盛顿大进军"，实质上是对国会施加压力，支持肯尼迪的民权法（详见第七章），但是该法在肯尼迪生前仍未获通过。到他死后，约翰逊以继承遗志为名，经过激烈的辩论才使其通过，那是参议院进行的最长的辩论之一。

《民权法》明文规定，禁止一切肤色和种族等原因的歧视，特别包括工资、就业方面的具体条款；取消公共场所歧视性的隔离制度、取消学校隔离制、禁止雇佣人员中的种族（后来又加上性别）歧视等。争论最激烈的是一切公共场所向黑人开放这一点，许多中小业主和房产主特别反对，因为这将影响他们的生意。实际通过的法还是有一定限制，开放公共设施仅限于"与州际商业有关的地方"，反对就业歧视也指"州际商业和与联邦政府有业务关系的企业"。

——《选举权法》：全面保障黑人的选举权，取消了对选民登记的不利于黑人的资格要求，以及文化测试、人头税等歧视性规定，还规定设立"联邦选举调查员"，调查并监督各州执行情况，要求司法部派人到存在歧视的地区或选民登记低于50%的地区检查选民登记。也就是说，不但有规定，还有落实措施，而且进一步规定了受歧视者可以起诉。

尽管这两个法实际得到贯彻还经过了艰苦的斗争，但是它们的立法确有深远意义，把黑人的法律和社会地位提高了一步，同时也有助于缓解当时一触即发的社会冲突。

2. 关于医疗保障：具体体现在"医疗照顾"和"医疗救助"（Medicare and Medicaid）修正案。

医疗保险是福利国家的一项重要内容，在这方面，美国的起步晚于欧洲。建立普遍的医疗保险制度的想法是从杜鲁门开始的，他在任期间曾竭力推行仿照欧洲国家的"国家医疗保险"方案，但终以阻力太大未获通过。事隔20年，在60年代强大的改良运动的推动下，作为"向贫困开战"的口号的一部分，约翰逊政府提出了"医疗照顾"和"医疗救助"两个法案，终于作为对1935年《社会保险法》的两条修正案获得通过。前者的对象是65岁以上的老人和不到年龄的残疾人；后者的对象是低收入者，不受年龄限制。这是继"新政"以来经过改良派的长期斗争而取得的一项重大成就，显著扩大了医疗保险的覆盖面。

除此而外，还有《中小学教育法》，拨款10亿美元改善中小学条件，扩大贫困学生免费午餐等，是美国有史以来最大的政府对教育的资助；《高等教育法》，增加了对大学生的奖学金、助学金和低息贷款；《模范城市法》，拨款12亿美元改善和建造公用设施，建造面向贫民的廉价住房，改进城市贫民区和贫困地区的环境、卫生和生活条件以及教育和娱乐设施等。

总之，通过一系列的立法和其他措施，社会弱势群体的基本生活保障得到进一步巩固，大体上形成了社会安全网，更重要的是使机会平等向前推进了一大步。

约翰逊的"伟大社会"计划一方面是顺应时代的潮流，一方面也体现了他自己的信仰和政见。除上面提到的罗斯福"新政"的影响外，他崇拜的祖父是平民主义者，这一点对他早期思想的影响也很大。在思想体系上，他基本属于自由主义中倾向于平等的一派。不过他从政的年代在冷战的高潮中，他有强烈的反共思想，并且一贯主张加强军备。在这种思想指导下，他以反共的名义深陷越南战争，大力扩充军备，既要黄油又要大炮，使美国政府财政赤字达到空前程度，成为左派、右派都攻击的对象。其后果除了自己被迫放弃竞选连任外，也造成了以后的政策向保守方向逆转的契机。

三 福利制度的困境

应该说，约翰逊政府所实施的各项对内政策，是20世纪最大也是最后一次向着平等方向的改良。以后几十年中，黑人权利得以保持，并逐步有所进展，而福利问题的矛盾和争议却很大。总的说来，到约翰逊政府为止，其基本规模已经定下，以后历届政府都企图予以调整和改革，但举步维艰，只能微调，很难缩减。与一些高福利的欧洲国家相比，美国负担和面临的问题没有那么严重，福利与发展效率的矛盾没有那么明显。不过自"伟大社会"计划之后，这种矛盾也在不同程度上有所表现，最主要的不外乎两个方面：

一是政府开支过大，而且逐年增加。在公共项目中支出的社会保障费用1960年为523亿美元，占GNP 10.3%，其中联邦政府支持的部分占总预算的28.1%；到1982年总数达5926亿美元，占GNP 19.3%，联邦补助部分占总支出的52.4%。[1]仅此数字可见一斑。而美

---

[1] 黄安年：《当代美国的社会保障政策》，中国社会科学出版社，1998年，第220页，表8-1。

国自60年代以来财政赤字居高不下，无论是哪个党执政都以削减财政赤字为目标，在冷战期间军费开支无法压缩，福利开支愈形突出。另一方面，受益的覆盖面并不与开支的增加成正比，原因很多，如：管理部门的官僚主义效率低下，机构日益庞大，人员日益增多，占用了很大一部分经费；人口老龄化，享受福利的人数不断增加；两性关系的变化使需要救济的单身母亲家庭急剧增加，等等。还有一个很重要的原因是美国医生协会强有力的垄断，造成医疗费用高昂，而医疗保障是政府福利开支中的大头。

二是客观上造成一部分人的依赖性，无助于刺激勤俭的美德。假如一个单亲家庭有三个未成年的孩子，其福利补助就超过一个拿法定最低工资的劳动者的收入。尽管从"新政"到"伟大社会"到以后历届政府的福利制度都包括职业培训计划，但实行起来困难甚多，相当一部分人根本没有就业的希望或意愿。而中低收入的纳税人则认为，他们辛苦得来的收入养活了懒汉是不公平的。另外，累进所得税到一定程度就有平均主义倾向，难以刺激积极性，又使中高收入者感到不公。这在西欧、北欧国家比较严重，在美国还不明显。

这种情况一直是保守派攻击福利制度的依据，同时自由派也意识到难以为继。所以自尼克松以来，抨击现行福利政策成为历次总统竞选的内容之一，当选总统也总是把改革福利制度纳入施政纲领。总的目标是既要削减政府开支，又不影响真正需要的人得到扶助。但这事关千百万人的既得利益和社会稳定，要有所更改必然会有一部分人受影响，也必然有被政敌攻击的理由，因此阻力重重。从尼克松到卡特都提出过不同的调整计划，但不是停留在纸上就是收效甚微。

1981年，里根一上台就反凯恩斯主义而行之，在国内方面大力缩减政府负担。他首先向福利制度开刀,在理论上和政策上都是自"新政"以来对改良主义的最大逆反。从思想体系上,他是典型的保守派,强调私人的作用,反对政府负担济贫的责任,号召包括老弱病残在内的弱势群体减少依赖性。他集中攻击约翰逊的"向贫困开战"口号,以破坏其"伟大社会"计划为己任。他提出"新联邦主义"的构想,主要精神是把原来由联邦政府负担的福利开支一部分转到州政府,一部分转到私人团体,一部分削减,联邦政府只负担最必要的而地方政府和私人团体都无力或不愿负担的部分。当然,事实上里根的设想绝不可能得到全盘实施。1983年经全国激烈辩论后通过生效的一揽子福利计划,既增加了工薪阶层的"保障税"(为的是增加政府的保险基金,缩小这方面的赤字),又减少了对低收入的补助,还下调了领取福利金资格的底线。其中触动较大的是削减对抚养未成年儿童的补助,和取消对工资收入略高于贫困线家庭的补助。这项规定涉及面很广,由于60年代后的社会风气变化,离婚率、非婚生子女以及犯罪率提高,单亲家庭的数目也大大提高,而其中低收入的又以黑人母亲多子女家庭比例最高。到1980年已有380万个家庭、1107.9万人享受此项福利。据各种不同的统计和估计,里根方案实施后,大约有37万至52万家庭失去补助,受害最大的当然是黑人贫困户。另外削减的项目还有大学教育福利、儿童营养补助,等等。削减福利的同时,政府和企业大幅度裁员,失业率陡增。另一方面,政府又对企业实行减税以刺激投资。这样,贫富差距明显扩大。因此,里根的经济政策获得了"劫贫济富"的"雅号"。

但是这一方案实施后,政府的福利开支并未减少。一则因为时至20世纪80年代,任何政府都不敢也不能打破过去半个世纪的渐进改良所形成的社会安全网。被认为属于这个网内的一些项目里根也不敢触动，例如医疗保障、失业补助、学童午餐以及退伍军人福利等。二则是拆了东墙补西墙：领取失业救济金的人数增加，因失去补助而跌入贫困线下的人又取得进入另一项补助的资格，等等。另外，由于取消对低工资家庭的补助，缩小了这部分人与无业人员实际收入的差距，刚好与减少依赖、刺激自立的初衷背道而驰。1992年美国报纸曾载有这样一则真实的故事：一个生长于长期靠福利生活的黑人家庭的少女决心摆脱这种处境，走自学成才、自食其力的道路，于是课余打工，省吃俭用地存钱，以便上大学。但是不久，政府福利工作人员就来找她，说是她的银行存款已达到取消福利的标准，因为她未成年，收入算作家庭的一部分，所以她得赶快花掉这笔钱——买首饰、上歌舞厅都可以——否则她母亲的福利金就要被取消。

至今，美国人对里根的经济政策（不仅是福利政策）仍存在不同的评价。持肯定观点的人认为他大刀阔斧地削减政府负担，实行私有化，改革凯恩斯经济学的积弊，为已经走入困境的美国经济重新注入活力，实属必要，也为以后的经济持久繁荣开辟了蹊径，只可惜未能完全按计划实行。另一派当然集中攻击他造成贫富悬殊扩大，从而使犯罪率提高，各种社会问题更加严重。

（老）布什政府基本上是延续里根的政策。总的说来，共和党执政的12年间实际上医疗保险和其他福利的覆盖面有明显缩小，引起底层人民的不满。1992年在确定克林顿为总统候选人的民主党大会上，前总统卡特全面批评了共和党执政下的现状，主要在不平等上做文章，他指出：享有足够医疗、像样的住房、就业机会、安全感和对前途抱有希望的人日益减少。他特别以会议所在地亚特兰大城为例，指出其贫富对比鲜明，无家可归的人比他执政时多了 10 倍。犯罪率急剧上升也是因为人民看不到希望，等等。这里面不排除党派斗争的因素，有夸大之处，但是在平等方面有所逆转，则是事实。

在这种情况下，克林顿上台前的承诺和上台后的努力必须扭转这一趋势。但是与此同时，他必须减少财政赤字，形势已不允许他像约翰逊那样放手花钱。而且，旧的福利制度弊端已经暴露甚多，并不见得很公平。所以他上台伊始就选中了医疗保险制度为突破口进行改革，并任命其夫人希拉里亲自负责这项复杂艰巨的任务。经过精心策划，于 1993 年 9 月提出了一套详细周密的方案，总的精神是既要扩大医疗保险的覆盖面，使几乎每一个需要的人都能享受到，又要缩减政府开支。那么谁来负担这笔费用呢？这个方案有极为复杂的旨在两全其美的实施细节，归根结底一是把一部分负担转到企业雇主身上，一是降低医疗费用。前一点必然引起企业主的反对，后一点也触及了医生和药商的既得利益。美国医生协会是一个势力很大又十分保守的组织，它致力于保护医生的特权。由于医疗保险的付费标准较低，医生往往拒绝为享受医疗援助的穷人看病。经过国会激烈的辩论和讨价还价，克林顿做出了妥协和让步，其间又几经搁置，到第二任内继续讨论，意见才逐步接近。但是此时冒出了因绯闻而引起的弹劾案，使总统在剩下的任期内很难有大作为，这一改革又搁浅了。[1]

每一届政府在这方面多少都有所作为，每一项改革的立法都在国会中经过激烈的辩论，也就是说，它们都是各种利益集团和各种思

---

[1] 关于克林顿医疗改革方案的内容可参阅秦斌祥：《克林顿的医疗改革》，《美国研究》1994 年第 4 期。

潮的代表经过激烈的讨价还价后妥协的结果。在向一个方向走了一段时期之后，钟摆就向回摆。所以说，美国基本上总是走"中间路线"（当然不是指过去我们所说的社会主义和资本主义之间的中间路线），在改良和妥协中保持其社会稳定和发展。

一个世纪以来，美国的渐进改良的确对缓和社会矛盾、稳定人心、维系现行制度和发展国家起了很大的作用。这种改良又是与各种阶层的改革呼声、批判言论和抗议运动密切相关的。19世纪末的两大思潮至今依然在政治斗争中反映出来，在言论上仍然壁垒分明，但是在政策实践中却越来越大同小异。从约翰逊到克林顿，美国福利制度所走的曲折道路说明，谁也不可能打破已经形成的安全网，但是依靠政府干预调整贫富不均的做法已经陷入困境。美国与欧洲国家相比，平等与效益的矛盾还没有那么突出，这是因为美国实际上占主导地位的还是基于社会达尔文主义的自由竞争，它在必要时会牺牲平等。由于在物质上实力雄厚，在制度上自由度大，这种不平等总还可以限制在社会能承受的范围内。克林顿和英国的布莱尔提出了"第三条道路"，就是要设法打破这一僵局。所谓第三条道路，在欧洲是介于老社会民主主义和保守主义之间，在美国则是介于自小罗斯福"新政"以来的自由派和保守派之间。克林顿及其谋士们自以为可以把过去认为相互格格不入的自由思想和保守思想融合起来，或者说，使过去的进步主义政治"现代化"以适应新的形势。

第五章　60年代的反抗运动及其他

　　整个20世纪，从思想上对社会不公正的揭露和批判从来没有停止过，其内容和重点随当时的现实而变。从其社会影响和规模上来讲，有两次高潮：一次是与20世纪初的进步主义相联系的批判思潮，前面已经介绍；一次是60年代与反越战相联系的"新左派"[1]、"反文化"（counter-culture）思潮。以后保守派回潮，虽然还有反复，但迄今尚未再现那样规模和深度的批判运动。

一　60年代"新左派"和"反文化"运动

　　60年代中期，以反越战为核心，美国的制度又经历了一次巨大的冲击和考验。这次不是经济危机，而是社会、文化和根本价值观的全面危机。

---

[1] "新左派"一词容易引起歧义，60年代自称为"新左派"的与方今流行的作为"后现代"另一称号的"新左派"不尽相同。

事实上，在美国尽管带有社会主义色彩的左派思想一般不会有很大群众影响，但是自由主义知识界的批判即使是在麦卡锡主义猖獗的时期也未被扼杀，这种批判性的著作仍然在出版。例如被称为"修正史学派"鼻祖的威廉·阿·威廉姆斯，其第一部批评美国外交政策的著作《美俄关系》就出版于1951年。1957年他转入自由主义传统较强的威斯康星大学，影响了一批青年史学家，创立了"修正史学派"。所谓"修正"，主要就是对美国的对外政策做出不同于主流的另一种解释，批驳反共、反苏的合理性，认为冷战的责任不完全在苏联一方，而是深深植根于美国的制度和权势集团的利益之中，并指出其推行民主自由的虚伪性。另外两位"新左派"思想家先驱：哥伦比亚大学的社会学教授米尔斯于1956年出版了《权势精英》，保罗·古德曼于50年代中期在左派刊物《解放》和《评论》上发表了一系列文章。他们的特点是矛头针对中产阶级和劳工领袖，指责他们的满足和麻木不仁，指出美国在平等掩盖下的富足之中实际上的阶级不平等，并认为自由主义已成虚妄。不过在50年代的保守气氛下他们处于边缘，到了60年代才重新得到注意，被激进青年奉为精神指导，并出现了一批后起之秀，如科尔可等。到60年代末70年代初，反制度的批判运动达到高潮。

"新左派"是一个很松散的包罗很广的名称，实际上汇入这一运动的思潮形形色色，极为复杂，总的是对现状不满，矛头针对美国主流社会和内外政策。笼统地列入左派，是区别于传统的自由主义改良派，因为这一思潮对美国制度的批判更尖锐、更深刻，他们不满足于制度内的改良，而是认为问题在于制度本身。他们出于对少数精英代表广大人民执政的不信任，主张"参与的民主制"，以取代现行的代议制。其中一部分人公开宣称自己是马克思主义者、毛主义者，或拥护卡斯特罗和格瓦拉。另一方面，他们反对苏联的高度集权的制度，同"斯大林主义"划清界限，故称"新左派"，以别于以老美共为核心的"老左派"。同时，他们进一步把作为美国对外政策受害者的国外人民也包括在内。这一抗议运动关注的问题范围很广，有种族歧视、性别歧视、核裁军、环境保护、古巴、越南、对华政策，等等。围绕着不同的问题，积极分子的成分也不同，有从温和到激烈的反种族歧视者、和平主义者、前共产党员或其同路人及其子女、女权主义者、环境保护主义者、左派宗教人士，还有争取同性恋权利者，等等。其核心力量是大学生。参与群众最广泛的两大主题是种族平等和反越战，而又以反越战为中心。随着美国在越南战争的不断升级和受挫，这一运动也不断高涨。其退潮是在美国退出越南之后。

一般认为60年代激进学生运动的发源地是加州大学伯克利分校，以1964年的"言论自由运动"为开端。起因是学生在"公民参与的民主"的主张下，在校园内演讲、撒传单，反对校方"家长式"的管理，包括一系列校规等等。学校当局出面禁止，引起更大规模的抗议，即"言论自由运动"。这一运动迅速发展成以反越战、反对征兵为主题，并走出校园。1965年该校学生联合校外力量成立"湾区越南日委员会"，发起静坐示威活动，一些名流如乔姆斯基、马库斯、古德曼等都在会上发表演讲，把这一运动推向理论高度。全国各大学纷纷响应，1966—1969年期间多数大学都有反战、反政府的组织和活动，出现无数报刊，越是名牌大学如哥伦比亚、哈佛、耶鲁、康奈尔等越活跃，当然社会影响也越大。其活动特点是学术思想辩论和群众运动并行，在反种族歧视和反越战两个问题上与社会其他阶层相结合，造成极大声势,引起举世瞩目。有文献估计,到最高潮时(1969—1970年)直接参加者达15万,而经常支持者有数百万之众。

民权运动一向是促成自由派和左派结盟的唯一的持久性问题。一则因为这是最经常而影响面最大的现实问题;二则因为自南北战争之后,把黑人视为劣等种族、反对其享有平等权利的理论虽然已没有公开立足之地,但事实上的种族歧视却仍很严重,使一切有正义感的美国人感到耻辱。60年代的"新左派"当然也与民权运动分不开,而且最激进的白人与激进的主张暴力斗争的黑人组织曾一度结合起来。黑人民权运动在这一时期达到的规模和激烈程度以及取得的进步都是空前的。这一成绩的取得不是孤立的,它与当时的整个社会思潮分不开(种族问题将在下一章详述)。关于越战,开始时马丁·路德·金为了争取政府的支持不敢公开反对,直到1966年才第一次公开表态,从那时起,他领导的组织也发起和参加了反越战的组织与其他活动,汇入了左派和自由派的联盟。

在此期间,各大学成立了名目繁多的组织,不过全国性的、持续时间最长、影响最大的是"学生争取民主社会"(简称SDS),并且是"新左派"学生运动的标志。还有一个与之性质完全不同的学术团体,但也是60年代特有的产物,有其特殊的作用,这就是"关心亚洲学者委员会"。现分别叙述如下。

1. 学生争取民主社会

该组织1960年成立于密歇根大学。1962年两发起人之一汤姆·海登起草了著名的《休伦港宣言》,阐明宗旨,提出一系列美国造成社会危机的问题,有种族歧视、冷战政策、军备竞赛,特别是核竞赛、世界范围的贫富悬殊和对自然资源无节制的开采与破坏（当时越战尚未开始），等等。海登本人是天主教道德主义者，其理想源出于同一个传统，都是信奉美国的自由主义和民主制度，相信人能改造环境，并且认为美国有拯救全世界的义务。从这点出发，他对美国现状和现行政策感到失望，认为它言行不一、虚伪、矛盾。他指出，美国黑人的状况使"人人生而平等"的口号显得虚伪，美国宣称的和平意图与它在冷战中的军事投资相抵触，美国上流社会穷奢极侈的生活与世界上三分之二的营养不良的人成鲜明对比。他认为美国的"民有、民治、民享"制度已为权势所操纵，同时惊呼"国际秩序混乱"，"集权主义国家牢固确立"，批评美国对此无动于衷，没有负起自己对世界的责任。[1]

这一组织的成立是本着"参与民主制"的主张，认为自称代表人民的政客们不能解决这些问题，学生需要挺身而出，以天下为己任。海登等人自称是受到黑人"学生争取非暴力行动协调委员会"的启发。该组织采取进入黑人禁区静坐等非暴力的直接行动冲破种族隔离，他们相信，普通公民能以直接行动的方式改变现状，促使上述问题解决。这一主张正符合当时青年思想的潮流，很快从各名牌大学开始，在全国许多大学都有了分会。实际上，各校的组织都是平行独立的，全国性"总会"的领导只印发小册子、发表宣言，各分会自己决定行动日程。美国国内的贫富悬殊当然是题中之义，例如1964年"学生争取民主社会"发起了"经济研究和行动计划"，到全国各地的

---

[1] 《休伦港宣言》的引言题为"是什么折磨我们的良心"，中译文见《美国档案——影响一个国家命运的文字》，中国城市出版社，1998年，第661—665页。

贫苦地区去帮助穷人反抗警察压迫，为改善生活条件和维护自己的权利而斗争。不过，约翰逊政府的"伟大社会"计划出台了一系列福利政策，因此他们在这方面与政府的矛盾并不尖锐。二者共同的主题还是反越战和种族平等。1965年4月，在SDS号召下，华盛顿举行了第一次反越战游行，有两万学生参加，以后行动规模越来越大。各校采取的行动方式五花八门，例如1968年哥伦比亚大学分会组织了一次学生行动，占领了几座大楼，以抗议学校进行的为越战服务的研究项目和种族主义政策。

该组织开始是以非暴力行动为原则的，但是在发展过程中不可避免地日趋激烈，其成员不时受到当局的注意和警察的骚扰。在大规模群众行动中，往往发生与军警的冲突。其中比较著名的有：

——1968年"芝加哥七人案"：学生运动拥护持鲜明反战立场的民主党参议员麦戈文竞选总统，而民主党通过了汉弗莱为总统候选人，于是SDS组织大批学生冲进芝加哥民主党代表大会的会场，结果遭到早有准备的芝加哥市长所指使的警察镇压，包括海登在内的七名学生领袖被捕。这一事件被电视现场播放，引起了全国更大的抗议运动，使学生运动向更加激进的方面转向。

——焚烧美利坚银行事件：1970年2月，加州伊斯拉-维斯塔镇的学生和群众在"一切财产都是罪恶"的口号下放火焚烧了当地的美利坚银行大楼。

——肯特大学事件：1970年5月，学生为抗议尼克松政府入侵柬埔寨举行了大规模示威，在俄亥俄州的肯特州立大学示威学生与警察的冲突中，有一名警察开了枪，打死4名学生，引起全国震动，150万学生大罢课。

此后，SDS的主张日益激进，他们公开认同第三世界的革命运动，公开支持越南民主共和国和越南南方民族解放阵线，以促使美国失败为己任。其中一部分人认为和平的手段已无望，需要采取暴力革命以推翻现政权，于是成立了名为"气象员"的组织，转入秘密的爆炸等活动。另一部分成员接受了左派小党"进步劳工党"的领导。还有许多人不赞成这种做法，退出了运动。实际上，肯特大学事件是最后一次高潮。从此学生运动开始走下坡路，内部分化斗争不已，外有联邦调查局的压制、骚扰、离间、分化，加上原来的积极分子大批毕业，走上社会谋生，这一组织就盛极而衰了。不过它在60年代的反抗运动中所起的作用不可磨灭，它所倡导的普通公民积极参政的主张对美国以后各种专题的社会运动都有深远的影响。

2. 关心亚洲学者委员会

比起前一个组织来，这一组织的详情在中国介绍较少。由于它除了对美国思想界本身有影响外，对于美国的中国学和美国对华关系也有重要作用，值得在这里重点介绍。

1968年3月，哈佛大学东亚研究专业师生委员会趁"美国亚洲学会"于费城召开之机在费城另觅场所举行越南问题研讨会，与会者同时也是参加亚洲学会的代表，但是研讨会本身与亚洲学会无关，费正清教授应邀主持会议。会议议程有三：1）就当前美国对越战争的一系列问题进行问卷调查；2）就几项措辞不同的反对美国现行对越武装干涉政策、主张和平解决的决议草案投票表决；3）建立各大学间的联合组织，以便继续就会上大家关心的问题组织活动。大会的组委会除哈佛大学外还有哥伦比亚大学、麻省理工学院、普林斯顿大学、加州大学（伯克利）、芝加哥大学、密歇根大学、耶鲁大学等11家全国名牌大学的代表。那次会后，又经过一番运作，"关心亚洲学者委员会"于1969年春正式成立。其宗旨如下：

> 我们最初走到一起来是为反对美国对越南的野蛮侵略，并反对本专业对这一政策采取的以沉默为帮凶的态度。亚洲学界的人士对自己的研究工作的后果及其专业的政治态度是负有责任的。我们为专家们不愿站出来揭发当前亚洲政策的含义而担忧，这一政策的目标是确保美国对亚洲大部分地区的统治。我们拒绝承认这一目标的合法性，并要求改变这一政策。我们意识到，本专业目前的结构往往使学术堕落，并把许多人拒之门外。
>
> "关心亚洲学者委员会"谋求促进对亚洲各国社会的了解，从而达到对他们的合乎人道的理解，理解他们为保持文化完整和面对贫穷、压迫与帝国主义问题所进行的努力。我们意识到，要研究别的民族，首先得懂得我们同他们的关系。
>
> "关心亚洲学者委员会"希望创建一种不同的学风来取代当前在亚洲学界占统治地位的、经常在文化上居高临下并为自私的扩张主义目标服务的学风。我们的组织计划成为一个亚洲和西方学者之间的媒介和交流网、为地方分会提供资料的中心和开展反对帝国主义的研究工作的团体。[1]

---

1 *Bulletin of Concerned Asian Scholars*, Vol. 21, Nos.2-4（1989, 20th Anniversary Issue on Indochina and the War）, p.186.

这一声明言简意赅，一是从反对美国对越战争出发，全面审视美国对亚洲政策；二是认为当时整个美国的亚洲研究界都不是批判政府政策，而是为它服务，因而起了帮凶的作用。这一声明还明确提出"帝国主义"一词。这一组织代表了一批青年学者（其中大多数是博士研究生）对以费正清为首的老一辈亚洲学派的挑战，同时也是对正统的已经有40年历史的"美国亚洲学会"的挑战，尽管有许多人同时也是亚洲学会的成员。费正清是哈佛大学东亚研究中心的创始人，是公认的当代亚洲学之父，也是首当其冲被批判的对象。但是他采取宽宏大度的开明态度，同意主持发起会议。他本人不对越战表态，但不反对讨论。这一组织的成员也参加各种反越战的游行示威以及各自校园内的抗议活动，但主要是致力于改造美国的亚洲研究。[1]

这里需要对"改造亚洲研究"的背景略作介绍。当时亚洲研究的核心是中国研究。"二战"之后在冷战和反共高潮中，美国一大批中国问题专家受排挤、受迫害，或者改行，或者钻入故纸堆中只研究历史。当代中国研究十分薄弱，对1949年以后的中国更难有客观的了解。后来美国政府感到这一缺陷，从1958年开始，由国防部拨款在各大学设立"关键语种"（critical languages，包括俄文和中文）的教学，以福特基金会为主的民间基金会也大量捐款资助一些名牌大学开展当代中国和东亚研究。到越南战争时，美国政府为配合作战需要，又拨专款进行越南研究，由"国际开发署"出面资助南伊利诺伊州大

---

[1] 有关"关心亚洲学者委员会"的资料主要来自现存于美国丹佛大学的历年的 *Bulletin of Concerned Asian Scholars* 和其他文件，承蒙该组织发起人之一菲利普·威斯特教授和丹佛大学的彼得·凡内斯教授的热心，应笔者要求提供了大量的有关文本和复印件。

学建立"越南中心"。这些研究的成果直接或间接为美国政策和冷战需要服务，但同时客观上对亚洲，特别是中国研究，起了推动作用，刺激了对中国的兴趣和了解，培养了一批青年学生和学者。不过，相当多的人对麦卡锡主义心有余悸，采取了对当前政策超然的态度，致力于非政治性的课题。"关心亚洲学者委员会"的宗旨就是要打破这种状况，"关心亚洲"这一名称本身就是针对那种漠不关心的态度而言的。该组织致力于揭露学术界与军事—权势集团的关系，并指出，身为东亚问题专家，不揭露真相，对美国屠杀越南人民保持沉默，就是帮凶。他们明确提出了反对美国新殖民主义和帝国主义政策。多年后，这一组织的积极分子在撰写的回忆录中认为，他们取得的一项与本专业有关的重大胜利，就是搞垮了上述南伊利诺伊州大学的"越南中心"。他们与越南留学生一道，以维持学术骨气、不做帮凶的名义号召学者们抵制该中心，最终使它名誉扫地而办不下去。

　　从越南问题出发，必然联系到中国，而从研究的角度以及与美国的历史渊源来说，中国对于更多的人有更大的吸引力，所以这一组织吸引了相当多的人研究中国，特别是当代中国，后来成为亚洲研究的重点。当时参加这一组织活动的人的动机、立场和情况各有不同，其中比较激进的一批人有的现在已汇入学术界主流，成为名教授；有的被排挤出名牌大学到边远的大学任教；有的改变专业，或者完全脱离学术界……许多一度崭露头角的优秀青年终于没能成为中国或亚洲学专家。另外也有一部分留下来，成为以后20年间各名牌大学东亚研究的骨干，卓有成就。有少数人在新形势下转到另一极端，变成"新保守派"。该委员会的另一意图——另树旗帜与老的"亚洲学会"分庭抗礼——并没有成功，后者至今不断扩大，仍然是美国唯一的亚洲学者的全国性组织,前者作为组织则已名存实亡,只有《公报》还继续出版,仍然是保持批判立场的亚洲学者的园地,用他们自己的话说:"继续与权势对话。"

无论如何,从60年代中到70年代中的十年间,随着反越战而兴起的这一思潮及其所形成的氛围对美国社会的影响和贡献是不可低估的。它深刻地改变了不但是学术界,而且是一般美国人对亚洲的态度,使学术和教学终于走出了麦卡锡主义的阴影。例如公开用"帝国主义"的字样来批评美国的政策,对共产党领导的中国做客观的、正面的分析,不再处处顾虑被扣上"亲共"的帽子。当代中国和亚洲研究成为体面的、受尊重的学科,出了大批人才,的确对美国这一领域起了提高、创新和繁荣的作用。无形中也改变了舆论的环境,使决策者对客观情况有了更深的了解,至少为促进美中关系正常化创造了有利的条件。在1989年中美关系逆转、美国舆论普遍主张对华制裁的情况下,美国的中国研究界的主流都持冷静、客观的态度,60年代所建立的基础和培养出来的几代人是起了作用的。当然,对美国整个社会的改革而言,这只是副产品。

二 60年代运动与进步主义的比较

首先,20世纪初的进步主义,矛头主要针对正在兴起的大财团,批判的是贫富不均现象,提出的解决办法是政府通过立法抑富济贫,取得社会公正。到60年代,政府职能已大大膨胀,并且深深介入经济生活。每年用于科学研究和技术发展的费用有150亿,而私人出资是60亿。1929年联邦与地方政府负责美国经济活动的8%,到60年代已达20%—25%。联邦资金支付了航空与航天研究费用的90%，电气和电子设备方面的65%，科学仪器42%，机械31%，合金28%，汽车24%，化工20%。所以大企业的生存权一大部分握在联邦政府手中。但是另一方面，约翰逊政府的"伟大社会"计划又是通过政府为弱势群体谋福利达到顶峰的表现。这又是美国的一个经常性的悖论。在这种情况下，向着平等、正义方面推动的那条线不是强调政府干预，而是要求摆脱政府与大企业的勾结，特别是反对依靠军备竞赛而畸形发展的经济，反对艾森豪威尔在下台前所指出的那个"军事—工业组合体"，同时仍要求加强福利计划。

其次，60年代"新左派"思潮的一大特点是与美国的对外政策相联系，包含了反对帝国主义的内容。当年老罗斯福政府对内实行改良，对外实行扩张，而且公然以弱肉强食的理论为美国的征服辩护，大部分进步主义知识分子都给予支持（尽管1899年有一部分激进人士成立了"反帝大同盟"，反对美国占领菲律宾，但是没有造成声势，到进步主义时期已经无声无息）。到"一战"时，除少数例外，多数当年的"耙粪"积极分子都在保卫"国家荣誉"的旗帜下为美国的参战鼓与呼。

"二战"后，大小国家权利平等的原则已载入《联合国宪章》，美国对外绝不能再用种族优越的理论，其政策依据（或借口）是维护和推行自由民主，反对极权主义，反对苏联的扩张和威胁。但是在维护自由民主的旗帜下实践的却往往是扶植最专制腐朽的政权，反对有关国家的革命运动，到越南战争时达到顶峰。以《丑陋的美国人》一书为标志，美国人意识到自己在世界上形象不佳，美国使馆在很多国家都成为被袭击的对象。这一切冲击着美国知识分子和激进青年的良心，他们感到政府所宣传的对外政策在道义上的说服力日益减弱。50年代的"修正史学派"是这一批判的先驱。美国对越南的所作所为更加集中地暴露了他们所批判的一切，越来越多的知识分子认为这是不义之战，并为之感到羞耻。同时由于美国陷于其中不能自拔，其直接后果是更多的美国青年要被送去做无谓的牺牲，甚至是助纣为虐，这直接激发起反参军运动。再者，由于美国在越南出师不利，越陷越深，掉进了无底洞，在外交上越来越被动，在盟国中也日益孤立，引起上层精英和统治集团内部的怀疑与反对，这是反越战运动得到最广泛的社会阶层参加和拥护从而形成如此声势的原因。

从理想主义角度看，越南战争违反了威尔逊民族平等、民族自决的主张，但是从另一个意义上讲，它又是以在全世界维护和推行民主制度为己任的理想的延续。所以，50年代的"修正主义学派"和60年代的"新左派"运动，从近期而言是对以"杜鲁门主义"为标志的冷战政策思想的挑战，而从更远的思想根源讲，也是对美国这种"理想主义"外交的否定，也就是从根本上怀疑美国对外政策的道义依据。于是，从对美国整个冷战政策进行全面的反思和批判，到进一步对美国的根本制度和价值观提出怀疑，其中的激进派更是前所未有地直接提出了反对资本主义和帝国主义的目标。

其三，20世纪初的进步主义的由头是阶级矛盾尖锐化中突出的社会不平等，特别是经济不平等。其主体是成熟的理论家、知识精英和政界开明的改良派。尽管他们自己不一定直接支持工人运动，但实际上与19世纪的工人运动密切相关。其群众基础是劳动者，其对立面是大资本家，其主张和纲领首先是使劳动者得利，同时也是为避免劳工运动激进化，抵挡社会主义思潮。种族问题不是关注的重点。

与此相反，60年代反抗运动的主体是青年学生。这个时期美国承战后生产发展、经济繁荣之利，进入"丰裕社会"，政府的福利政策已经成形，在经济上并没有社会危机。他们更多从道义和理想出发，追求平等公正的社会，在理论上公开讲阶级斗争，对美国社会制度的批判更深刻、更激进，却与劳工运动没有关系，甚至不受工人欢迎。这是因为他们所处的时代背景与20世纪初已大不相同：这批青年属于战后出生高峰期"婴儿潮"的一代人，他们此时正好进入大学。这一时期青年在美国人口中的比例大大增加。又由于美国对教育投资的重视，大学生人数猛增（1941年大学生占适龄青年15%，1965年达40%，1969年每年颁发的学士学位达50万个，每年用于正规教育的费用达300亿美元）。特别是名牌大学的学生多来自富裕或至少小康家庭，在环境优美的校园里不受拘束地吸收各种流派的思想，不太发愁毕业后的就业出路。他们以青年人的敏感和理想主义关注各种社会问题和美国内外政策，特别是人文和社会科学专业的学生不甘心自己成为实用主义教育的工具，不愿意受束缚。他们中一部分骨干是"老左派"的子弟，被称为"裹红色尿布"的婴儿，自幼就受左派思想的熏陶，对资本主义制度持批判态度，上大学时正赶上国际和国内的革命思潮，自然一拍即合，要以行动改造社会，影响政策。但是其主张恰好不受工人阶级欢迎，因为工人是越战的得利者，越战停止，他们就有失业之虞。所以在反越战运动得到最广泛阶层参加时，唯有美国工会极少参加。贫富悬殊依然很鲜明，但贫民已不是工人，而是无业游民，其中大多数是黑人和新移民。所以这一运动在实际行动中主要与黑人民权运动相结合，并且特别同情和支持其激进的派别。

其四，从行动的声势和激进的程度来说，60年代远远超过进步主义运动，但是从思想体系的完整和连贯性、主张的可行性和影响的持久性来讲却略逊一筹。进步主义的成果汇入了整个渐进改良的主流；60年代反抗运动则不然，它最重要的持久性的成果是种族平等。关于越战，则说法不一。总的看来，美国在越南以失败告终有更加实质性的原因，是当时国际形势的必然结果，美国国内的反对运动起不了决定性的作用。这一运动除了种族问题外，在国内缺乏坚实的建立在利益认同上的群众基础。它代表了当时青年学生中的一种理想主义、一种躁动情绪和对一切现行制度与现有规范的逆反心理，是对物质富足而精神贫乏的厌烦。到越战时升级成为各派的汇合点，各种不满都可在此问题上发泄出来。除此而外，难以有共同的目标和行动纲领。相当多的人则消极地、本能地反抗一切成规，放荡不羁，以摇滚乐尽情发泄（当时盛行在摇滚乐中进行激烈疯狂的舞蹈比赛，有耗尽体力而猝死的），奇装异服，甚至以颓废、吸毒、混乱的性行为为时髦，也就是泛称为"嬉皮式"的所谓"反（主流）文化"派，其中少数人走向恐怖、暴力活动，完全脱离群众。另外，学生在校园中的时间是有限的，毕业后就各奔东西，进入社会后，其思想、态度就因各自的处境和地位而发生变化。70年代美国撤出越南，与中国开始关系正常化，形势发生变化，这一运动也就解体了。

三 "后60年代"

"60年代"至今在美国是一个特殊的词语，代表着一个特定的时代插页。它留下的影响很难估计。美国各派论者的看法差异极大：

左派倾向于夸大其失败这一面，认为是被资产阶级镇压下去了；右派则反之，强调其负面影响深远，动摇和破坏了美国一切优良的传统，是现在美国社会万恶之源。据笔者观察，60年代留下的直接、间接的效应有以下方面：

总的说来，对全面的社会改良还是向前推进了一步。正如进步主义思潮为促成老罗斯福的改良措施制造舆论，"新左派"所造成的声势至少在客观上抑制了阻碍约翰逊的福利计划的保守力量，使其较为顺利地通过。此外，其所提上日程的问题的范围比以前要广泛得多。在疾风暴雨般的群众运动消退之后，各种专题活动转入分散的长期的合法斗争，"院外游说集团"从而大大发展。以前这些游说集团主要是与经济利益有关的，或代表各大企业，或代表工会。到60年代出现了名目繁多的游说集团，涉及妇女、少数族裔、堕胎问题、同性恋的权利、环境保护、消费者利益、医疗保健……各种问题。其中影响较大、特别值得一提的集团有"共同事业"（Common Cause）和"公众的公民"（Public Citizen）。这两个集团所宣传的和对国会施压的问题都很广泛。不过前者更侧重政治改良，如政府的道德行为、国会的制度等；后者的领导人是著名社会活动家和环保主义者拉夫·奈德，着重在环境保护和有关的立法。另外，尽管代议制没有被动摇，但美国民众的参与意识和参与程度的确有所提高，从关心基本生活条件到进一步关心生活质量。这些看来分散的、无关大局的问题对推动美国社会的改良——从观念到科学技术——的影响不可低估。事实上，他们所倡导的主张大部分陆续体现在约翰逊政府和以后历届政府的立法中。

当时的积极分子现在已经进入中年后期，基本上汇入了社会主流文化。相当一部分人继续攻读高级学位，在大学和学术机构任教，有了一定的学术地位。他们的观点已趋温和，向中间靠拢，比较超脱、冷静、客观。如果发表政见，多数人基本上还是倾向于自由派，一般说来投民主党的票，支持向平等倾斜的政策，在冷战结束前反对巨额军费，等等。尽管他们见解各异，但是这一大批人进入学术界，大大拓宽了社会、人文学科的视野，在总体上使重心从保守向中间移动。

坚持左派观点的也有一席之地，他们基本上肯定60年代的运动，继续批判资本主义制度和美国的内外政策，特别反对里根上台以后实行的保守政策。在对外政策方面，集中反对美国的拉美政策；在继续支持古巴的同时，支持当时尼加拉瓜的桑地诺政权（里根政府则支持其反对派武装推翻该政府）。

在学术界有所谓"后现代主义"和"新马克思主义"的兴起。这些是很笼统的、不一定确切的称号。其来源还是欧洲，特别是法国60年代兴起的思潮，传到美国成为"后60年代"思潮的一部分。其大多数著作语言晦涩，从理论到理论，基本上在大学中循环；另外，他们对启蒙运动以来的整个西方思想体系包括自由主义、理性主义、市场经济等都一概否定，认为资本主义已经到了晚期，无可救药，在社会主义的苏联已经解体、中国正在向市场经济的方向改革的形势下，提不出新的思想体系和改造社会的方案（他们的观点中有一个重要的内容是站在"多元文化"立场反主流文化，关于这个问题将在第九章讨论）。他们也并不从事实际社会活动，并不以改造社会为己任，这是与60年代的"新左派"大不相同的。

这一现象说明两点：一、60年代的运动尽管激进，但实际上是美国（**包括整个西方社会**）知识分子批判社会的传统的延续。这种批判从来没有断过，不过在不同时期有不同的表现。这种批判精神正是深深植根于自由主义传统之中，尽管其立场可能是反对自由主义。不论其主张或社会影响如何，有这种批判思潮存在就可以对极端的保守思想起到平衡作用，客观上促进改良。二、现在的左派之所以提不出建设性的思想体系是客观形势使然。法国著名新潮派（法国人自己似乎没有"后现代"之称）知识分子之一鲍德里亚曾说：那时（指60年代）的知识分子很幸运，有一整套巨大的全新价值体系有待产生，但是现在不可能了，没有谁能提出一套连贯的"其他"方案，所以只能批判。[1] 他说得很坦率。这正说明目前资本主义制度相对稳定，虽然问题不断，但还没有出现危机。原来的痼疾都还存在，而长期行之有效的在自由竞争与平等之间不断调整的渐进改良仍然有效，且机制日趋成熟。当然，这只是相对而言，绝不是说永远不会出问题，这点以后将要谈到。

另一个现象是新老右派的合流。60年代有些积极分子在越战结束后产生幻灭，思想转到另一极端，成为80年代的"新保守派"或"新右派"，观点与老保守派基本相同，并在政治上拥护里根。促使他们理想幻灭的主要有国际和国内方面的两大因素。国际因素最关键的是印度支那局势。原先他们反对美国干涉越南，最主要的理由是认为越南人民进行的是解放战争，胜利后统一在越共领导下将给全体越南人民带来民主和幸福，因此深信自己是站在进步一边而美国政府是在反动的一边。但是越南统一后，情况完全与想象的相反，印度支那战火又起，人民陷于更加悲惨的境地。另外，中国"四人帮"

---

[1] 《知识分子、认同与政治权力——鲍德里亚与玛丽亚·舍夫索娃对话录》，《万象译事》第1期，辽宁教育出版社，1998年，第24页。

垮台，陆续揭发出来的"文革"真相使当初基于误解的对"文革"的期望也破灭了。原来期待的"世界革命"当然更加遥远。美国国内的"运动"内部则不断分化、争斗。特别是出现了几起谋杀案，都是由于有些激进的黑人组织怀疑内部有人向当局告密而为，被杀的有黑人也有白人。美国联邦调查局对激进组织的分化、瓦解加镇压的手段也取得了一定成效。当然还有革命队伍鱼龙混杂，也混进了贩毒分子及其他真正的刑事犯等因素。1987年，一批从60年代转向的人物在首都华盛顿开会，题为"再思会议"，诉说各自的经历，总结思想转变过程。他们观点并不一致，有的成为保守派，有的自称自由派，有的还认为自己仍属于左派。但他们共同的立场是认为美国的民主制度值得保卫。他们从仇恨美国变为爱国者，对过去的破坏行为表示反悔，因为意识到自己在激进的年代对美国进行了如此的伤害，却得到如此的宽容。这次会议被传媒广泛报道，引起很大反响，当然右派欢迎，左派批评，毋庸赘言。[1]

四 社会主义、共产主义与反共主义

美国的自由主义的框架弹性较大，因为它与实用主义相结合，可以随形势的需要左右摇摆，许多思潮并无明晰的界限。但它不是没有边界的，边界在于极左和极右的极权主义。

社会主义，包括带有马克思主义印记的社会主义思潮在美国历

---

[1] 详见 Peter Collier & David Horowitz, *Destructive Generation: Second Thoughts About the 60's*, Summit Books, New York, 1989。Horowitz 为典型的"红色尿布婴儿"，其父为老美共，他参加过少共，是60年代运动的骨干分子。在上书中，他叙述痛苦的思想转变过程和对左派的分析甚详，深受保守派称道。

史上也曾有过一定影响，并与自由主义曾有短暂的结合，其结合点就在争取正义与平等的理想上。19世纪各种社会主义思潮从欧洲传入，在美国互相斗争，纲领不断变化，与工人运动的关系几起几伏，最终没有形成气候，特别是没有掌握工人阶级，终于基本上退出了工会。[1]

（一）美国工人阶级为什么没有接受社会主义？

20世纪社会主义思潮曾有过最兴盛的时期，那就是1902—1912年间，与进步主义相重叠，其主要原因恰恰是那时的知识分子开始成为独立的阶层，其中较为激进的容易接受某种社会主义的理想，与当时的社会批判相辅相成。在"耙粪者"们彻底揭露资本主义社会的丑恶之后，需要有替代的方案，社会主义刚好可以填补这一需要，只是各种流派的社会主义者提出的方案差异较大，形成不了一股统一的、强有力的思潮，特别是不为工人运动的主流所接受。但是社会主义思想领袖人物和社会党的活动与进步主义运动一道，在客观上促进了从老罗斯福到威尔逊的改良政策，有些主张融入了主流政策之中。在此之后，社会主义在美国无论作为一种思潮还是一种政治势力都很快退潮。到20年代末那次严重的经济危机时，社会主义思潮又曾一度抬头，但是结果为小罗斯福"新政"所消解。关于社会主义为什么在美国没有土壤，有多种解释：

---

[1] 关于美国社会主义与工人运动的关系，国内外有许多著作，其中较详尽而深刻的有 Daniel Bell, "Marxian Socialism in the United States", *Socialism and American Life*, ed. by Donald Drew Egbert & Stow Persons, Princeton University Press, 1952, Volume I.

1. "新边疆"、移民国家、没有固定的世袭工人阶级等客观条件

最早提出这个问题的是德国人桑巴特，他于上个世纪之交专门写了一本书，题为《美国为什么没有社会主义》。他和稍后的美国学者如玻尔曼、特纳、利普塞特等提出了一系列的答案，各有侧重，互相补充，比较共同的是：美国有广阔的"新边疆"供开拓，通过个人奋斗改变地位的机会多，源源不断的外来移民造成工人阶级松散，还有人口流动性大，形不成固定的世袭工人阶级，而工人阶级中又由于种族不同，难以团结一致，白种工人从一开始就有选举权（欧洲有些国家就不是如此），等等。凡此种种，使美国工人阶级很难有阶级觉悟和独立的政治要求，他们的斗争主要针对本企业和本行业的资本家，而不是整个资本主义制度，其要求主要是经济的而不是政治的，加上全社会的生活水平在短时间内提高较快，社会主义的口号在美国就难有吸引力。[1]

2. 伦理与政治的矛盾

丹尼尔·贝尔则认为那些都是"条件"，不是真正的"原因"。他认为深层的原因在于美国的社会主义运动无法解决"伦理"和"政治"之间的悖论。从伦理原则上讲，社会主义者全盘否定资本主义，自外于自己生活其中的这个社会，这样，在政治上就无法与解决当前具体问题的实际斗争和妥协联系起来，而这正是工人阶级所需要的，也是工会所做的。美国的社会主义者既不能承认资本主义的秩序为

---

[1] 中国学者杨生茂和李道揆教授都不同意特纳的"新边疆"论，见李道揆：《美国政府和美国政治》，商务印书馆，1999年，第177页。

合法的，心安理得地在其中按照它的规律进行斗争，又不能像共产主义者那样宣布这个制度是人民的死敌，干脆号召为推翻它而斗争。还有一个问题是：伦理道德究竟是"目标"还是"限度"？贝尔认为，从广义来说，社会是为了分配摸得着的报酬和特权、义务和权利的有组织的制度。在这个社会中，伦理关注的是"应该"如何分配，而政治关注的是一种"能被接受的"分配模式，这就要通过各种利益集团的斗争和妥协来决定权益的分配。对于自由主义改良派来说，伦理是一种"限度"，超过这个限度就是非正义的。而对于社会主义者来说，伦理是"目标"，就是要以合乎道德的社会来取代现存的不道德的资本主义社会。但是涉及在达到这个目标之前应该做什么的问题，社会主义者就言人人殊。在不断争论和分裂之中，大多数人在实践中未能分担解决具体问题的责任。

以上所有的答案都是很有道理的，都符合美国的历史现实，但是还没有完全说透。例如除了"新边疆"之外，从思想体系到社会制度，美国与欧洲是一脉相承的，为什么社会主义和社会民主主义在西欧能有这样大的影响，能掌握工会，能成为独立的政治力量？如果说美国在南北战争之前有"新边疆"可开拓，那么到20世纪情况已非如此，特别是30年代的大危机应该是社会主义理论最好的验证机会，当时共产党确曾有所发展，社会党也一度抬头，其领袖诺曼·托马斯有相当高的声望，但基本上还是不成气候，何以故？

3. 笔者的补充

（1）实用主义传统与渐进改良的实践消解了社会主义主张。美国的政治是高度实用主义的。姑不论社会主义，就在共和与民主两大党之间，在竞选时互相揭短、攻击不遗余力，似乎水火不相容，但是在执政后，实际政策大同小异，而且反对党的主张部分地为执政党所吸收。社会主义思潮的核心在于反对特权、主张平等、同情弱势群体，除了其遥远的最终目的外，大部分与实际问题相联系的主张已陆续为美国各届政府主持的改良政策所吸收。1898年社会民主党代表大会通过的纲领第一次提出了关于具体问题的方案，如建立"合作生产和分配"的制度，以及一系列改善工人工作条件、建立工伤事故保险等主张。这一纲领被激进派斥为向资产阶级妥协，实际上以后历届政府陆续实行的改良基本上与此相符。到了"新政"的各种改革措施，就其对劳动者和其他社会中下层的实惠而言，已超过了社会党人就具体问题所提出的主张。在当时美国的现实政治中，为了保护"新政"所带来的好处，工会选择了支持罗斯福政府和民主党，同反对"新政"的政敌做斗争。社会主义者面临的问题是要么支持改良派的资产阶级政府，要么提出更高的纲领独立进行斗争。但是罗斯福已经把改革的文章做足，使任何更高的要求都显得脱离实际，于是在与民主党争夺工人阶级的过程中，社会主义政党自己分裂，结果完全失去影响。也就是说，社会主义思想是资本主义矛盾激化的产物，而美国当政者和权势集团总是棋先一着，改良与缓和矛盾的措施走在矛盾发展的前头，或者至少不等到尖锐化至引起大动乱的程度。

另外，轮流执政的两大党已经找到竞争、妥协、共处、合作的机制，而美国形形色色的社会主义政党或势力却总是在誓不两立的斗争和分裂中，似乎左派总有一种"唯我独革"的心态，对不同的主张，甚至只是在分寸上的不同都难以妥协。实际上各种派别和思潮根源都在欧洲，美国社会主义运动的每一次分裂，往往都与欧洲社会主义运动的形势有关联，当然不一定是组织上的。但是欧洲的社会主义派别各自有工会做基础，这一点与美国不同。结果，美国的社会主义者始终没有成为至少是一部分劳动群众所承认的代表自己利益的势力，而把精力消耗在派别斗争之中。

（2）时间差。实际上，福利国家的思想原本也来自欧洲，而真正起到稳定社会的作用是在"二战"后。那么为什么欧洲有些国家有强大的社会民主党，共产党也可以发展壮大呢？这个问题有复杂的历史文化原因，本书不可能详细探讨。仅就与美国的比较而言，二者的发展有一个时间差：在19世纪下半叶，欧洲国家内部新老矛盾交织在一起，国家之间又冲突不断，原有的制度有一种难以为继的趋势。在斯宾塞的学说出现时，欧洲主要国家中阶级对立已很尖锐，广大人民对社会不平等的感受强烈，强大的中产阶级没有形成。相对而言，社会主义思想所提出的理想更有吸引力，很容易与工人运动相结合。尽管欧洲各国政府先后实行福利政策，但社会主义思潮已经深入工人运动。而此时美国的资本主义发展方兴未艾，余地很大，因此如本章一开始提到的，社会主义与社会达尔文主义同时传到美国，后者在美国找到了适宜的土壤。与此同时，自由主义的另一面——追求平等和正义——同时在起作用，形成强有力的批判力量，促成政治和社会的不断调整和改良。20世纪30年代大危机到来时，这种改良的传统已经形成，有足够的思想和政治资源供当政者汲取，进行更为深刻的、大规模的改革，而不损害资本主义制度的根本，毋宁说使它更加巩固。当然，强大的物质条件也是重要因素。在物质极大丰富的情况下，美国政策在"保守派"与"自由派"之间无论摆向哪一边都游刃有余。例如根据"向下滴漏"的理论，先让资产者更富，然后泽及平民。由于蛋糕很大，因此即便有人所得份额很小，也能过得去，与欧洲社会主义者所批判的"面包屑"大不相同。如果先照顾穷人的福利，则也没有出现像欧洲福利国家已经感到的尾大不掉的沉重负担。

（3）现实的负面榜样作用。应该看到，第一个社会主义国家苏联建立以后的现实对社会主义思想在美国的命运起了消极作用。诚然，由政府自上而下实施的改良和福利政策能改善劳动者的境遇，但不能从根本上改变阶级存在的现实。马克思主义对资本主义提出了最深刻的鞭辟入里的批判，并提供了一种彻底消灭剥削来代替零敲碎打地改良的远景，这是其吸引力所在。美国理论界对马克思主义有一些响应是在19世纪，出现了像劳伦斯·格朗伦这样的分析家，基本上用马克思主义来批判当时的资本主义社会的矛盾，还有前面提到的像爱德华·贝拉米这样的向往社会主义的浪漫理想家，他的书能够畅销，也说明了其对美国人民的吸引力。但是后来因为有苏联的例子，大批向往社会主义革命的人士梦想破灭，工人阶级除了满足于不彻底的福利外，看不到更好的远景。

在高科技日益发达、人的生活方式发生根本改变的情况下，经典意义上的社会主义在美国就越加没有土壤。尽管在实际财产的占有上贫富悬殊的两头不但没有缩小，还更扩大，但是在日常生活方式和所享受的基本生活质量上却日益趋同。20世纪初凡勃伦在《有闲阶级论》中所描绘的那种景象已有很大改观：亿万富翁（如盖茨）大多有专业知识，与普通人一样必须紧张工作，如果不是更紧张的话。平时同样穿牛仔裤，吃汉堡包。至于亿万富翁另一方面的豪华生活，对于一个有稳定职业的普通人来说，只要有自己的住宅，有社会保障，并不一定去羡慕攀比。更何况，今天的美国社会仍然存在着创新的途径，至少仍使人相信，通过个人奋斗有机会得到自己想得到的。西方国家还有另一种说法，就是把各种福利制度和社会保障措施都算作社会主义因素，因而认为实际上社会主义已经融入资本主义之中。这里"社会主义"作为一种整体制度取代资本主义的概念已经被偷换了。

但是，作为一种时有起伏的社会思潮，社会主义在美国不能说完全没有影响和作用。其作用就是促进了资产阶级让步妥协，以及政府的改良政策。如中国学者李道揆所概括："小党常提出有进步意义的新思想、新政策和改革计划。两大党则把小党的许多政纲接过去……这在政治上产生了两方面的影响，一是使小党失去吸引力……二是促进了美国政治的改革。"[1] 美国学者贝尔说："社会主义好似一抹淡色，织入了美国的生活的布料中，改变了它的色调。"[2] 换言之，如果没有社会主义思想的传入和各种运动，美国的"色调"会更保守。这些都是很中肯的评估。

（二）共产主义在美国

20世纪美国有过两次反共高潮，一次是20年代的"恐赤潮"，一次就是50年代初的麦卡锡主义。而在整个战后冷战时期，反共始终是主流意识形态。在自由主义知识分子中，对此有两种态度：一

---

[1] 李道揆：前引书，第190页。
[2] Daniel Bell，前引书，p.403。

第五章 60年代的反抗运动及其他

种是根据信仰自由的原则,"我坚决反对你的主张,但我誓死保卫你发表的权利",因此对不宽容的反共主义持批判态度;另一种认为共产主义排斥其他一切思想信仰,共产党执政后必然剥夺人的思想自由,因此为了保卫基本自由,必须反对之。

美国共产党是于1919年作为一个激进的派别从社会党中分裂出来成立的。时在俄国十月革命后两年,当然与此有关。从此以后,它与各国共产党一样,主要听命于共产国际,也就是听命于苏共中央,在政治路线、干部训练和组织安排上几乎完全接受苏联的领导。国际共运的斗争和分裂,苏共的内部斗争和政策变化,都对美共有直接影响。苏联的行为和形象也就决定了美国公众对美共的印象。美国共产党一成立,就以战斗的姿态出现,宣布以暴力推翻现政府的纲领,号召无产阶级组织自己的国家以镇压资产阶级。与此同时,的确出现了一系列的行动,如波士顿警察罢工、西雅图工人总罢工、后来成为美共总书记的福斯特领导的50万钢铁工人大罢工等。另外,还有一些以布尔什维克名义进行的活动,其中最大的一次是1920年9月纽约华尔街的爆炸案。当时欧洲许多国家也出现了红色政权,一时之间似乎山雨欲来,世界革命即将到来。与西方列强联合武装干涉新生的苏维埃政权的同时,美国掀起了"恐赤潮",政府乘机大肆镇压,并且不通过法律程序而对共产党人突然袭击、搜查和逮捕,对更多的人进行监控。在"恐赤潮"下,美国公众对这种违反人权的做法予以容忍。特别是大多数第一批共产党人是新移民,政府可以以"违反归化法"罪名剥夺其公民身份,将其驱逐出境。不过,这一次"恐赤潮"为期比较短。不久,欧洲的红色政权相继被镇压下去,美国的罢工失败,暴力事件也不再发生。1921年上任的哈定总统承认对美国布尔什维克的影响过分夸大。事实上，从20年代之后，美共一直处于低潮。它随着苏共的党内斗争把主要精力放在了内部斗争上，不断分化，加上客观条件，自然不可能有很大作为。

1929年经济大萧条，使美国人首次对能够沿着原来的道路发展下去的信心发生了动摇，在此以后的两三年也是历史上绝无仅有的美国人转向苏联找工作出路的时期。小罗斯福上台后，对内的兼容性空前宽大，对外恢复了与苏联的外交关系。正好苏联方面于1935年号召建立反法西斯"人民阵线"，这样，同资产阶级政党合作就不再是"机会主义"了。这是美共发展的一次绝好的机会，可以放手支持罗斯福"新政"，与此同时发展壮大自己的势力。到1939年，党员达到了7万人的顶峰。这也是美共历史上唯一一次与左派自由主义力量（例如《新共和》杂志、《民族》周刊和进步党、农民劳工党等）结成统一战线，进入美国主流政治的边缘。同时，苏联的形象在美国人的心目中也有所改善。但是在此期间，有两大事件对美共打击很大：一是斯大林的清党，一是1939年苏德签订互不侵犯条约。

尽管从根本上说，布尔什维克主义与美国的自由主义思想是格格不入的，但是十月革命后，一大批有着批判现实主义传统和向往平等社会理想的西方知识分子热情欢呼一个新制度的诞生，美国也不例外。从20年代到40年代的著名作家、艺术家和其他知识分子中相当多的人都有过左倾和"亲苏"的历史。共产党主办的报纸杂志常有他们的文章。有些人加入过共产党，有些人是同路人。1932年美国共产党总书记福斯特竞选总统时，还得到了许多知名知识分子的支持，如德莱塞、安德森、道斯帕索斯等。但是1936—1937年间发生了著名的"莫斯科审讯"，这使许多对俄国革命抱有理想的西方知识分子始而震惊,继而失望。特别是原来许多左派知识分子对托洛茨基和布哈林都有好感。于是,以本来也曾同情过苏联的著名哲学家杜威为首组成的调查委员会,对斯大林关于托洛茨基的指控(即说他1917年就背叛了布尔什维克革命)进行调查,结论是:证据都是伪造的。随后,在杜威领导下又成立了"争取文化自由委员会",成立宣言上有140位知名人士的签名。这是左派自由主义者与苏联及共产党决裂的先声。美共内部照例产生了一次分裂,在斯大林指示下,被认为与布哈林关系密切的原领导人拉夫斯通等一批人被开除出党。不过,这一次因为有反法西斯"人民阵线"政策,美共的对内对外政策基本都能与美国政治的主流相配合,暂时损失不太大。随后,斯大林于1939年突然宣布与希特勒订立互不侵犯条约,把美共置于极为尴尬的境地。一夜之间,美共的立场从动员一切力量为反法西斯而斗争转为为苏联的行为辩护,声称德国与其他国家之间的战争就是资产阶级之间的争夺,主张采取中立态度,而且利用其在部分工会中的影响,致力于破坏兵工厂的生产。这不但脱离了当时广大美国人的感情,而且站到了罗斯福政府的对立面,失去了许多同情者。到希特勒大举进攻苏联时,美共又180度大转弯。两年中的这两次公开的对苏联亦步亦趋的大转弯,使美共在群众中威望大跌。在当时美苏作为同盟国共同作战、美国人对苏联有一定好感的情况下,影响还不十分明显,但是在美国人心目中留下的印象,战后在冷战中成为反共主义的依据之一。

美国第二次反共高潮是在"二战"结束后,从40年代末到50年代中期。这一次的国际背景比上一次更加复杂:一是冷战,出现了两个阵营;二是反帝、反殖的民族解放运动高涨,而且多数与左派的社会运动相结合，其中最重要的是中国革命的胜利，一时之间，马克思主义被认为是"未来的潮流"。双方都认为两种制度、两种意识形态不可调和，决战摊牌只是时间问题。在这种情况下，美共以其与苏联的密切关系和忠于苏联的立场，被视为与"二战"前和"二战"中的亲德团体同样的"第五纵队"和"非美"势力。美国战时为对付德国法西斯向美国渗透的法律、组织机构和一整套做法，都被现成地拿来对付共产党和与它有关的外围组织和人士。事实上，此时美共本身已无多大势力，形成不了对美国安全的威胁。1948年支持进步党华莱士竞选总统是其最后一次参与主流政治的活动，失败以后，从此一蹶不振。但是由于苏联的关系，它始终被当作一个"里通外国"的"阴谋集团"来对待。由于不断分裂过程中的前党员的揭发、大量渗透进去的联邦调查局特务的破获以及政府各种手段的突然袭击和逮捕审讯，秘密工作暴露无遗。

　　美国掀起反共高潮还有国内政治原因。主要是右派对罗斯福"新政"的中左路线的一次反动，所有反对"新政"的右派势力都可以以造成"共产党渗透"为罪名攻击自罗斯福执政以来的政策，包括反对其继任杜鲁门政府。这当然与两党政治有关，但反对者不仅限于共和党，也包括民主党内右派，还有其他各种社会势力，包括相当一部分工会势力。根据美国历史学家霍夫斯塔德的分析，以极端反共姿态出现的麦卡锡主义更深刻的思想根源是存在于美国底层的"反智主义"（anti-intellectualism），是保守的平民主义对知识分子的不信任和反感，而罗斯福"新政"时期是美国历史上最大规模的知识分子参政、专家在政府中发挥作用的时期，当时这批人的基本倾向可称为左派自由主义，其中也有不公开身份的共产党人。另外，

第五章 60年代的反抗运动及其他

美国的社会主义和马克思主义主要存在于知识分子中，除了在短期和极为有限的范围内，始终未与劳动群众相结合，甚至也没能进入争取种族平等的民权运动的主流。所以平民中反知识分子、反理性的情绪在某种情况下可以与反一切左派思潮结合起来，得到发泄。就杜鲁门而言，他本人的思想原也是反苏反共的，为了应付政敌的攻击，更得采取强硬的反共立场；为了动员全国力量进行反苏的冷战，也得以"赤色恐怖"恐吓人民。所以整个冷战时期，互相指责"反共不力"、"对苏软弱"成为美国政治斗争中的一项经常的话题，而民主党由于历史的原因，往往处于守势，正因为如此，在实际行动上，民主党有时反而走得更远。

在40年代末到50年代中期的反共高潮中，发生了1949年以宣传颠覆政府罪对11名共产党领导人的审讯和判刑（本来有12名，美共总书记福斯特因健康问题未出庭），所依据的法律就是1940年为对付法西斯组织的破坏而通过的《史密斯法》，1950年又通过了旨在将一切共产党人的活动置于监控之下的《麦卡伦法》，等等。而对美国政治生活影响最大的是1947年杜鲁门政府建立的"人事安全制"，也就是对政府工作人员实行政审制度，凡是其"忠诚"有问题，或对国家安全造成风险的人员，都在清除或不录用之列，并通过了"忠诚宣誓"的法规（即公务员在就职时宣誓自己与共产党无关）。所以，实际上在麦卡锡主义出笼之前，清洗已经开始了，麦卡锡主义是反共的高潮而不是开始。

在1956年苏共二十大上赫鲁晓夫的秘密报告和波匈事件之后，美共又发生了一次分裂，主要是对斯大林的评价和是否仍应维护苏联的问题。许多党员不满意美共领导继续忠于苏联的态度，纷纷退党，一些左派同路人也与美共疏离。这次分裂在左派圈内称"赫鲁晓夫（造成的）离婚"。在这以后，老美共濒于名存实亡。但是拥护马克思主义、相信社会主义优于资本主义的人士仍然存在，并继续发表自己的主张，只不过都明确与斯大林主义划清界限。到60年代，他们与新生的青年一代结合起来，成为一时颇具声势的"新左派"。

有一点值得研究的是，为什么60年代的新左派反抗运动没有引起另一次反共高潮？特别是以前的左派只是"文斗"，而60年代的运动暴力倾向比较明显，发生过不少流血事件，除了黑人的暴力斗争外，还有基本上由白人青年组成的像"气象员"那样的进行绑架、爆炸活动的组织。而这些常是在"格瓦拉"、"马库斯"等的旗号下，公开蔑视现有法律，宣扬从根本上反对现制度。更有甚者，这一运动反对美国正在进行的战争，不但有言论，而且以行动争取美国打败仗，公开与"敌人"联手，与国际上反美和支持越南的力量相呼应，有些人还亲临越战前线瓦解士气，包括著名电影演员简·方达。当然也发生过与军警冲突的事，却没有像过去那种"红帽子"、"外国间谍"满天飞的现象。分析起来，可能有以下几点原因：

1. 从根本上说，此时美国已经感觉不到共产主义作为一种潮流对它的威胁。十月革命之后和"二战"刚结束时，尽管美共本身力量不大，但是共产主义作为一种新的世界潮流似乎来势汹汹。"一战"后，各国纷纷成立共产党，欧洲似乎已处于革命前夜；"二战"后，新出现了一批共产党执政的国家，形成了社会主义阵营。这两个时期还有一个共同点，就是各国共产党都唯苏联马首是瞻。当时美共党员并不都公开，底细尚未摸清，被看成"阴谋集团"。而到了60年代，尽管在地缘政治上苏联被认为处于攻势（其实现在回头来看并非如此），但就两种制度而言，社会主义早已处于守势，古巴危机的结果和柏林墙的建立是明显的标志。以中苏论战为标志，共产主义运动也已分裂。情报机构对美国共产党和各种左派组织的底细也已摸清，不认为会造成威胁。这是最主要的大背景。

2. 60年代的运动除反越战之外，黑人权利问题占主要地位。形形色色的激进组织和行动大多是黑人在第一线，并得到白人的支持。进行镇压，就要落种族歧视的罪名，而肯尼迪和约翰逊的政治资本之一是主张种族平等、维护黑人权利，并且为此与南方种族主义势力进行过斗争，他们绝不能放弃这一旗号。在现实层面上，此时黑人的情绪已达到白热化的地步，如果镇压，可能激起更大规模的动乱，甚至不可收拾。从意识形态上讲，黑人运动离共产主义甚远，没有理由扣"红帽子"。

3. 反越战的人士范围甚广，包括政府内部官员、有名望的国会议员和社会各界名流，甚至有诺贝尔奖获得者保林、世界闻名的小儿科医生斯波克、前总统罗斯福夫人这样的人，使政府每有行动必投鼠忌器。而激进的青年运动言行固然激烈，但基本上都是公开的，反对资本主义、反对帝国主义，也是公开的主张，且组织十分松散。更主要的是他们公开反对苏联，虽然有些派别自称"毛主义"，但显然与中共没有组织上的联系。这与老美共听命于苏联完全不同。况且有组织的工人完全不在内，更无关大局。

4. 在统治当局方面，已经有了麦卡锡主义的反面教训。如约翰逊总统后来所说，他当时尽管对反越战运动非常恼火，但是他没有动用《国家安全法》进行镇压，因为他更不愿意再出现麦卡锡时代那种歇斯底里的反共，造成全国的分裂，危及美国最基本的自由主义精神。

那一次的创伤很久才得以平复，损失太大。衡量之下，他宁愿采取偏于宽松放任的态度。

总之，美国资产阶级在 60 年代以后已经有足够的自信，认为共产主义、社会主义在美国国内作为一种政治思潮和力量完全不需要费力气去对付了。其反共主义主要用在国际上，所以美国的外交政策始终不能摆脱意识形态的色彩。霍夫斯塔德有一段话可以作为这种批判和改良传统的总结：

> 如果没有不断的反对、抗议和改良的传统，以美国所处的时代和位置，其制度就会成为纯粹的弱肉强食的原始森林，大约不会发展成现在这样出色的生产和分配的制度。……单是看一下税收制度的历史，就可以提示我们，在把社会开支让那些最能承受的人去负担这一点上，自由主义传统给我们带来多大的好处。[1]

不论是在政界还是在知识界，形形色色的社会批判家的出发点和主张有很大差别，从温和到激烈到无政府主义和乌托邦社会主义都有。但是他们价值观的基础和理论框架还是没有脱出自由主义、天赋人权的传统。大家都从《独立宣言》中找寻根据。前面提到，美国开拓和发展的历史经验使社会达尔文主义容易被接受。但是同样的经验也可以成为改良主义的思想资源。有一部分美国人根据自己的切身经验认为，启蒙思想所倡导的个人通过理性和奋斗有力量

1　Richard Hofstadter, *The Age of Reform: From Bryan to F. D. R.*, Alfred A. Knopf, 1965, p.20.

把世界改造得更加美好的理念更能体现人的尊严，也就是建立更加平等的社会。保守派以个人主义为基础，为维护不平等的现状辩护；改良派也从同样的个人主义出发反对垄断资本，认为大财团是罪魁祸首，只要对它进行控制和抑制就可以解决问题。所以，他们都不反对私有财产和个人主义，而认为在现行民主制度中可以把政府从既得利益集团的手中夺回，使其通过立法建立比较平等的社会。这是社会思潮的主流。当然也有更为激进的派别，不相信通过现行制度和政府立法能实现真正的个人自由，如当时俄国的无政府主义、法国的工团主义，它们在美国都有反映，在20世纪初引起过一定注意，但是它们人数很少，影响也很小。

第六章 公益基金会与捐赠文化的独特作用

在美国，渐进的改良进程中有一个重要组成部分，就是私人捐赠的公益基金会。它对20世纪美国的发展所起的作用无法估量，有论者称："美国重要的文化项目，无论大小，鲜有不直接或间接与基金会的哲学思想或影响有关的。"[1] 此话毫不夸大，而且美国基金会的影响绝不止于本国，而是遍及全世界。事实上，这一具有美国特色的事物的兴起，也可以算作进步主义运动的一部分。

一 巨大的财富流向何处

有一条社会新闻可能有象征意义：1897年2月，纽约著名富婆布莱德利-马丁夫人在华道夫大酒店举行了一次盛大的化装舞会，据

---

[1] E. C. Lindman, *Wealth and Culture*, p. 20, 转引自 Raymond B. Fosdick, *The Story of the Rockefeller Foundation*, *Nineteen Thirteen to Nineteen Fifty*, Harper & Brothers Publishers, New York, 1952, pp. 304-305。

第六章 公益基金会与捐赠文化的独特作用

说花费有几十万美元（当时的价值）。她刻意模仿法兰西王朝盛时凡尔赛宫的排场，她的丈夫化装成路易十五，她扮成英国斯图亚特王朝的玛丽女王，同时戴着法国末代王后玛丽·安东尼的宝石项链。到场嘉宾六七百人，绝大多数都化装成欧洲王公贵族，满堂珠光宝气。酒店外的人行道上有250名警察站岗，以防"有无政府主义倾向"的危险分子捣乱，纽约市警察局局长亲自指挥。此人不是别人，正是西奥多·罗斯福。四年后他登上总统宝座，成为进步主义运动的旗手，这是后话。而此时此刻，他的夫人也是应邀的嘉宾，正在里面跳舞。

这个时期大城市的豪门盛宴是一种时尚，常是记者争相追逐报道的题材。而且同一切暴发户的心态一样，他们也刻意模仿被他们推翻的贵族。纽约布氏夫妇的豪华舞会尤为著名，几年来已经举办过不止一次。这一次的特殊之处在于，当时正值经济大萧条、路有冻死骨之际，许多顶级富人圈内的朋友都认为不妥，设法劝阻。主要是他们已经感觉到底层百姓的强烈不满情绪，担心此举火上浇油。然而这位财大气粗的夫人不为所动，一意孤行，而且事先在媒体上大肆宣扬，希望造成轰动效应。结果适得其反，舞会成为舆论的一个转折。尽管没有爆发革命，夫人也没有像她所崇拜的两位玛丽王后那样上断头台，却引起舆论一片谴责之声，各大报纸竞相用尖刻的语言抨击这一事件，进而矛头直指顶级富豪阶层及其生活方式。纽约也不再是他们的天堂，一向与他们关系很好的市政府借这股风决定对布氏夫妇提高税率。最后，这家人在纽约待不下去，只得"自我放逐"到英国定居。两年后，凡勃伦的划时代名著《有闲阶级论》出版，系统地批判了这种暴发户以炫富来争取社会地位的消费心理，起到了移风易俗的作用。

劝阻人们参加布莱德利夫人舞会的，还有摩根和洛克菲勒家族各自所属教堂的牧师，他们不约而同地号召信徒们不要去参加这场舞会，并且说这笔钱应该用于慈善事业。不论是否响应牧师的号召，事实是，包括洛克菲勒在内的另外一些顶级富豪确实这样做了。大约十年后，他们也是不惜"一掷千金"，不过不是用于声色犬马，而是用于公益慈善事业。他们创建了公益基金会，以这种新型捐赠模式压倒了炫富、奢靡之风，引领了社会余财的流向。此事的意义怎样估计都不为过，这对美国人来说，的确是莫大的幸运。

二 与传统慈善的区别

"济贫"是很古老的观念，非始于工业社会。富人捐钱于慈善事业，古已有之，中外皆然，非美国所独有。在欧洲古代主要由教会兴办各种慈善事业，在中国"为富而仁"、"乐善好施"也是传统美德的一部分，但是这些与现代公益基金会还有所区别。19世纪中叶，欧美大多数进步人士和慈善家都开始对传统的济贫模式抱有疑虑，认为慷慨不当适足以刺激更多的需求，使无业之人认为领取救济理所当然。他们逐渐把两种帮助对象区别开来：一种是基本上无自立能力的老、弱、病、残、孤儿等，为纯救济对象；对无家可归者设救济院加以收容。另一种是有劳动力的贫困人群，援助的目的在于使受援者有能力自立，并且有机会参与社会竞争。欧洲、俄罗斯和美国已经开始有少数名目不等的私人基金会，但是成为一种完备的制度，数量之多、规模之大和影响之重要，确实是20世纪美国的独特现象。其不同于传统慈善捐赠的特点是：

（1）在用钱的理念上从长远着想，重治本而不是单纯的济贫。其口号是"治理贫困的根源"，目的是为大多数人提供自食其力的能力与机会。例如福特基金会的一位负责人曾强调，基金会与其他慈善机构不同，不是去解决问题的后果，而是向造成问题的原因开刀。

（2）科学地、有组织地分配捐赠，而不是即兴的，凭个人一时发善心。

（3）在运作上，它与现代企业有类似的机制，有一套制度和法规，聘请专业人才管理，会长略相当于企业的总裁，有较大的决策权。

（4）财富一旦捐出，即属于社会，接受政府和公众的监督，捐赠者不能再任意支配。基金会按照注册的宗旨资助相关对象是义务，授受双方没有施舍和受恩的观念。

正式的基金会根据美国基金会中心给的定义是："非政府的、非营利的、自有资金（通常来自单一的个人、家庭或公司）并自设董事会管理工作规划的组织，其创办的目的是支持或援助教育、社会、慈善、宗教或其他活动以服务于公共福利，主要途径是对其他非营利机构进行赞助。"美国公益基金会多如牛毛，而且在不断变化中，每年都有新的出现，资产大小差别极大，自定的目的五花八门。每个基金会的资产因股市升降而每年有所不同，很难做精确的统计。

基金会尽管侧重点各有特色，甚至同一个基金会在不同的会长主持下工作重点也有变化，但是大方向基本一致。综合性的大基金会在宗旨中都有"传播知识"、"促进文明"和"造福人民"的内容，同时，既然是某种慈善事业的延伸，社会弱势群体必然是其主要关注点。另外，美国几家带头的大基金会一开始就带有世界性，国际工作是其重要方面。最早的卡内基基金会（1911）的宗旨是"增进和传播知识,并促进美国与曾经是英联邦海外成员的某些国家之间的了解",当时眼光还只及于英语地区。稍后成立的洛克菲勒基金会(1913)的宗旨是把传播知识和增进福利扩大到"美国和世界其他地方",它的工作也的确是从一开始就面向全世界的。福特基金会后来居上,在很多年中,其资产在美国众多的基金会中遥遥领先、独占鳌头(进入21世纪为比尔·盖茨基金会所超过),其工作范围更是遍及全世界。现在美国基金会有海外项目已是司空见惯了。

以下的介绍仅以卡内基、洛克菲勒和福特三大基金会作为典型,以见一斑。[1]

三 对内推动社会改良

(一)教育、文化、科学

既然援助的目的是创造平等竞争的机会,那么首先就要消除造成机会不平等的主要因素。根据当时美国主流的认识,在同是正常的健康人的条件下,教育机会是最重要的。这符合进化论的信仰:人的优劣不是天生的,而是可以通过教育来改变的。贫寒子弟缺乏受教育的机会,是他们处于劣势的主要原因。所以,综观美国各大基金会的历史和捐助领域,最突出的共同点是把教育事业放在第一

---

[1] 在本书出版后,笔者另有专著《散财之道——美国现代公益基金会述评》,初版于2003年,详细论述美国的公益基金会,现已有第四版修订版,题为《财富的责任与资本主义演变》。这里仅以三大基金会为例做简要论述。

位,这几乎是基金会存在的共同理由,前面提到的权威工具书给基金会下的定义也把援助教育放在其创办目的的第一位。大学、中学、职业教育、黑人教育、专项研究、教师待遇、图书馆以及对校舍、教学设施、教育改革的研究等无不得到其关注。

以安德鲁·卡内基为例,早在1889年他发表了《捐赠的最佳领域》一文,提出七大领域中第一、二项就是大学和公共图书馆。紧接着,他个人最有名的创举是在美国各地和英语国家建立公共图书馆,20年中锲而不舍,共捐款4300万美元,建立了2000座图书馆。1900年,他捐资1200万美元创办卡内基理工学院,即今卡内基梅隆大学,是美国一流的理工大学之一。1905年成立"卡内基促进教学基金会"(启动资金1000万美元),用于大学教授的退休金和美国教育问题的研究。这一动作有深远意义,以此为开端,引出了1918年成立的"教师保险与年金协会",使教师先于其他社会阶层开始享受退休金保障。此外,他还曾捐款给多家黑人学院。1904年设立"卡内基英雄基金"(500万美元),奖励见义勇为的公民,这项基金延续至今。这些都是在卡内基基金会正式成立之前的事。

1911年,老卡内基以个人剩余的1.5亿资产的绝大部分建立了"纽约卡内基集团",通常称的"卡内基基金会"指的就是这一个,其工作仍旧以教育为首要重点,普及与提高并举,或根据形势需要轮流突出。其形式多种多样,仅举一例:20世纪60年代,在卡内基集团成立的"电视教育委员会"建议下,约翰逊政府向国会提出并获通过成立全国性的教育广播电视集团公司,这就是现在在全美广受欢迎的、唯一不靠广告支持的"公共教育"频道。

与老卡内基一样,约翰·D. 洛克菲勒在建立基金会之前就已有大量捐助，1901年成立"洛克菲勒医学研究所"，1903年建立"教育总会"。他在教育方面最有名的是1892年创办芝加哥大学，到1910年捐赠最后一笔钱，他为该校累计捐款3500万美元，创历史上独家对一所大学捐款之最。老洛克菲勒拒绝了以自己的名字命名该校的要求，也不干涉其建校方针及管理，只提出"一切都要最好的"，果然芝加哥大学现今已是世界级的名牌大学。

"洛克菲勒基金会"于1913年在纽约正式注册成立。其宗旨是促进"知识的获得和传播、预防和缓解痛苦、促进一切使人类进步的因素，以此来造福美国和各国人民，推进文明"。洛氏的重点是医疗卫生，同时把医学和教育结合起来。首先他与卡内基基金会合作，在博采欧洲各国所长的基础上改建约翰斯·霍普金斯医科大学，使其代表了美国当时医学的最高水平。洛氏基金会头十年的几大业绩之一就是与先此成立的"教育总会"合作，在美国和世界各国建立高水平的医学院和改进医学教学。众所周知，在中国建立有名的协和医学院及其附属医院，就是洛克菲勒基金会这一时期在海外头等重要的项目，是洛氏的得意杰作之一。[1]

福特基金会财力雄厚，出手很大，于1950年重新确定纲领，目标是"加强民主价值，减少贫困和不公正，促进国际合作，促进人的成就"，实际上仍以教育为主。1955年，福特决定大规模出售股份以符合股权分散的潮流和政策，在此之前他做了一笔空前巨大的一次性教育捐款：5.5亿——相当于其前18年付出总数的1.5倍。其中一半捐给了全国600家大学和学院，用于提高教师的工资待遇；另

---

[1] 详见资中筠：《洛克菲勒基金会与中国》，《美国研究》1996年第1期。

第六章 公益基金会与捐赠文化的独特作用

一半分别给了3500家义务性质的非营利医院和45家私立医科学校。以后的历届主持人继续以教育为重点,甚至认定福特基金会就是一个教育基金会,并且也是普及与提高并重,根据其主持人的认识轮流突出重点。福特与卡内基还联手成立了"全国优秀奖学金基金",被认为是美国有史以来最大的大学奖学金项目。另外,还建立了教学设备实验室,专门从事实验和设计各种新的学校设备和教学工具,卓有成效。

美国每隔一段时期,就会提出教育改革的需要,这也是一些大基金会的关注点。他们在几次教育改革浪潮中都拨巨款聘请顶级教育家参与研究,产生了一系列报告,对各大学的教育思想和政府关于教育的决策以及全国教育改革都有重要影响。

在科学研究方面,各基金会支持的单项研究取得成果的不计其数,一般说来都带有开创性。首先是医学研究。卡内基提出的"捐赠的最佳领域",继教育之后就是医疗卫生,这也是与创造平等竞争条件的理念相一致的。特别是洛克菲勒近一个世纪以来一直关注科学,其传统强项就是医疗卫生和农业。洛克菲勒基金会注册成立之后第一个重要行动就是建立"国际卫生小组",第一项任务就是把它发起的钩虫病防治和公共卫生工作向全世界推广,在疫情重点地区开展的防治和控制钩虫病、疟疾、伤寒等工作取得了相当大的成绩;洛克菲勒医学研究所成立之初的短短几年,就对流行性脑膜炎、小儿麻痹、黄热病和梅毒的研究取得了突破性的成果,成功地分离出了疫苗;1928年,英国人弗莱明发明青霉素的研究,也得到洛克菲勒基金会的资助。这些成果把美国和世界的医疗水平向前推进了一大步。其他如工业医疗(即职业病)和精神病的研究、遗传学、生物物理和生物化学,以及研究仪器的改进和发明(如探测镜、X光分解仪等),都是在洛氏的支持下取得突破性成果的。这方面的科研与在世界各地的扶贫工作结合起来,到五六十年代后,工作重点更加向第三世界倾斜。它的传统项目——农业和农作物品种改良——对印度等一些第三世界国家的"绿色革命"有很大贡献。1970年,受洛氏资助的农业科学家诺曼·博劳格获诺贝尔奖,当时有人提出应把这项奖颁给洛氏基金会这个集体。这一重点延续至今。

除医、农外,洛氏对其他科学研究和杰出的科学家都有扶植。最突出的是,后来参加制造原子弹的"曼哈顿计划"的主要科学家中,曾接受洛氏资助而获得关键性成就的竟有23名之多。一些后来导致原子分裂的重大科学研究,如回旋加速器的成功研制,主要靠的就是洛氏的资助。此事后来引起基金会负责人的自省,引发了关于自然科学家对发明用途是否负责的讨论。

(二)社会改良和社会科学

改良主义是公益基金会与生俱来的特点,如卡内基基金会的一位负责人说,基金会就应该预见到社会变化所引起的压力,及时帮助主要机构适应这种变化。也就是说,基金会本身就以改良社会、缓解矛盾为其存在的理由,为此,需要走在时代前面。与进步主义时期的思想家一样,教育、公共卫生本身被认为是大规模扶贫和改良社会的最重要手段,而支持科学研究和发明则体现了前瞻性,促进了整个人类文明的进步。当然,还有各种类型的直接或间接的扶贫和福利项目。在进行实际工作的同时,研究社会问题,提出针对

第六章 公益基金会与捐赠文化的独特作用

性的改革之道，自然是题中之义。所以，美国社会科学的发展也与大基金会的扶植分不开。

这里解剖一下洛氏的资助从自然科学到社会人文科学的过程是有意义的。对洛氏基金会的成立以及其前期的决策有决定性影响的弗雷德里克·盖茨是一个医学迷，他深信健康为人类福利之本，发展医学可以解决一切问题。所以早期的洛氏基金会几乎全部工作都在这方面，对这一现象不满的工作人员称基金会"被一群医生所俘虏"，开展其他项目的主张往往受阻。不过在执行秘书格林坚持下，还是出资成立了"政府研究所"，后来并入著名的"布鲁金斯学会"，这是洛氏资助的最早的社会科学项目。

1922年，老洛克菲勒为纪念亡妻劳拉，斥资7400万设立"劳拉·斯贝尔曼·洛克菲勒纪念基金"，任命一名心理学专业的青年拉默尔为主任。他立即确定以社会科学为该基金的中心任务，并以极大的热忱开展工作。其最重要的建树是1923年赞助成立"社会科学研究理事会"，该组织至今都是美国促进社会科学各专业发展、交流和合作的最重要、最权威的机构。它资助的从事社科研究的机构还有布鲁金斯学会、太平洋关系学会、全国经济研究局等。此外，还直接资助个人和单个项目，从而与美国以及欧洲许多国家的大学建立了联系。

1928年洛克菲勒基金会接管劳拉纪念基金之后，关于社会科学方面的工作连同这一主导思想和资助模式都一并继承下来，而且在新的条件下有所发展。此时正值经济大萧条，接踵而来的是德国纳粹上台和欧洲战云密布。洛氏基金会以会长福斯迪克为首的一批负责人敏感地意识到社会科学的重要性。他们见证了在生产力突飞猛进中的经济崩溃和社会危机,以及与巨大财富并存的广大群众的极端贫困,也看到了自然科学发展不但不一定造福人类而且可以成为灾祸,大声疾呼人类对自然的征服超过人类控制自己的能力的危险性。基于这一共识,基金会一致决策以社会科学为新的突破口。确定的重点有三:经济稳定、公共行政管理和国际关系。

第一项的提法是"经济稳定"而不是一般的经济学,其主导思想是提倡以科学方法研究经济不稳定所造成的危害,并提出切实可行的措施。资助对象有美国及国外、国际的各种研究机构、大学有关科系以及个人项目等,不胜枚举。中国的南开大学经济研究所于1928年成立后不久,就成为洛氏在亚洲资助的重点,因此得到较大的发展,在与实际相联系的研究课题上做出了成绩。

在行政管理方面,主要目的是为政府提供合格的工作人员,以配合30年代罗斯福"新政"之后政府迅速扩大的需要。为此捐资给一系列大学培养此类人才,特别具有开创性的是在哈佛大学建立了行政管理研究生院和在华盛顿的美利坚大学设立了在职公务员进修计划。

福特基金会从1950年改组整顿,确定工作重点在五个领域:1)和平问题;2)民主问题;3)经济问题;4)教育问题;5)对"人"进行科学研究,并把这一研究成果充分用于民主生活的各个方面。最后一个领域更是福特基金会的独特贡献,由此几乎一手扶植了美国"行为科学"的建立和发展。

除三大基金会外,还有其他扶助社会科学的先驱,不再一一列举。在一定程度上,基金会的鼓励可以影响一个学科或学派:例如在社会学方面的功能主义、政治学的行为学派、发展经济学的"人力资本"学说等,在其开创阶段,基金会的大力资助起了很大作用。

在这些领域内的一大批名家，包括诺贝尔奖获得者、经济学家舒尔茨，以及行为主义—多元主义政治学家达尔等，都得到过上述大基金会的大力支持。

（三）密切关心美国所面临的国内外重大问题，为美国政府出谋献策

以下是两个例子，以见其规模：

50年代中期，冷战方酣时，在美国人心目中苏联和共产主义势头正旺，第三世界又在兴起，全球性争夺将全方位地展开，美国面临严峻考验，须谋求应付之道。在这一背景下，1956年，以"洛克菲勒兄弟基金会"[1]为首，进行了一项规模宏大的工程，集中了100多名各个领域的一流专家和政府官员、企业家，共同就美国内政外交各方面的问题进行全面深入研究。他们历经四年，写出了六大报告，包括外交、军事、对外经济、内部经济社会、教育、民主等方面，从1958年到1961年分四次陆续发表，然后再集合成书，题为《美国的前景——洛克菲勒专题小组报告》，副标题是："美国民主所面对的问题和机遇——在外交政策、军事准备、教育以及社会经济事务诸方面"。每一份报告都是由专家小组集体创作的，面面俱到，既有理论，又有资料，最后有对策性结论，都能独立成册。从开列的名单看，确实是名家荟萃，集中了当时美国的精英智慧，在美国的特定情况下，

---

1 Rockefeller Brothers Foundation 成立于1940年，由小约翰·洛克菲勒的五个儿子把他们原来各自的基金合并在一起而成，为第三代。它与原来的洛克菲勒基金会不是一个组织。

如果由政府部门出面召集,是很难做到的。[1]

80年代,美国在高科技产业领先的同时,制造业滑坡,国际竞争力受到严重影响。特别是日本的制造业在国际贸易中咄咄逼人,使美国全社会产生危机感。1986年麻省理工学院成立了一个委员会,研究美国自"二战"以来的重要国内课题,集中了30名第一流的专家,对八个制造业部门深入研究和采访调查,访问了遍布三大洲的许多企业,历时两年,对美国经济发展的复杂问题进行了梳理,得出了明确的结论,并出版成书,为美国80年代后期以来调整经济发展战略、重新振兴制造业起了重大的献计和推动作用。这项工作从一开始就得到政府和企业的支持与配合,而出资者是斯隆和休莱特两大基金会。如该书的序言所说,"没有他们的支持是做不成这件事的"。[2]

以上只是无数案例中的两例,说明基金会在这方面工作的规模、模式和作用。事实上,几乎所有与政策有关的部门的重大课题的研究、讨论、出版都有基金会的资助,这已成惯例。选题的范围大小不等,但至少都是其领导人认为有价值的,既有现实迫切性又有长远意义,它能调动的人才一般不会是平庸之辈。

---

[1] *Prospect for America: The Rockefeller Panel Reports*, Doubleday & Company, Inc., New York, 1961.

[2] Michael L. Dertouzos et al., *Made in America:Regaining the Productive Edge*, MIT Press, 1990. 中译本《美国制造——如何从渐次衰落到重振雄风》,科学技术文献出版社,1998年。

（四）种族问题

在美国，提到机会平等和社会改良，总是与种族问题分不开，所以，各基金会的社会工作大多与黑人和民权问题有关。

在这方面，教育仍是贯穿始终的重中之重。卡内基基金会在成立前后一直大力资助两所最早建立的著名黑人职业学校：塔斯克吉和汉普顿学院[1]。还有一些在城市面向贫民区和贫寒子弟的项目，如帮助弃学儿童、法律救助等，主要受益者是黑人。

洛克菲勒家族有关注黑人问题的传统，其先于基金会建立的"教育总会"原打算命名为"黑人教育总会"，后因顾虑白人反感遂改名，实际上仍以黑人教育为主。在第一次世界大战前，这是最大的、有系统地资助黑人教育的组织。其方针也是以职业教育为主，目的是把黑人教育成适应在工业社会中自立谋生的人。当时在南方还没有实行义务教育制度，整个基础教育很薄弱。洛氏先后拨巨款以各种方式直接和间接在南方各州普遍加强公共教育，使黑人子弟从中受益，又拨专款通过各种渠道全力改善黑人学校和鼓励建立黑人中学（主要是职业中学），取得一定效果。第一次世界大战之后，又以南方一所大学为基地，培养南方教育专家，黑人白人都有，以备将来所需，后来卡内基及其他基金会也都参加了捐款。这一项目持续了30年，几乎所有南方黑人高等院校的校长都是从这里培养出来的。它不但为黑人教育提供了极为宝贵的人才，而且使黑人增加了自信，向白

---

1 这两家学院是19世纪末根据黑人教育家布克·华盛顿的职业教育思想建立的工技学校，后称为"塔斯克吉运动"。该学院至今仍存在。详见本书第五章。

人显示出黑人的才干和潜力,这一效应的意义是无可估量的。

"二战"以后,各基金会的重点开始向黑人高等教育转移。此时,福特基金会开始活跃,在1950年以后的近20年间,直接用于黑人的各项开支达2.5亿美元。1968年遭到第二次国会调查(罪名之一是资助黑人竞选)之后,它又于1971年大张旗鼓地宣布出资1000万以6年为期用于加强一批黑人高等院校的建设。

关于黑人问题的研究和改善黑人处境的措施,卡内基金会有一项特别有意义的创意:1938年开始,出资委托瑞典社会学家根纳·米尔达对美国黑人进行专题研究。该项工作完成得十分成功,研究成果于1944年出版,题为《美国的两难处境——黑人问题与现代民主》。米尔达作为欧洲人可以比较超脱和客观。这部巨著正文45章,连同附件和注释,共1483页,至今都是研究美国黑人问题的经典著作。

此外,改善黑人处境的工作还有:培训善于处理种族问题的警察,成立为贫民窟的居民提供法律援助的社区律师事务所,对纽约黑人聚居区的医疗援助计划,有关城市贫困、危机和族际关系、青少年犯罪、老年和城市贫民窟问题的研究与治理等。

早期的黑人教育工作都是在承认种族隔离的现实下进行的,没有向种族隔离挑战,而且基金会内部多数人实际上也是接受隔离的。这种情况到60年代有所改变,如福特基金会开始活跃时正值种族问题尖锐化和民权运动高涨,"洛克菲勒兄弟基金会"成立之时黑人运动已进入新阶段,它们在推进种族平等方面态度比较鲜明,工作也做得较多。许多黑人民权组织有关黑人教育、福利和争取平权的工作,成为它们的经常项目的资助对象。此外,还有许多对民权运动领导人的特别援助,包括直接资助马丁·路德·金等民权运动领袖。在各大

第六章　公益基金会与捐赠文化的独特作用

基金会中，福特基金会直接用于反对种族歧视和黑人福利的拨款高居榜首，并在其决议中明确支持黑人履行选举权。其中突出的行动是，在1953年麦卡锡主义猖獗时，资助"共和国基金"（一个民权组织）1500万，用以维护公民自由权，特别是黑人的权利。另外，还有培养青年黑人政治活动家等一系列被认为"激进"的活动——此事作为"介入政治"，成为国会调查的一个问题。它还提出"社区发展"和"灰色区域"项目，并协助市政府研究和实施城市改造计划，其中黑人问题占主要位置。这些工作中的许多创意后来被约翰逊的"向贫困开战"计划所吸收。1968年，福特董事会第一次吸收了一名黑人，改变了大基金会清一色为白人的历史（现在不少基金会的领导机构都已有黑人，不足为奇）。

　　除以上著名的大基金会外，在帮助黑人方面特别值得一提的是罗森瓦尔德基金会（1917—1946）。其创始人朱利叶斯·罗森瓦尔德是第二代犹太移民，可能由于自己对种族歧视有切身体验，同时受黑人教育家布克·华盛顿影响，他从1910年开始从事捐赠事业就以黑人教育为重点，大力资助南方兴建黑人学校。1917年罗森瓦尔德基金会正式成立，以便更加有组织地从事这项工作。在二三十年代，当洛克菲勒退却之时，罗氏仍坚持捐献黑人校舍的活动，总计在南方13个州捐助成立了5300所乡村学校。与此同时，罗氏也向一些黑人高校捐款，并为黑人高等教育提供优厚的奖学金。与其他基金会不同，罗氏在反对种族隔离方面起了先锋作用。早在1919年，它在南方推动成立"族际合作委员会"，这一活动使当地政府和一般公众开始对种族主义者滥施私刑的恐怖活动给予注意，迫使议会通过对黑人比较公平的法案，并使黑人生活进入当地媒介报道的内容。

在当时的形势下，这一委员会对改变南方种族关系的模式、营造较为宽松的气氛起了几乎是独一无二的作用。在罗斯福"新政"开始时，罗氏基金会积极与之合作，向各有关部门提供专家，敦促他们关注黑人问题。罗森瓦尔德基金会于1946年解散，它在最后的报告中表示，该基金会致力于争取各种族机会平等，在种族间建立沟通的桥梁，只要有可能就设法打破种族隔离，并已经为此尽了最大的努力。

总的说来，在美国众多的基金会中，把黑人工作列为专项的还是少数。不过，几家大基金会一直以黑人问题为社会改良的中心，为此所花费的资金、工作的规模和所起的历史作用都是巨大的。在基金会的各类工作中，教育始终是中心，其形式可谓百花齐放，在"二战"前起了政府所不能或不愿起的作用。其前期工作客观上提高了黑人的教育水平和自信，对日后黑人自己为争取权利而斗争的觉悟和能力所起的间接影响也是不可忽视的。

四　面向全世界

美国的公益基金会名目繁多，大多数的工作还是面向国内。不过从一开始，几家大基金会就有海外工作。"二战"后随着美国本身在全球的超级地位的确立，越来越多的基金会把关注点扩大到国际上，并出现了许多新的在全球范围内活动的基金会。

20世纪前半期，洛克菲勒基金会为最早的先驱。

从一开始，洛氏从宗旨、观念到实际工作范围就是国际化的，而且它对战争与和平的问题十分关切。除卫生、农业等都是面向世界外，它在"二战"前后的作为，更显示了世界眼光。在战争爆发前几年，德国开始法西斯化时，洛氏就以抢救人才为己任，为此专门立项，拨大量资金，帮助欧洲杰出的科学家和其他知识分子逃脱希特勒的虎口，并给予适当安顿，使他们得以继续其研究工作。在战争临近结束时，洛氏又设专项帮助培养战后各科教、文化领域的领先人才，以免知识精英因战争流失，使学术发展出现停滞期，并为战后各国的复兴工作保留了大量建设人才。洛氏这一举措的效果很难从数量上来具体评估，但是其远见和及时是不容置疑的，包括爱因斯坦等一批后来的诺贝尔奖获得者在内的数以百计的杰出人才都是受惠者，对全世界的科学发展有重大意义，当然得益最大的还是美国。

在学术领域，自30年代开始重视社会科学起，国际关系是三大重点之一，制定的目标是："在有争议的问题的情况下，促进不同国家人民的相互了解；树立和发展善于友好地解决国际争端的专家的作用。"为此目的资助的组织有美国"外交政策协会"[1]的研究部、"国际联盟"下属的财政委员会和"日内瓦研究中心"[2]。防止"二战"发生的目的没有达到，但是在洛氏开创性的努力下，美国和其他国家关于国际关系的研究确实发展起来了，这些资助在战争爆发后仍然继续。"二战"后，洛氏的资助转向联合国，其下属机构诸如卫生组织、

---

1 "外交政策协会"（Foreign Policy Association）成立于1921年，宗旨是"研究一切对美国有影响的国际问题，并把结果告知最广泛的美国人民，以使公众对外国问题有所了解"。它实行会员制，在30年代时会员遍及全美各州和世界20多个国家，经费主要靠会员会费和捐款，总部在纽约，设研究、出版和广播等部门。

2 "一战"后的"国际联盟"总部设在瑞士的日内瓦，这里成为国际信息中心。由于美国没有参加，信息就不那么灵通，一些在日内瓦的美国侨民自愿向美国有关方面以通函方式传递信息，以补此不足。到1930年，组织成立"日内瓦研究中心"，正式出版两份刊物，发表最新的信息和对当前问题的看法。

教科文组织等都是它的对象。

1939年，在欧战爆发而美国尚未参战的关键时刻，洛氏基金会主动向政府提出，愿意出资建立一项"战争—和平研究计划"，集中全国最优秀的专家研究形势，提出对策建议。国务院表示欢迎，愿意在不加干涉的条件下予以合作。这一项目通过纽约"外交关系委员会"进行，持续到1945年"二战"结束，洛氏独家出资共60万，每年都提出报告，形成系列，当时不发表，只提交政府有关部门供参考。所提出的意见不但为国务院，而且为国防部、海军部和财政部所采纳，与战后的实际外交政策基本吻合，诸如欧洲复兴的重要性，外援、支持民族独立运动防止其倒向共产党，以及建立国际金融机构（1941年的报告中就曾提出此意见）等都已在其中。如会长福斯迪克所说："这一项目实际是一次调动全国的智慧协助外交政策的大动员。"[1]

在20世纪前半期，这一工作是基金会的宗旨"传播知识"的延伸，同时也体现了"美国中心论"，相信自己是先进文化的代表，要以科学和理性教化落后地区和民族。

"二战"后，出现了新的形势：一是美国成为全球超级大国，全球任何角落都与它有利害关系；二是前殖民地国家纷纷独立；三是在冷战的背景下，文化教育也注入了与共产主义争夺的因素，以大基金会精英自己的理念，其在这段时间的活动也必然与这些因素相关联。

"二战"期间，特别是"二战"后，美国有关外交政策的"思想库"蓬勃发展，其工作无不得到基金会的资助，而且一些重要的"思想库"

---

[1] Fosdick, 前引书, p.220。

第六章　公益基金会与捐赠文化的独特作用

成员和基金会也有所重叠。其中最权威、对政策影响最大的当属纽约"外交关系委员会"及其刊物《外交》（以前称《外交季刊》）。几大基金会与它的关系也最密切，它们是该组织除大企业直接资助外的主要资金来源。它与基金会人员之间的交叉重叠也最明显。

　　福特基金会在1950年改组振兴，确定工作方向。当时正值冷战激化，因此它的冷战背景比洛氏更浓，而且其工作更加明确重点在争夺第三世界。1952年的一份文件称，基金会决定把海外项目集中在中东和亚洲，因为这些地区有许多新兴国家处于苏联—共产党领域的边缘，如果这些国家"民主失败"的话，就意味着世界共产主义加强，发展中国家的战争危险就会增加。基金会会长霍夫曼认为，印度是中国的"软腹部"，并且有希望走"民主"的道路。[1]根据这一认识，福特将海外工作的重点定为印度。1953年"培训与研究部"设立，其主任明确表示，培训人才的宗旨就是"在海外直接或间接推进美国的利益"。[2]

　　与洛克菲勒一样，福特支持过许多大规模的研究外交政策的项目。鉴于美国专门从事战略研究的兰德公司、防务分析研究所等机构都与美国政府有关，其研究成果常使欧洲人怀疑带有倾向性，是为了诱使他们配合美国的战略需要而进行军备建设，因此福特基金会决定出资建立一所国际性的战略研究所，地址选在伦敦，这就是著名的伦敦"国际战略研究所"。它每年公布的世界战略形势报告

---

[1] John B. Howard, "Oral History", *Ford Foundation Archives*, Box 4-5.

[2] Edward H. Berman, *The Ideology of Philanthropy: The Influence of the Carnegie, Ford, and Rockefeller Foundations on American Foreign Policy*, State University of New York Press, 1983, pp. 56-57.

已成为国际公认的最权威的报告之一。这是福特一大得意杰作。[1]

战后，美国大力开展对外文化交流和宣传，通过了著名的《1948富布赖特法》和《史密斯－蒙特法》。但是这项工作从一开始就缺资金，因此专门规定国务卿应该"最大限度地利用私人机构提供的方便"[2]。此类工作原本就是基金会的题中之义，它们自然积极主动配合。富布赖特计划有赖基金会的资助，才得以启动。另外类似的项目有：自1947年起每年都举行的萨尔斯堡研讨会、50年代的美欧交流项目（主要是帮助欧洲人了解美国）、在世界各地建立英语教学中心等，都卓有成效。特别是在"欧美交流"项下，由美国人到美国文化发源地的英国开办系列讲座，向英国高级教授讲述美国，得到认可，并且在英国把"美国学"作为独立的学科成立学会，这是战后的新鲜事物，令美国人颇为得意。[3]

战后，各大基金会以第三世界为工作重点，主要内容仍是教育，其目标更加明确，是以西方的理论影响其发展道路，说是"如果这些国家能熟悉西方社会科学所积累的经验和知识，就有助于在制定社会政策中避免犯错误，建立比较高效率的行政机构，并更快形成公民责任感"[4]。更加直接的目标是培养能与美国合作并能维持这些国家的"稳定性"的新兴国家领导人。在这一思想指导下，洛克菲勒、卡内基和福特三大基金会与世界银行和美国国际发展署等机构密切

---

1 Joseph Slater, "Oral History", *Ford Foundation Archives*, Box 42-43.
2 Walter Johnson and Francis J. Colligan, *The Fulbright Program: A History*, The University of Chicago Press, 1965, p.35.
3 同上书，pp.128-130。
4 1948年洛氏基金会工作人员的内部通信中语，转引自 Berman, 前引书, p. 79。

配合，开始了在亚非拉国家发展教育特别是高等教育的大规模计划。1958年5月，卡内基在西弗吉尼亚召开讨论非洲工作的重要会议，参加者有各大基金会、美国政府有关部门和大企业代表，还有名教授专家、英国驻联合国托管委员会代表等。这次会议对取得非洲工作的共识非常重要，而且克服了英国对美国插手其前殖民地的阻力。英国意识到诸如尼日利亚等国独立在即，即将成为与苏联争夺的对象，自己又无力包揽下来，只得靠美国。事实上，英国管理非洲殖民地教育的机构相当一部分资金就来自卡内基。

三家基金会既有合作又各有侧重。一方面在亚非拉选择重点国家建立大学，按照美国的制度和理念培养人才；另一方面设立多种名目的奖学金资助亚非拉学生来美学习，特别是选拔外国学生领袖来美，以建立其与美国学生团体之间持久的关系。同时推动哈佛、芝加哥、斯坦福等大学在对亚洲和拉美国家的高校进行改造和建设中发挥作用、培养教师、传播理论，等等。在这些方面，福特出手最大，有时一次就拨款千万。

另一项工作是协助当地政府和有关机构制定发展计划，收集和散发有关信息。亚非拉国家社会科学学科的建立和有关院校、研究所在形成的初期率多得到过基金会的支持。50年代之后，福特成为海外社会科学研究的最大资助者，在非洲卷入最深。60年代，在刚果共出资300万建立政治行政学院，研究刚果社会，培养行政人才。甚至还支持过设在坦桑尼亚的培训葡属非洲殖民地政治难民的学校，引起与葡萄牙政府的纠纷。

五　与中国关系

（一）20 世纪前半期洛氏基金会的重大影响

从一开始，洛氏海外工作的第一重点就是中国，于成立的第二年（1914）就派人来中国。从 1915 年到 1949 年对中国的教育做了大量的捐赠和扶植。其中最有名的就是协和医学院及其附属医院，自 1916 年至 1947 年最后一笔拨款，用于创建、维持和发展协和医学院的资助总数达 44652490 美元。在中国长期资助的还有十几家教会大学。对南开、清华等国立大学有专项资助。特别是在抗日战争困难时期，洛氏对中国有过专门的考虑和计划，包括抗战期间的图书资料、胜利后的迁校复校等。在抗战最艰苦的最后两年，还有"抢救中国杰出知识分子"的项目。此外，中国高等院校和科学院的一些开创性的自然科学和社会科学的学科建设，乃至周口店"北京人"的挖掘等，都有洛氏的资助。此外，洛氏自 1917 年开始设立个人奖学金给外国人到美国留学，在各国留学生中最突出的也是中国学生，这些人回国后大多在大学和政府部门任高级职务。

另一项工作是发展美国的东亚研究，特别是中国研究。过去，美国的东方学指的是中近东——希伯来和波斯文化所覆盖的地区。最早对中国的介绍来自 19 世纪的来华传教士，谈不上学术研究。欧洲的汉学传入美国大约是在"一战"以后，学术界开始重视中国是在 20 世纪 20 年代末，洛克菲勒基金会又是其开创的推动者。1928

年12月，洛氏独家出资由"美国学术团体理事会"发起在纽约召开美国"首届促进中国学会议"，出席的是恒慕义等美国早期汉学家，并专门请来法国著名汉学家伯希和指导，说明当时美国汉学实属初创阶段。与会者一致强调西方对中国历史文化的无知和建立中国学的重要意义，会议通过了几项重要决议，从此中国研究进入美国的学术领域。以后几十年中，洛氏对这一学科的发展做出了巨大贡献，在它的推动下，到"二战"结束时，美国有十几家名牌大学建立起了以研究中国为中心的远东学图书馆，并保持至少三名以上教授远东课程的全职教师。国会图书馆的东亚藏书部、哈佛燕京学社的图书馆等都在其资助之列。洛氏把中国学放在人文学科内而不是国际关系部分，并特意申明，主要不是为了贸易，而是为了思想交流，美国学生应该学会同中国和日本人民进行商业和政治以外的友好合作。[1]

（二）福特基金会的作用

若以1950年为界，前期的远东和中国研究主要支持者是洛克菲勒，那么后期就是福特唱主角。由于时代背景不同，福特对中国研究的资助侧重在当代，特别是共产党领导下的中国，其动机也较少理想主义色彩而更多现实考虑。因此，福特把对东亚的研究归入属于社会科学的国际关系。福特基金会1952年的工作报告首次强调发展亚洲研究的重要性："美国要克服亚洲对美国的误解，并对该地区的成长有所作为，做到这一点的能力是与她自己对这一地区的知识

---

[1] 详见前引文《洛克菲勒基金会与中国》。

成正比的,同时也取决于是否有干练而训练有素的人员来推行她的意图。"报告还认为这是亚洲与世界和平的关键所在。根据这一思想,基金会建立了"国际培训与研究项目",致力于在一些经过挑选的大学培养外国和国际事务研究人才。这一考虑的提出还是在麦卡锡主义盛行时,是当代中国研究在美国政府中尚属禁区时,基金会的负责人自称在当时是"逆潮流而动",而在客观上,这项工作的成绩是为以后的中美交往储备了大量人才。[1]

六　基金会的作用和所体现的思想

以上对三大基金会的情况也只是略举一斑,不过已能大致看出其活动规模、方式、特点和所关注的问题。举这三大基金既是为叙述方便,也因为它们的综合性和思想性可以代表美国基金会的主流。仅以上不完全的概述就足以证明,基金会对内是美国制度的支柱之一,对外是美国政府外交政策的"沉默的伙伴"。如果说社会批判运动和舆论的揭丑是对美国制度的疾病的检查和诊断,那么掌握雄厚财力的基金会的活动就是医治社会病的一种手段。它所致力的不是"拆台"而是"补台",是抹平尖锐的矛盾,推动健康的发展,因此基本上站在渐进改良的最前沿。在国际上,它当然维护美国的利益,不过它也始终忠于和平与人道的途径,以文化教育为主业。"思想库"一词开始于罗斯福"新政"时期,而事实上基金会所资助的研究各种社会问题的机构早已起到政策咨询的作用,所以也可以说对这一新鲜

---

[1] Joseph Slater,前引书。

事物的出现至少有一份功劳。不论是自然科学还是人文社会科学，大基金会的倾向性可以促成一些重大发明，或整个学科的建立和发展，也可以影响某些学术机构的消长。它不但影响接受资助的人或机构，而且直接或间接地影响政府政策。它本身接近权势的重心，或可影响重心的移动。这样一种威力巨大的事物产生和发达于20世纪的美国绝非偶然，与美国特色的资本主义制度和自由主义思想传统分不开。

（一）对捐赠的信仰

由于存在着关于捐赠的财产免税的法律，今天许多企业或个人成立各种名目的慈善事业的动机中，避税往往占很大成分。而且它和政府常在税制问题上发生矛盾。但是如果认为美国基金会之发达就是来源于政府税收制度的鼓励，避税是创立人的主要动机，则不确，至少早期的基金会是在政府有关法律出台之前就成立了。即使在今天，有了钱之后就要对社会或某项自己所钟爱的事业做些捐助，仍是美国人的一种精神寄托，不能完全以避税来概括。例如安德鲁·卡内基和老洛克菲勒以及在他们之前的塞奇基金会，都是在有关税法出台之前成立的，当时所得税很低，更没有累进税制。他们在成立基金会之前已大量捐赠多项事业，为钱花不出去而发愁，最后接受了好友的建议，捐巨资成立基金会。洛氏家族更加突出，现在已经到第五代了，仍然坚持最初的捐赠传统，关注点始终是教育、健康、民权、城市和农村的扶贫。其时间跨度之长、规模之大和成就之广泛与显著，可以当之无愧地执美国乃至全世界慈善事业之牛耳。这样坚持不懈的一种事业，没有一定的思想和理想的基础是不可能的。

其中基督教鼓励捐赠的传统起了相当的作用,"富人进天堂比骆驼进针眼还难"之说多少有点影响。卡内基曾发表了题为《财富的福音》的文章,阐述了整套的财富观和捐赠的理念,成为慈善公益事业的经典之作。他的名言是"拥巨资而死者,死于耻辱",主张生前把余财全部捐出来。[1] 洛克菲勒在尚未致富之前对他的子女的教育就是,每3元零用钱中要有1元用来帮助需要的人。他的信条之一是"尽其所能获取,尽其所有给予"。其好友弗雷德里克·盖茨对他起决定性影响的意见有两点:一是他的巨大财富如不在生前做恰当处理,对子孙是祸不是福,甚至对社会将产生不良影响;二是要科学地进行慈善捐赠,使花的钱产生最大的社会效益,变"零售"为"批发"。这是建立基金会之由来。对于那一代美国人来说,基督教的信仰的确是一种内在的动力。据说芝加哥大学校长每次向老洛克菲勒募款之前都要先举行一种仪式:两人一同祈祷,求上帝给予启示。这样,他募款的要求往往得到满足。

基金会本身是矛盾的体现,有人说它是"靠平等社会给予的特权而存在的贵族机构,是违反'经济人'的本能而用于公益目的高度集中的私有财产"[2]。那些大财团巨头在致富过程中巧取豪夺、残酷无情,而在捐赠中又如此热忱慷慨、急公好义,以社会乃至人类的福祉为己任。这些基金会的董事会成员及主要负责人相当长的时期都是清一色的白人,是典型的WASP代表,信奉美国传统的伦理和价值观,其中也包括白人至上主义,但是都把扶植黑人作为一项重要内容,

---

1 Waldemar A. Nielsen, *The Big Foundation*, Columbia University Press, New York, 1972, p.33.
2 同上书, p.3。

锲而不舍。这是一个很有意思的矛盾现象，体现了一种双重人格，这一双重人格从某种意义上也是美国国民性的缩影。

（二）时代和社会背景

基金会这一事物发达于20世纪初不是偶然的。它刚好处于社会达尔文主义指导下的自由放任经济的顶峰和要求平等的进步主义思潮勃兴的交汇点。那些大工业巨头们无不是乘自由市场经济之风扶摇直上，到达高处时却发现自己已是众矢之的，被当作一切罪恶的化身，所植根的社会正在孕育着深刻的变革。他们处于两面夹攻之中：一方面是底层劳动者的愤怒和反抗；一方面是政府的反托拉斯法和其他限制措施。更有甚者，欧洲的社会主义思潮也已传入。在这种情况下，有远见的企业家明智的做法是主动汇入社会改良的潮流。最方便、最现成的手段就是发扬捐赠的传统，使其更加有组织、有目的，达到最大的效果，同时也使自己身后留下较好的名声。当然，这里还有一个物质条件，就是巨大无比的财富。

这一做法绝不是消极的应付，而是积极主动、自觉地以主人翁精神来为国家排难解忧。因为这些大富翁都是制度的受益者，十分珍惜和热爱这个社会，不愿看到动乱和革命，不愿彻底改变现状，所以他们所从事的各项改革都是温和的、渐进的和有效的。这一改革的目标是：巩固正在迅速发展的企业制度和政治秩序，使之为广大公众所接受；使某些改良措施制度化，以防止根本性的革命；培养一大批精英人才，既为当前，更着眼于未来。

他们又是政府干预的反对派，相信私人的力量和义务。这种思想直到现在仍有代表性。例如著名企业管理家彼得·德鲁克，他是自由市场经济的坚决拥护者，同时又感到其产生的社会不平等应该解决。他认为社会主义的实践已经失败，政府干预也不是万能的，有许多社会需要无法满足。他提出在社会主义制度和纯粹市场经济之外找一条现实可行的第三条道路。他把千百万的中小投资者称为企业和政府之间的第三方，即"市民社会"，建议通过共同基金、养老金等制度把分散的投资联合起来，构成非营利的第三部类，解决各种需要，如医疗、学费等。事实上，目前有一半美国人每星期至少有四小时在某个义务社团中服务。德鲁克基金会做的事之一，就是每年挑选一个在解决某项社会问题上做出杰出成绩的义务组织给予奖励，并以其经验为楷模予以推广。其所奖励的范例大多数是帮助最不幸的人获得自尊、自立、自信。在这方面，一些大的教会与之合作，做出了很好的成绩。这是对基金会的制度的一种发展。

总之，基金会实际上是一种"第三条道路"。对其发起者和捐赠者来说，这一事业并不亚于其前半生所从事的企业的发展，甚至更为重要，意义更加深远，超越于避税和个人沽名钓誉之上。

在全世界范围，20世纪又是多事之秋，基金会面对的前半期是两场世界大战，后半期是冷战和第三世界的兴起。因此，成立之初的长远计划和理想常为应急的需要所改变。但是其改良主义和人道主义的原则不变。例如洛克菲勒"一战"后在欧洲大规模救济饥荒、在法国与流行的结核病做斗争，两次世界大战中出巨资抢救、保护和修复欧洲的珍贵文物、绘画、书籍、手稿、建筑等，以及预先保护大批人才免遭希特勒魔爪之害，等等。关于在冷战背景下推进美国影响，前面已有大量叙述。总之，这些工作都符合基金会维护美国制度的立场和传播文化知识、扶植教育的原则。

（三）代表美国精英的某种理想

基金会建立之初，其工作方针当然体现捐赠者的意图。但是从长期看，主要权力在董事会，并且都注意使成员和资金来源分散化。不过，无论怎样变化，他们都是上层精英的代表。据一项统计称：13家美国最大基金会的董事会成员，有一半以上出自哈佛、耶鲁和普林斯顿。他们的共同特点是白人、男性、公理会或长老会教徒，年龄在55—65岁之间，而且先后或同时在多个基金会任职。相当多的成员是《财富》杂志每年列出的500家企业中的董事，或名牌大学的董事。[1] 从前面提到的几大基金会的宗旨、纲领中可以看出，它们的大致目标和性质差不多，既雄心勃勃，又带有理想主义，以完善美国乃至全世界为己任，同时也致力于巩固美国的现行制度和向全世界扩张其影响。这些都体现了美国精英的理想。

纵观各基金会的历史，它们的发展往往得力于几位目光远大、有理想、有魄力的会长或顾问，他们任职较长，把自己的整套思想贯彻于基金会的工作中，使基金会带有自己的印记。其思想偏好各有特色，不过有几个共同点：都是胸怀大志，动辄以"全社会"、"全人类"的幸福和进步为目标；都强调向问题的根源开刀——关于问题的根源是什么，不同的人侧重点有所不同，但把教育放在第一位则是共同的，这一思想既符合美国早期清教的传统，又与后来的进化论相

1　Berman，前引书，pp.32-33。

信教育能改变人和社会相一致；都以一种悲天悯人的情怀对待社会弱势集团和不发达国家，特别体现了美国的"白人的重担"和"天命"思想；都对基金会这一制度本身怀有信仰，以极大的热忱献身这一事业，把它作为实现自己理想的天地。他们受董事会的任命，掌握着不属于他们的巨大财富的支配权，但与企业的经理不同，他们的任务不是赚钱而是花钱；又与政府官员不同，他们较少受官僚体制、政党政治和短期的内外政策的束缚，实际的主动权比政府部门的主管要大得多。基金会的一个时期的重点、成功与缺陷常与这类负责人的个人意志与思想有关。

例如前面提到的老洛克菲勒的顾问、基金会的发起人盖茨，他原是浸礼会教育社秘书长。他以对宗教同样的虔诚来对待这项事业。他和老洛克菲勒不约而同地认为人类最大的两项痛苦是饥饿和疾病，相信健康是一切幸福之本，疾病是人类一切坏事之源。在贫与病之间，他认为病先于贫。只要人身体健康，加上教育，就能靠自己的力量获得幸福生活。这样一种把健康的重要性推向极致的思想，究其根源还是与社会达尔文主义有关，疾病当然使人失去竞争能力，社会的弱者和渣滓于焉而生。不论这种想法多么片面，就是凭着这一思想，洛氏基金会才奠定了以医和农为重点的方向，并且对美国和世界做出了它的特殊贡献。又如1936—1948年任会长的福斯迪克，他的思想信仰对洛氏基金会把注意力转到人文社会科学上起决定性作用。从他就任以来的历年"会长总结"中可以看出，他对自然科学的高速发展与人类认识社会的落后之间的反差充满了忧思，认为自然科学对人类的祸福取决于人文社会科学的发展速度同它的竞赛，人类文明存亡系于此。特别是发明原子弹的有关科学家在成功的道路上

第六章 公益基金会与捐赠文化的独特作用

都得到过基金会的慷慨资助,更引起他进一步反思。他得出的结论是,自然科学家不能为其发明的使用后果负责,也不能因为有被滥用的可能而事先限制某项科研的进展,"人类的大敌不是技术而是非理性,不是科学而是战争",因此主要是要加强人的理性,并创造制止战争、建立永久和平的条件。从这一点出发,他强调发展社会科学的重要性和迫切性,并且要引进科学方法。他还大力倡导不同民族之间的文化交流,不仅是为了民族间增进相互了解以避免冲突和战争,而且是因为他在战争期间痛感人类面临文化解体,急需培养战后能在世界范围的各个领域内肩负起领导(广义的)重任的"头脑"。这种人才必须有世界眼光,而促进各民族间的交流是培养此类人才的一种手段,人类文明的发展有赖于跨国界的思想文化交流。[1] 福斯迪克的这种思想信仰,在洛氏基金会那几年的工作中打下了深深的烙印。

福特基金会的思想奠基人是 1953—1956 年任会长、1956 年以后任董事会会长的盖瑟。他正式任职虽然时间不长,但是自 1948 年老福特去世后就受决心励精图治的小福特委托,对重整基金会提出方案。小福特给他的任务是:全权主持一个小组,"集中全国所能征集到的最优秀的思想来研究基金会应如何最明智地、有效地用它的资源造福人类"[2]。盖瑟自称这个小组以两年的时间对美国文化做了全面的审视,目的在于找出严重威胁人类进步的那些问题的根源。1950 年,盖瑟向董事会提出了在福特基金会历史上具有里程碑意义

---

1 这里所概括的福斯迪克的观点都来源于洛克菲勒基金会 1936—1948 年的年度报告(Annual Report)中的"会长总结"(President's Review)。《洛克菲勒基金会与中国》一文中对这部分思想有较详细的阐述。

2 "The President's Review", *The Ford Foundation Annual Report*, 1956, p.14.

的报告，它不但奠定了这家世界上最大的基金会以后几十年的工作方向，而且报告本身被誉为"现代创造性的慈善事业最优秀的文件"[1]。报告开宗明义提出的大前提就是：当代生活最重要的问题在于人与人之间的关系，而不是人与自然的关系。这就决定了基金会的重点不在科技而在人文、社会科学，并概括出几大关注领域：国际谅解、民主体制、经济福利、教育和对人的行为的知识。

卡内基基金会由老卡内基亲自管理的时间较长，他本人的思想与上面的大同小异。实际上，作为成立最早的大基金会，它对后来的基金会都有形无形地起到了一定的示范作用。在他死后，影响较大的是连任19年会长的凯佩尔，他的思想更重视下层民众和黑人，卡内基基金会的成人教育项目和米尔达关于黑人问题的巨著都是他任内的创举。在他之后第二位强有力的会长是1955年上任的加德纳，他在任期十年中从强调提高教育质量是当务之急，后来转向重视普及，基金会的资助方向也跟着他的思想转变，在每一方面都成绩显著。

当然，重要人物绝不止这些。有时有些部门或项目的负责人也极富理想和创造性，往往开辟新的领域，做出突出的成绩。这里还应该特别提到的是，许多著名教育家和名牌大学校长与基金会关系密切，他们不少人在任校长之前或之后在基金会中任要职，或受委托负责某项重要工作。如哈佛、芝加哥、加州、纽约、康奈尔大学以及麻省理工学院等的校长都在此列。这批人除了是教育家外，理所当然地代表美国精英的思想和精神文明这一面。这也从一个侧面说明了基金会的特点。

---

1 Nielsen，前引书，p.80。

第六章 公益基金会与捐赠文化的独特作用

七 基金会与政府的关系

大基金会本身就是构成美国权势集团的主要部分,同时它又是独立于政府之外的,而且特别注意保持自己的非官方地位和独立性。它与政府的关系在大方向上是一致的,在主要政策上默契配合,但另一方面彼此又有距离,有时也有矛盾。基金会在工作中绝不接受政府的指示,政府也无权干预。不过其负责人与政府高级官员经常对换角色,在相互的大门中进进出出:例如腊斯克——杜鲁门政府的副国务卿和约翰逊政府的国务卿,在两次政府职务之间任洛克菲勒基金会会长;杜勒斯——先任洛氏基金会董事长,后任艾森豪威尔政府国务卿,等等。这种例子不胜枚举。至于大基金会的董事会成员先后在政府中任职的就更多了。这种人员的交叉足以说明,基金会在思想上与政府有无法分割的联系,因此有"影子内阁世界"之称。

但是,又不能据此认定基金会处处都与政府的思路一致。它始终代表美国精英的自由主义、改良主义的理想那部分,即使原来的"官"变成"民"之后,其角度和行为会有所不同。例如腊斯克在两届政府中都是冷战强硬派,而在基金会任职期间面对国会的"非美活动"调查却竭力为自由派路线辩护。从政府角度来说,对基金会是否严格遵守税收制度,有无"不合理的积累财富",以及是否权力过大而失控,特别关切;极右势力则对基金会的改良主义倾向、扶植弱势群体的工作计划以及对社会问题研究的自由主义观点都心存疑忌。有几次比较重要的国会与基金会的斗争,既有从左面来的,怀疑基金会是为大财团服务的一种掩护,又有从右面来的,攻击基金会支持左派政治活动。

从右面来的，突出的是50年代初麦卡锡主义时期美国国会的"里斯-考克斯调查"。它对"享受免税待遇的教育和慈善基金会"以及其他类似组织进行全面调查，主要内容是"非美和颠覆性活动"。首当其冲的是洛氏、卡内基、古根海姆、罗森瓦尔德等基金会；福特刚开始活跃不久，但是它资助成立的"共和国基金"因与民权运动有关，也受到指控。指控的罪名总是基金会的活动助长了左派思潮，直接、间接帮助了共产主义，因而危害了美国安全。特别有意思的是，洛氏基金会的一大罪名是在中国32年来花了几千万美元资助中国高等教育，培养出来的大批人才大多数都投向了共产党，所以洛氏等于为支持共产党政权出了力，以此推理，洛氏应对正在朝鲜战场上作战牺牲的美国青年负部分责任（按：更有意思的是，就在同时，中国正展开对"帝国主义文化侵略"的规模浩大的批判，洛氏基金会及其支持的包括协和医学院在内的一大批学校都是重点对象，这些学校培养出来的知识分子也受到各种批判，进行"脱胎换骨"的改造以肃清西方文化影响）。这一调查是麦卡锡主义的产物，代表了美国极端保守的一派。指责大基金会颠覆资本主义制度当然是极为荒唐的，但是美国当时的确存在这样的保守思潮，是对从进步主义以来的一切改良的反动。这种右派思潮与平民主义反精英的本能奇特地结合起来，在当时的气候下浮到水面，以一种极端的形式表现出来。基金会毕竟不同于一般无权无势的受害者，此调查案一出，举国哗然，即使是在当时压抑的政治气氛下，各大报刊、各高等院校以及知识界人士仍然纷纷以各种方式批判这一做法，盛赞基金会的功绩。所以，这一调查尽管来势汹汹、罪名吓人，而且历时几年（1951—1955），

第六章 公益基金会与捐赠文化的独特作用

基金会却并未受到损失，反而声誉更高。调查以指控不成立而告终。在这场辩论中，美国思想界的自由主义主流却借此有了一个重新伸张的机会。

60年代，国会又对基金会发动了一次调查和抨击，这回是从左边来的，主要是与税制改良的辩论相联系。发起人是平民主义众议员帕特曼，这一次调查在60年代激进思潮兴起的背景下得到舆论大力支持，涉及的基金会面更广，而且确实揭露出来一些问题。在这种情况下出台的新税法草案对基金会做了一些限制，最后通过的《1969年税制改革法》是妥协的产物，基本上沿用至今。税法对享受减免税的公益组织有明确的规定，国税局只要依此对基金会进行监控，确保其不滥用免税地位进行其他活动即可。各基金会的收支也必须完全透明，受全社会监督。所以，即使发生弊病也容易及时曝光。这样，基金会已经成为捐赠最方便的渠道，不必是大慈善家，只要有余钱，即可捐给某个基金会或自己注册成立基金会，做一些自己想做的公益事业。

总的说来，公益基金会的作用在20世纪的前半期更为突出。自罗斯福"新政"以后，政府的作用日益扩大，福利制度逐步形成，政府以及大企业直接对教育、科研等投资的比例加大，大基金会那种在各种领域中的巨大影响相对下降，也不总是像早期那样理想主义、目的性那么鲜明。但是基金会这样一种制度、指导思想和行为模式已经从20世纪初基本确定下来，现在数量和类型大大增加，并且仍在不断成长。作为总体，基金会在美国的经济、社会、文化生活中仍起着无可替代的作用。它固然也有管理不当、判断失误以及各种浪费之处，但是它的灵活性、针对性比政府机构要大得多，因而花钱的效益也要高得多，所以其总体的影响远远超过付出的金额。很难想象，假设这些基金会突然消失，美国的教育以及种种文化生活会是什么样，美国的对外文化关系会受到怎样的打击。当然基金会不是唯一从事社会福利事业的私人势力，美国形形色色的非政府的义务组织多如牛毛，其中教会是另一大块。除了平时的"补台"工作外，一旦有事，都可发挥作用。保留这样雄厚的、能为社会做出巨大贡献的私人势力，既符合保守派主张小政府的思想，也符合自由派关心弱势群体的改良主义思想。在发达国家已发展成福利国家的今天，这也是美国的一大特色。

这一20世纪初兴起的事物，到20世纪末仍方兴未艾。当前举世瞩目的新富，如索罗斯、特纳、比尔·盖茨等，又已捐巨资建立基金会。比尔·盖茨还是卡内基的崇拜者，奉《财富的福音》为圭臬，如今盖茨基金会已经取代福特基金会跃居第一位。美国富甲全球，财富集中在私人手中的情况也为全球之冠。财富的流向能引领社会风气。20世纪初的美国，先富起来的一代人以其财富和智慧创造了公益基金会这样一种新事物，引领了社会风尚，并一脉相传，形成了一种"捐赠文化"，促成财富的某种良性循环，其意义不可估量。

第七章 美国良心的负担——黑人问题

美国渐进主义的改良在解决阶级矛盾方面比解决种族矛盾要和平、顺利得多。也可以说，美国的种族矛盾大于阶级矛盾。其中最重要的当然是黑人问题。美国唯一的一次内战是围绕着黑奴解放问题打的，而且在以后的各种抗议运动中，也以种族问题引起的暴力和流血最多。其他族裔的情况也越来越复杂，是今后美国的社会发展中不可忽视的一个问题。迄今，美国黑人的境遇仍是美国民主的疮疤，是压在掌握主流的白人心头和肩头的负担。本章专论黑人问题，其他的种族问题放在下一章有关移民的问题中谈。

一 以种族主义起家

从思想根源上说，早期到美洲来的欧洲移民带来自由、民主、平等的理想的同时，也带来了白人至上的种族主义。17世纪的英国正是殖民帝国上升期，以白人至上为核心的帝国主义理论也应运而生，在被征服的有色人种面前,白种人优越论被视为理所当然。来到新大陆的盎格鲁-撒克逊民族深信自己是上帝的选民,其中自然包括对种族优越的自信。直到19世纪中叶,约翰·穆勒在他的名著《论自由》中,在对自由主义的基本观念和基本人权做出堪称经典的论述后,有这样一段话:

> 毋庸赘言,这一理论只适用于官能已经成熟的人。我们所谈论的不涉及在法定成年以下的男女儿童和少年。那些还处于需要别人照顾状态的人必须受到保护,既防备自己的行动,也防备外界的伤害。基于同样的理由,那些落后的国家社会也可不在考虑之列,那里的种族可以视为尚未成年。自发成长过程中早期的困难实在太大,很难找到克服之道。因此,一个充满改良精神的统治者可以正当地使用任何权宜的手段以达到用其他手段达不到的目的。在与野蛮人打交道时,暴政(despotism)也是正当的统治方式,只要目的是改善他们的境遇,而所使用的手段确实在实现这一目的。自由作为一项原则,在人类有能力通过自由和平等的讨论来改进自己之前,是一无所用的。在此之前,他们只能服从于一位阿克巴大帝或沙乐曼大帝,假如他们有幸找到这样一位的话。[1]

这一论点实际是欧洲文明几个世纪扩张实践的总结,高度概括了与这一实践相适应的逻辑,使自由民主、天赋人权同殖民主义、种

---

[1] John S. Mill, *On Liberty*, ed. by Elizabeth Rapaport, Hackett Publishing Company, Inc., 1978, pp. 9-10.

第七章 美国良心的负担——黑人问题

族压迫并行不悖。这一逻辑也正是美国从殖民时期到建国时期的历史实践的理论依据。在诸多国家形成的历史中，以种族主义起家也是美国的特色之一，表现为众所周知的两大事实：把土著印第安人几乎赶尽杀绝，完成了土地的占领；买卖非洲黑人为奴隶，取得了最早发展农业的主要劳动力。这一实践与理论紧密结合。极端的种族主义、蓄奴主义姑且不论，美国最著名的启蒙思想家、美国开国元勋之一、美利坚合众国的宪法起草人之一本杰明·富兰克林本人就是白人至上的信奉者和鼓吹者。他的经历、成就最符合理想的优秀美国人的标准：出身贫苦，靠勤奋和聪明自学成才，全面发展，集教育家、发明家、外交家、政治家、思想家于一身，而且还是道德伦理标准的制定者，也是道德自律的典范。他笃信基督教，但是反对教派偏见，力主不同的宗教信仰之间互相尊重。同时他还是慈善家，宣扬人道主义。即使对待北美殖民地和英王朝的矛盾，他也一直主张以妥协解决，避免战争冲突，只是到最后和平无望时才同意为独立而战。但是在美国白人拓边过程中对待印第安人的问题上，他却是公开的种族主义者，毫不掩饰。他的梦想就是要在北美大陆上建立自由、繁荣的"英语民族"的国土，白人多占领一片土地，就多扩大一片文明。因此，印第安人成了文明发展的"障碍"。他还设想"种族优秀"的白人应该加倍繁殖人口，以利于文明社会的发展，甚至还说过这样的话：印第安人占着土地在上面繁衍生息本身就等于预先杀死尚未出生的白人婴儿。依照这一逻辑，无论用什么手段从印第安人手中夺取土地都是符合人类进步的需要的了。[1] 进步主义总统老罗斯福对印第安

---

1 Michael Hunt, *Ideology and U. S. Foreign Policy*, Yale University Press, 1987, pp.46-47. 此书第三章对美国的种族主义思想有详细的论述。

人的言论在本书第三章有所叙述，与富兰克林一脉相承。

　　黑人的情况有所不同。印第安人是从原来居住的土地上被挤压出去的，而黑人则相反，是从原来的住地非洲被强行运来的。从整个历史来看，黑人是外来移民中唯一非自愿到来的，却是最早与白人同时在这里生根的人种。早在西班牙和葡萄牙殖民主义者占领北美时，他们就开始买卖非洲黑人以补充劳动力的不足，而伊丽莎白女王时代的英国人也曾捕掠非洲人卖给在美洲的西班牙人以谋利。以后英国在北美取代了西班牙，1617年英国南海公司获得贩卖黑奴的垄断权，第一批作为英国殖民者财产的黑人于1619年抵达弗吉尼亚州的詹姆斯敦，刚好是"五月花"号到达的前一年。从1641年麻省通过第一个法令开始，奴隶制相继在美洲殖民地正式合法化，以后黑奴成为南方种植园的主要劳动力。与对待印第安人相反，黑人的人口增长是符合经济发展的需要的，因此被源源不断运入美国，不过基本上与牛马差不多。

　　如何对待买卖黑人和奴隶制的问题，一直是以"不自由，毋宁死"为口号反对英国奴役的美国人的一大心病。从反英斗争开始，越来越多的人意识到："我们自己为之斗争的东西，也就是我们每天都从那些和我们一样应该拥有自由权利的人们身上所盗取的东西"，因而是不义的。[1] 以宗教领袖为先驱的一些人比较早地提出反对奴隶买卖。例如塞缪尔·霍普金斯神父在1775年"大陆会议"上就曾发表讲话，提请与会者注意："黑人与我们有同样的自由权利，在我们为

---

[1] 美国独立革命领袖之一塞缪尔·亚当斯的夫人1774年写给他的信，引自《美国黑人史》，商务印书馆，1988年，第103页。

第七章 美国良心的负担——黑人问题

自己以及子孙后代的自由而斗争时,把数以百计的黑人置于奴隶地位同样是非正义的压迫,同时也表明我们自相矛盾。"[1]贵格派领袖本尼泽特进一步主张黑人不但应解放,而且应受教育,并从行动上在这方面做了一些努力。他们都是理想主义者,认为买卖奴隶和蓄奴制既违背基督教教义,又违背《独立宣言》的精神。杰斐逊在为"大陆会议"撰写的致英王请愿书《英属美利坚权利观》一文中就有谴责奴隶制的内容,并主张首先禁止奴隶贸易[2],不过他和那时反对奴隶制的人都把罪责完全归于英王的统治。1775年"大陆会议"通过了终止奴隶贸易的决定,但是把杰斐逊原稿中强烈谴责奴隶制的一段文字删掉了。此后,北方有一些州决定禁止奴隶输入,或规定凡进入的奴隶都自动成为自由人。到独立战争开始时,不少在北方的黑人参加了部队作战,其中有的是逃亡奴隶,并且表现出色。但是,华盛顿任总司令之后,连续发布命令禁止招募黑人,不论是奴隶还是自由人。而英军方面立即发表公告欢迎包括逃亡奴隶在内的黑人参加英军作战,并许以战后获得自由。这才迫使华盛顿改变政策,于1776年1月提交"大陆会议"通过决定,准许招募黑人入伍,不过还是有很大保留,仅限于曾经在坎布里奇部队中服役过的"自由人"。后来在与英国争夺黑人中又不得不再把条件放宽,各州也纷纷照此办理,多数州并有这样的谅解:黑奴在服役期满后即可得到自由。在参加独立战争的30万军人中,大约有5000名黑人。

独立战争胜利以后,在南方奴隶主的压力下,对待黑人的政策

---

1 Curti,前引书,p. 132。
2 《杰斐逊集》,生活·读书·新知三联书店,1993年,第122页。

立即倒退。1787年通过的宪法不但保护了奴隶制，使之合法化，而且还规定允许各州把逃亡到那里的奴隶引渡给他们的主人。在宪法的选举条款中提到"自由人"与"所有其他人"之别，这"其他人"就是指黑人。他们被打入了另册，没有选举权，却又在南方代表的力争下被以3/5的比例折算（即1个黑人相当于3/5个人），以增加南方蓄奴州的选民基数（众议员是按人口比例选的）。同时宪法还用了一句很拗口的话实际规定到1808年之前还可以继续运进黑奴。所以，直到南北战争之前，美国宪法的主导思想无可否认仍是种族歧视的，这为以后的内战埋下祸根。

但是，种族主义无论如何从根本上是与自由主义的原则相矛盾的，人道主义和环境决定论又孕育着种族平等的种子。尽管杰斐逊起草的《独立宣言》初稿中反对奴隶贸易和谴责奴隶制的内容被删去，但贯穿于《独立宣言》的整个精神还是与奴隶制不相容的。而且，美国独立以后，就不能再把奴隶制的责任推在英国身上。在美国自由主义思想家那里一直存在着反对奴隶制的观点，这是南北战争以前近百年来的废奴主义运动的基础。如第二章提到的，美国的思想家大多相信环境决定论，从而相信教育能改变人。这就与天生的种族优劣论在理论上有矛盾。富兰克林本人在哲学上也是环境论者，加上他亲自参加了费城的黑人教育工作的实践，这更使他相信黑人并非天生劣等种族，而是可以通过教育来改进的。他对待黑人与对待印第安人态度不同，晚年成为废奴主义者，而且还担任过"废奴协会"会长。他最后一个政治行动是于1790年在要求国会废除奴隶制和禁止奴隶贸易法的请愿书上签名。但是这并没有改变他的白人优越论和繁殖纯种白人的主张，因此他始终主张种族隔离。

第七章 美国良心的负担——黑人问题

富兰克林是一种典型。有相当多的反对奴隶制的人实际上内心深处在不同程度上仍保留种族优越感。他们主张解放黑奴，是出于对人生而平等的信仰，或是宗教式的人道主义和行"善"的道德规范，并且相信黑人可以通过教育予以改造和同化，特别是美国的黑人都追随其主人成为虔诚的基督徒，彼此没有信仰的冲突。这种潜在的或是公开的白人优越感和主张种族平权的立场，在很多美国白人自由主义者身上同时存在，并不奇怪。有时不表现在国内，则表现在对外关系中。如本书第三章所述，19世纪末20世纪初的美国思想家、政治家，不论在对国内改革的问题上是赞成还是反对社会达尔文主义，对外却基本上都是社会达尔文主义的观点。

随着社会的发展，美国废奴主义运动的许多积极分子更彻底地抛弃了白人优越论。从18世纪末到19世纪上半叶，美国黑人和白人平行或合作争取黑奴解放的斗争经历了艰难曲折的道路，也日益成熟和激进。在黑人和白人中都出现了各种组织和一些知名的领袖人物。黑人在这个运动中提高了文化水平和组织能力，表现出杰出的宣传鼓动才能，以行动证明自己绝非"智力低下"。从20年代到40年代，反对和拥护奴隶制的双方进行了针锋相对的笔战和舌战。概括起来，双方论点如下：

废奴派：奴隶制违反人类皆兄弟的基督教教义，本来在造物主面前是人人平等的；奴隶制与美国生活的基本原则相背，这一原则就是人有不可剥夺的自由权利；在经济上造成浪费，因为被剥夺自由的劳动者不可能有积极性、高效率；主奴关系产生不了文明礼貌的行为，专制的权力只能毒害人的心灵，因而破坏文明，使人堕落；受压迫的奴隶不可能不反抗，奴隶主诉诸加强武装防卫和暴力镇压，必将造成流血事件,从而威胁国家的安全与和平。

蓄奴派:种族不平等天经地义。黑人天生低劣,智力低下,本性野蛮残暴,只能处于从属地位;阶级不平等理所当然:任何社会都需要有处于底层的人充当奴仆,才能有另外一个过着进步、优雅和文明生活的阶级,奴隶制并未使白人文明退化,相反,它是南方白人社会发展高度文明和经济繁荣必不可少的。(有人还说,)自古以来教会并不反对奴隶制,而认可它是把不信教的人转化为基督徒的一种手段。最后一点对教会人士鲜有说服力,引起很多反对,形成教派间的争论。

事实上,废奴主义是当时在欧美兴起的人道主义、改良主义思潮和运动的一部分,与工人要求改善生活条件、妇女争取权利等运动是相联系的,其主题是要求平等,反对弱肉强食。拥护奴隶制的赤裸裸的反动观点在那种形势下在理论上日益站不住脚,但是在实力上却依然强大而顽固,这是经济利益决定的。另一方面,北方由于工业发展,需要大批自由劳动力,这也是废奴派的经济基础,因而形成南北对立。为此,南北双方当政者曾通过一些妥协的法案,但都不包括立即废除奴隶制。而此时已经开始觉醒的黑奴日益难以忍受苦难的生活,废奴主义运动也已经超过了妥协阶段,要求彻底解放黑奴的呼声越来越高。1852年出版的《汤姆叔叔的小屋》(旧译《黑奴吁天录》)和1859年的约翰·布朗事件先后产生轰动效应,使对立的双方都受到强烈震动,妥协已不可能,一场战争终不可免。《小屋》的作者斯托夫人是白人,她以满腔同情叙述了奴隶的苦难,揭露了奴隶主的暴虐。它是第一部形象地描述奴隶生活真相的文学作品,尽管没有激烈的言论,却起到了空前的、动员舆论站到废奴派这一边来的作用。布朗也是白人。他经过多年和平斗争,感到已经到了采取进一步行动的时候,遂带领队伍发动了武装袭击奴隶主以解放黑奴的战斗,很快遭到镇压,并被处以绞刑。他从容就义前发表了令听者动容的讲话,几乎等于是战斗动员令:

> 我同情那些被压迫、受虐待的人们,在上帝眼里,他们同你们一样是善良的尊贵的……你们可以轻而易举地把我处决,但是这个问题——黑人问题,仍然有待解决,这个问题还没有了结。……现在,如果人们以为有必要为促进正义目标的实现而付出我的生命,有必要把我的鲜血同我的子孙们的鲜血以及权利,同被这个蓄奴国家的邪恶、残酷和不公正的法令所践踏的千百万人的鲜血汇合在一起,那么,我说,就这样办吧![1]

这一番话既有鼓动性又有预见性,两年以后就发生了美国历史上唯一的一次大规模内战。而且直到20世纪,因种族问题仍然免不了流血斗争。到南北战争前,美国黑人为反抗奴役付出了无数牺牲,但是作为废奴运动殉道者象征的却是一名白人。这说明废除奴隶制不仅是黑人的事,而且是美国进步必不可少的步骤,是整个改良运动的一部分。美国宪法在很多方面都体现了反对和防止专制的精神,建立了完整的代议制民主,并留有很大的灵活余地,为以后渐进的改良奠定了基础,然而却留下了维护奴隶制这一大污点,与美国独

---

[1] 《美国黑人史》,第247页。

立的原则精神相违背，而且就在这个问题上留下了暴力冲突的祸根。

二 20世纪的民权斗争

（一）种族矛盾的特殊性

从1865年南北战争以废除蓄奴制结束到20世纪60年代的百年间，黑人争取起码的平等权利的斗争比劳工争取改善生活和工作条件的斗争要艰巨得多。如果说通过社会的批判和政府的政策可以使大资本家顺应潮流变得"开明"的话，克服根深蒂固的、非理性的种族主义偏见却要困难得多。因此在黑人这一边，世代的非人待遇所种下的仇恨也很难纳入冷静的说教。

黑人之有今天，是黑人和白人中的正义势力艰苦斗争的结果，在20世纪基本上纳入了渐进的改良过程，这一过程至今没有结束。

（二）得而复失的权利和持久的种族隔离

南北战争之后，废除了蓄奴制，这是一大进步。至少，黑人是被当作人来看待，而不是财产和货物，从此谈到人权时自然应包括黑人的权利。比较明显的进步是黑人有了受教育的机会。1865年，即内战结束那一年，黑人文盲率为95%，1900年为44.5%，至1920年已降至22.9%。1868年宪法第15条修正案得到各州批准，黑人在法律上获得了选举权和被选举权。但是根深蒂固的种族歧视绝非一纸修正案能予消除，在白人种族主义者的强烈反扑下，南方各州纷纷召开本州的"制宪会议"，制定土政策，规定选举资格的种种限制。其中最重要的是缴纳人头税和进行文化测试的规定，这是当时绝大多数黑人无法达到的，实际上等于剥夺了他们的选举权（少数贫苦白人也连带受害，不过与黑人不成比例）。这一举措由黑人占大多数的密西西比州带头，其他各州以各自的方式跟进，到1907年，除马里兰、田纳西、肯塔基之外，南方各州黑人基本上丧失了选举权。

更严重的是种族隔离问题。20世纪的民权斗争持续最久也最艰巨的是反对种族隔离。第15条修正案只规定权利平等，却没有明文反对隔离。美国白人种族优越感根深蒂固，姑不论公开的种族主义分子，许多废奴主义者和在理论上维护种族平权的人士却以种种理由主张种族隔离。正因如此，加上在大多数黑人选举权已被剥夺的情况下，他们的意见不被考虑，所以政客们不论自己的信仰如何，为争取选票，也必须迁就种族隔离。1870年从田纳西州开始，南方各州都颁布了禁止黑人与白人通婚的法律，以后这种隔离扩大到学校以及各公共场所，不论有没有成文规定，而且扩大到北方。1896年，最高法院在一项判决中提出了"隔离但平等"的理论，等于在法律上批准了种族隔离。这一理论完全自欺欺人，从立论的前提到实施的结果都不可能平等。自那时流传下来一个词"吉姆·克劳"（Jim Crow），即是对一切种族隔离的法律和习俗的统称。

进步主义时期在抑富扶贫方面有许多改良，但是在种族问题上并无进展。老罗斯福政府通过了一系列改良性质的、保护劳工的立法，但是没有关于黑人权利的，而且在南方的种族冲突中做出过对黑人不公正的裁决。他作为总统曾于1907年以莫须有的罪名下令将170名黑人士兵清除出一个步兵师（这些人于1970年才得到平反）。这并不奇怪，因为他本人在种族问题上对内对外都是社会达尔文主义者。威尔逊总统更是公开为种族隔离辩护，在他任内，联邦政府所属的部门和印刷厂的雇员之间加强了种族隔离措施。威尔逊还亲自写信答复"有色人种协进会"的领导人的诉状，表示他赞同一些政府部门实行隔离，因为有色人种集中在分开的办公室工作显然更方便而且对他们有利，既可以避免与白人摩擦，又可以减少雇佣黑人的阻力。也就是说，威尔逊和他的部下把白人厌恶和避弃黑人视为合理，例如有一名力主隔离的官员说，要白人雇员接受与黑人对面而坐，是不公平的。

在这种气氛下，极端种族主义者气焰再次嚣张。1915年，威廉·西蒙斯发起宣誓重建三K党，比起19世纪的三K党有过之无不及，不但反对黑人，而且反对新移民，特别是其中的犹太人和天主教徒。这些党徒视黑人为异类，是种族隔离的顽强维护者，手段无所不用其极。

在北方，黑人虽然摆脱了奴隶制，但是从某种意义上讲，更加失去了生活保障，在资本主义的原始森林中处于最底层，受到最残酷的剥削。著名小说《飘》一书中描述的黑奴解放以后受新暴发户的无情剥削，生活反而更加悲惨的情况，尽管是出自作者同情奴隶主的立场，却是符合客观事实的。实际上，这部小说生动、形象地表现了《共产党宣言》中的那一段著名论述：

> 资产阶级……把一切封建的、宗法的和田园诗般的关系都破坏了。它无情地斩断了把人们束缚于天然尊长的形形色色的封建羁绊，它使人和人之间除了赤裸裸的利害关系，除

了冷酷无情的"现金交易",就再也没有任何别的联系了。……总而言之,它用公开的、无耻的、直接的、露骨的剥削代替了由宗教幻想和政治幻想掩盖着的剥削。

这段话对解放了的黑人有特殊意义。他们获得名义上的"自由"的同时,实际上失去了原有的一点点生活保障。他们被抛到号称"机会均等"的劳动力市场中,实际上却远没有享受均等的机会。

(三)争取纸上的立法变为事实的合法斗争

以上情况说明,在20世纪初,美国黑人的境遇并不比蓄奴制下好多少。所不同的是,他们毕竟获得了"自由人"身份,有相对的行动自由,对自己的权利有一定的觉醒。在这种情况下,黑人起而争取自己的权利,开始组织起来。20世纪黑人斗争的内容最持久的也是流血最多的,就是反对种族隔离。这一斗争十分艰巨,是从根本上对白人至上的根深蒂固的观念的革命,在美国是移风易俗的问题。在这方面取得重大成就之后,斗争的重点就是经济平等。争取黑人权利的运动和组织从温和到激进主要有以下几派:

——布克·华盛顿(1856—1915)倡导的发展教育派。布克本人是黑奴之子,曾在黑人工艺学校学习。他于1881年在亚拉巴马州的塔斯克吉(Tuskegee)建立黑人技术学校,主张先提高黑人的教育程度再争取政治权利,否则什么也谈不上,因此在达到普遍文化水平提高之前,在政治权利方面可以暂时妥协。他创办的学校一直延续至20世纪,人们也就以该校的名字称呼这一派为"塔斯克吉"道路。

这属于最温和的一派,在当时种族主义猖獗的情况下,很难为广大黑人所接受,并经常受到批判。批判者中就有以威廉·杜波依斯为代表的一批黑人青年。

——威廉·杜波依斯(1868—1963)创立的"尼亚加拉运动"。杜波依斯生于北方马萨诸塞州,在哈佛大学获得博士,并曾留学德国。他原来也曾赞成布克·华盛顿的"教育救黑人"论,但是后来感到不够。他于1905年与一批青年在加拿大的尼亚加拉瀑布口开会,建立"尼亚加拉运动",鲜明地提出要求言论自由、男公民平等选举权(当时美国妇女尚无选举权)、废除各种种族歧视的做法、承认人类皆兄弟的基本原则和尊重劳动者。这些看来很平常的、最起码的要求,当时却属于激进派,是为民权运动之始。这一运动的作用是重新唤起被压制下去的废奴主义精神,在其他地方也得到一些响应,不过由于经费等种种原因,没有形成规模,不久就并入了稍后成立的"有色人种协进会"。杜波依斯是杰出的社会学家、教育家、黑人史学家和编辑,有多种学术著作和小说,并主编出版了《黑人百科全书》。他不仅关注美国黑人问题,而且把黑人解放与非洲人民的解放联系起来,于1919年在巴黎发起泛非大会。他对美国民权运动的影响主要在20世纪前半叶。

——"有色人种协进会"。1910年成立,主要发起人是北方的自由主义白人,领导人就是当年废奴主义的著名倡导者威廉·劳埃德·加里森的外孙奥斯瓦德·加里森·维拉德。成立的时机选在林肯诞生日纪念大会,这对恢复废奴主义精神是有象征意义的。"尼亚加拉运动"的代表应邀出席了会议,随后即事实上并入了该组织,杜波依斯被选为研究部主任。这是时间最长、影响最大的以白人为主的争取黑人权利的组织。该组织的主张与"尼亚加拉运动"基本上差不多,主张采取合法斗争,主要是动员社会各界力量进行游说活动,争取国会通过有利于种族平等的法案。作为协进会的主要工作之一,杜波依斯于1911年创办了《危机》杂志,并任主编。这份杂志对各种种族歧视现象进行猛烈的揭露和抨击,与此同时发表了大量的黑人作家的文学作品,并举行比赛、颁奖等,在几十年中培养了大批黑人诗人、文学家。他们大多聚居在纽约哈莱姆区,被称为"哈莱姆才子",二三十年代有所谓"哈莱姆文艺复兴"之说,极黑人文学艺术一时之盛。

——1911年北方成立的"全国城市同盟"。这也是黑人白人共同的组织,主要帮助自南方来的黑人移民解决工作和生活的困难。

从政府方面看,对黑人权利开始采取积极态度始于小罗斯福政府。一则由于当时从总统夫妇到政府主要成员的思想比较开明;二则由于战争的需要。从那时起,才开始在气氛上有所变化,并有一些突破。自30年代到40年代有几项"第一":

1934年,阿瑟·米切尔为第一名民主党黑人国会议员;1937年,威廉·哈斯梯为第一名联邦法院黑人法官;1935年,著名黑人律师查尔斯·H.休斯敦在法院胜诉,第一次取得最高法院裁决——在陪审团中排斥黑人为违宪;1942年,罗斯福重组联邦法院,大多数法官都反对种族歧视,有利于40年代通过个案诉讼和判决,逐步取消某些种族隔离的传统。在美国参加"二战"前夕,黑人民权运动领袖伦道夫领导游行示威,迫使罗斯福下令禁止兵工厂与政府机构实行种族隔离,并建立"公平就业委员会"。1942年,黑人军官多利斯·米勒以在珍珠港的出色表现获得海军十字勋章,这是到那时为止黑人被授予的最高荣誉。但罗斯福还是怕失去南方白人选票,因此他没有推动立法禁止残害黑人最深的私刑。

真正的突破是在"二战"以后,其标志是1954年"布朗诉教育委员会案",最高法院裁决隔离学校制度违宪,否定了所谓"隔离但平等"的说法,在种族隔离问题上打开了缺口。这是以"有色人种协进会"为首的民权运动历半个世纪锲而不舍斗争的结果,这一胜利也大大鼓舞了其后的民权斗争。客观原因是种族主义作为法西斯的思想基础在战后已臭名昭著,以崇尚民主自由自诩的美国人对遭受种族灭绝之害的犹太人寄予同情,不得不引起对自家门内种族歧视的反思,难以再公开与这种思想认同;同时,全世界有色人种的反对殖民主义、争取独立的运动日益高涨,种族平等的原则在联合国已确立下来;还因为"二战"中大批黑人参军,与白人并肩作战,立下汗马功劳,在某种程度上改变了其社会形象。但是这一法律上的突破离真正实施还要等将近十年,到60年代才有本质上的进步。[1]

(四)走向群众性的抗议运动

1955年12月,亚拉巴马州首府蒙哥马利市"有色人种协进会"分会秘书罗莎·帕克斯夫人[2]在公共汽车中不给白人让座而遭逮捕,引起大规模的抗议运动。以此为契机,黑人斗争从法庭走向群众性

1　这一段史实的详情见李道揆:《美国政府和美国政治》,第701—719页;《美国黑人斗争史》,中国社会科学出版社,1987年,第532—542页。
2　帕克斯夫人于2006年逝世,美国各大报刊发表讣告及纪念文章彰显其历史性的功绩。

的积极行动，进入了一个新的阶段。马丁·路德·金牧师脱颖而出，直到他于1968年遇刺身亡，一直是公认的最重要的全国黑人领袖。蒙市黑人经过一年的艰苦斗争，于1956年终于争取到美国最高法院判决蒙市的公共汽车种族隔离法规为违宪。这一胜利具有里程碑意义，因为这是南方黑人第一次突破法庭斗争，以非暴力群众运动形式取得的胜利。

马丁·路德·金（1929—1968）生于南方乔治亚州亚特兰大市的牧师家庭，在波士顿大学获神学博士学位，终身任浸礼教会牧师。他于1957年在南方成立了"南方基督教领袖会议"，总部设在乔治亚州的亚特兰大市，他自任主席直到逝世。和许多有幸受到良好教育的黑人一样，他从青年时代就决心探索黑人解放之路。他信奉自由主义的新教，在求学期间对各种哲学进行比较研究，并总结美国黑人斗争的历史经验，最令他心仪的是印度甘地的非暴力抵抗。他深信，黑人面对占多数并拥有强大武器的白人，进行暴力反抗等于自杀，既不现实，又是以暴易暴，在道义上也是错误的。他主张美国黑人走"基于爱"的非暴力抵抗，诉诸压迫者的良知，实现他们心灵的转变，从而使人向普遍正义靠近一步。但是他的非暴力并不是消极的、退让的，而是积极进攻的。他的活动基地是种族歧视严重的南方，他策划的几次重大行动都选中种族隔离的顽固堡垒、种族主义者气焰嚣张和当地政府比较保守的地方，明知会遭到镇压和流血也在所不惜，甚至正是事先估计到这一点才采取行动，以引起更大的社会反响。在他领导黑人运动的十年中，不论是政府立法、社会舆论，还是黑人实际权利和地位方面，都有显著的改善。

这一时期，种族主义和反种族主义的斗争达到南北战争以来空前激烈的程度：一方面，世界潮流所向，广大美国黑人再也不能忍受那种反理性、反人道的歧视；另一方面，尽管有1954年最高法院的正式判决，但是在南方各州根本得不到实施，种族主义者仍十分猖獗。写入宪法、载入联邦法律的黑人权利毫无保障，每一次企图改变种族隔离的哪怕最温和的做法都会遭到强烈的抗拒，造成流血事件。州、县政府可以对联邦法令甚至总统本人的指令采取蔑视、嘲弄的态度，甚至公开谩骂。可以这样说：每一次向着种族平等方向的立法都是黑人与白人反种族主义力量长期奋斗的成果，而每一个法案的实施都要经过更加艰苦的斗争。其中有名的事件有：1960年的小石城事件、1961年的自由乘车运动、1962年梅里迪思入密西西比大学事件（或称奥克斯福德事件）和1963年马丁·路德·金亲自领导的伯明翰事件。这些事件无不是以和平的、非暴力的、合法的行使反种族隔离法的行动始，而以流血的暴力冲突终，最后还得从华盛顿调来军警才能维持住秩序，使黑人的安全和合法权利得到一定程度的维护。在每次事件中，暴力都是白人种族主义分子挑起，而且都有极右的州政府当局做后台，或者就是州长本人唆使的。这些地方官气焰极为嚣张，国会通过的立法、联邦最高法院的裁决、总统的直接指令都不放在眼里，总统派去的代表都曾遭到殴打。他们之所以如此，是有群众基础的，南方政客们的种族主义立场表现得越坚定，就越能得选票。例如，小石城流血事件的主要负责人、阿肯色州州长福布斯，尽管在艾森豪威尔总统派来的空降师面前不得不退却，种族合校得以执行，但是他本人却成为英雄，以后几次连选连任直到退休。相比之下，联邦政府维护法律的态度总显得不够坚决，顾虑重重，行动迟缓。

1963年8月发生了著名的"向华盛顿大进军"，有组织的群众

第七章 美国良心的负担——黑人问题

从全国各地游行到华盛顿，主题是要求权利平等，反对种族歧视。他们在华盛顿纪念碑前集合，出发到林肯纪念堂聚会，据估计，最多时达20万人，参加的有10个黑人和黑白混合的民权组织，产联—劳联也参加了。会上马丁·路德·金发表了著名的"我有一个梦"的演讲。许多发言者都对肯尼迪政府当时提出的民权法案表示不满，认为太温和，不彻底，特别是没有强制实行的保障。但是实质上，这次进军的主流还是对国会施加压力，支持肯尼迪提出的民权法案。那次游行秩序井然，当局基本上采取保护的态度，专为游行队伍修了饮水站、厕所，并准备了紧急医疗队等。种族主义和纳粹组织的头目要闯入发言，被警察挡在线外。这是60年代最后一次大规模的和平行动，以后就日益激烈。

（五）60年代的激进运动

由于和平行动收效甚微，在当时整个激进思潮影响之下，一部分美国黑人反对马丁·路德·金那种非暴力的思想原则，对政府能保护黑人权利根本不相信，因而也不相信合法斗争可能取得效果。1964年纽约哈莱姆贫苦黑人聚居区爆发暴动，紧接着蔓延开来，费城、波士顿、芝加哥直到西海岸的洛杉矶，都发生了程度不同的黑人暴动。这种行动主要是发泄愤懑、绝望和仇恨，自发的居多，一旦遇到警察镇压，矛盾更加激化。这一时期出现了形形色色的激进的黑人组织和人物，《带枪的黑人》的作者罗伯特·威廉是其中之一，不过他流亡在外，通过广播和刊物对国内发出号召，收效有限。影响较大的主要在北方城市，涌现出像马尔科姆·爱克斯这样的著名人物。

比较有影响的组织有"黑人穆斯林"、"种族平等大会"、"黑人学生非暴力"组织等,其中最著名的是"黑豹党"。

"黑豹党"于1966年成立于加州奥克兰,领导人为博贝·西尔和休伊·牛顿。其宗旨为黑人自卫和重建平等的美国社会,提出要土地、面包、住房、教育、衣服、正义与和平的诉求。在思想上受马尔科姆·爱克斯的影响,主张黑人应该有权武装自卫。它同时是社会主义与黑人民族主义的结合,主张如果政府和企业不能提供充分就业,就应由社区集体来接管生产资料。该组织不反对与白人合作,并且实际上也与当时的激进学生运动有合作。这点与其他的一些黑人激进组织不同。他们的第一次重大行动是1967年5月的游行示威,目的是抗议一项禁止在公共场合携带有子弹的枪的法令。"黑豹党"成员身着黑皮夹克制服,头戴黑色贝雷帽,荷枪实弹在加州首府街上游行,并发表宣言,吸引了大批记者和群众。西尔和30名成员当场被捕。这一事件使"黑豹党"立即闻名全国,队伍迅速扩大。同年10月,牛顿以杀害一名警察的罪名被捕,更掀起围绕争取释放牛顿的大规模群众运动。至60年代末,该组织的分支已遍布全国。

牛顿入狱期间,"黑豹党"吸收了"黑人学生非暴力"组织的领导人参加,任"总理",实现了这两个组织的联盟。后者原来是主张非暴力斗争的,后来主张暴力,打出"黑人权力"的口号,主张黑人不同白人合作,单独成立自己独立的国家。在这一点上两个组织有分歧,后来又有权力之争,联盟于1968年开始破裂。牛顿在群众压力下被减刑,后于1970年以法律程序不完备为由被释放。

"黑豹党"是美国警察和联邦调查局重点打击的对象,后者采取了打进去、分化瓦解、突然袭击、暗杀等种种手段。组织内部也

第七章　美国良心的负担——黑人问题

互相猜忌，纷争不已。随着整个60年代激进运动的退潮，这个组织也逐渐瓦解。牛顿出狱后曾企图重组该党，转向温和的为黑人谋福利的活动，避免与警方正面冲突，但是党内阻力很大，意见分歧很大。牛顿本人开始吸毒，又以与毒品有关的罪名遭通缉，流亡古巴。传媒又陆续报道该组织其他成员的犯罪事件，使其威信大跌。后来该组织在一些黑人妇女的主持下继续了一段社区福利工作。至70年代中期，"黑豹党"在政治生活中销声匿迹。

在此期间，黑人向非洲寻根的风气也很盛，出现了一批文学作品，著名的小说《根》即是那种思潮下的产物。还有"黑是美丽的"口号，是黑人恢复自信和尊严的象征。总之，这是黑人自性的认同和伸张的一个新高潮。

"黑豹党"是一个典型。这期间出现的形形色色的组织和思潮或由于没有成熟的纲领，或由于其主张脱离现实，或由于本身的弱点，还有它们之间各自为政甚至互相攻击（都指责别人背叛黑人），未能形成一支力量。而且由于采取烧、打、砸、抢的方式，得不到社会的同情，再加上美国当局的镇压，都未能持久。但是这一现象及其所预示的社会危机，不能不引起社会主流和政府的注意。一向以维护种族平等自诩的司法部部长罗伯特·肯尼迪亲自与一部分激进派代表人物进行过一次不成功的谈话后，感受到了他们心中的深仇大恨。他和乃兄肯尼迪总统都认识到种族问题之严重，如火山随时可能爆发，对白人种族主义者再也不能姑息迁就了。这也促使政府大力支持马丁·路德·金所领导的非暴力斗争，更加积极地推动有关种族平等的立法，并采取强有力的措施加以推行。1964年和1965年约翰逊政府通过的《民权法》和《选举权法》以及为贯彻其实施所采取的措施，在推进美国种族平等方面起到了里程碑作用,以进步政绩载入史册。其意义极为重大,深刻地改变了黑人,特别是南方黑人的政治地位和实际经济生活。与以前通过的各项法案不同的是,这次把重点放在贯彻实施上,并取得了实效。

三　变化与问题

(一)黑人地位的改善

经过一个多世纪的斗争,客观地看,今天的黑人状况已发生深刻的变化。这是一个长期、曲折、渐变的过程,而自60年代以后的30多年变化最为突出。略举一些数字可以说明问题:

在政治权利方面,以南方11个州计算,1940年登记的黑人选民为3.1%,1960年为28.7%,1964年为42%,1970年升至66.9%。其中在1965年《选举权法》通过前后变化最突出的密西西比州,1964年登记选民为6.7%,1969年猛升至66.5%。[1] 在美国现有制度下,实际的选举权十分重要,它使竞选的政客不能再无视黑人的要求,更不能再公开歧视。如前面提到的福布斯之流到70年代就很难再那样嚣张。今天,总统和议员候选人要把黑人的选票考虑在内已是当然之事,而在60年代以前却是相反:公开维护民权就要失去南方的选票。与

---

[1] Stephan & Abigail Thernstrom, *America in Black and White: One Nation, Indivisible*, Simon & Schuster, 1997, Table 1, p.152, Table 2, p.157.

第七章　美国良心的负担——黑人问题

此同时，黑人竞选和当选公职的人数也急剧增加，而且级别越来越高。以 1973 年布雷德利当选全美第二大城市洛杉矶市长为先河，今天包括首都华盛顿在内的大城市由黑人任市长已是平常事。众议院中黑人超过 40 席，其比例与黑人人口在总人口中的比例差不太多。1984 年和 1988 年黑人领袖杰西·杰克逊两次竞选民主党的总统候选人，并于 1988 年最后形成一黑一白对垒竞选的局面（白人为杜卡克斯），虽然最后失败在意料之中，但是这件事本身以及他得到了民主党代表大会 29% 的支持就有划时代的意义。

黑人进入联邦政府始于小罗斯福政府，不过多为顾问性质，或担任低级职务。肯尼迪政府开始任命一批黑人任中高级职务，如辖区巡回法院法官、助理部长帮办等，其中罗伯特·韦佛任城市建设与住房部部长——这是有史以来第一个黑人内阁部长，当时很引人注目。以后这类事日益平常，例如安德鲁·扬任卡特政府的驻联合国大使；鲍威尔任老布什政府的参谋长联席会议主席；克林顿政府中有四名黑人部长，为历史最高数。

20 世纪以来，黑人多数投民主党的票。克林顿在 1996 年的大选中获得了黑人中 84% 的选票，最主要的一个原因是：由于保守派反对民权运动的历史，黑人仍然把白人的保守主义视同为种族偏见；共和党主张削减福利开支、缩小政府的政策也对黑人不利，因为低级政府职务是黑人就业和提升的一大机会。但是近年的民意测验表明，受过教育的黑人在一些社会问题，诸如同性恋、堕胎和吸毒、学校祈祷等问题上，比白人更为保守。现在有些地区的共和党也开始争取黑人选票，例如 1998 年前总统老布什的小儿子杰布·布什当选佛罗里达州州长，该州黑人占选民总数的 20%，是他必须争取的。黑人中正处于上升阶段的人，尤其是商人、律师和军人，不少倾向共和党，他们比较强调通过自己的努力而不是通过政府的帮助求得发展。黑人保守主义分子很少竞选政治职位，不过最近有所变化，马里兰州的黑人政治家阿伦·凯斯组建了一个名为"美国黑人政治行动委员会"的组织，鼓励黑人保守派参加竞选，主张重新确立道德观，认为黑人保守派是黑人社会真正的代言人。该组织向参加竞选的黑人共和党人提供捐款，并为初涉政坛的人开办培训班。总之，黑人正进一步在两党政治中发挥更大的影响。

在经济地位上，战后的变化也很显著：处于贫困线（按当时的标准）以下的黑人家庭1940年占总人口的87%，1960年为47%，1995年为26%。在校大学生1940年为4.5万人，到1995年已超过140万人。现在黑人中产阶级已经形成。据一项调查，美国大约有2/3的非西班牙裔白人[1]自认为属于中产阶级，而黑人中这一数字是4/10。[2]

另外，在社会观念和风气方面，到70年代以后，种族歧视的论调或与之相关的提法已经拿不到桌面上来了，包括南方在内，没有一个"体面"社会的人敢公然表露歧视有色人种或妇女，在知识精英中更是如此。政治家们不论自由派还是保守派，主张尽管对立，却都打着为这部分人的福利着想的旗号。80年代中期兴起所谓"政治正确"（political correctness）之说，即在语言中排除某些被认为带有贬低或歧视性的提法，若有人脱口而出，就会受到谴责。例如

---

[1] "非西班牙裔白人"是现在美国的一种提法，主要指传统的、大多数为欧洲人的白人，以别于近年来大量进入美国的拉美移民。拉美移民中有许多也是白种人，但是经济地位低下，也受一定程度的歧视。

[2] Stephan & Abigail Thernstrom，前引书，p.183。

第七章　美国良心的负担——黑人问题　　　　　　　　　　　　　　　241

"Negro"一词已被认为是贬义词而弃置不用，代之以"非洲裔美国人"（Afro-American），等等。"政治正确"对扭转下意识的歧视观念有一定的作用，但是提法过分敏感，使人动辄得咎，也容易走向反面，引起人反感，有时甚至成为笑柄。不论看法如何，至少说明反对种族歧视的斗争已经进入了一个新阶段。问题已经超越政治上的平权，而是如何实际上最有效地弥补历史遗留下来的鸿沟。

（二）实际存在的不平等和"确保行动"[1]之争

鉴于黑人几百年来在美国遭受的压迫和歧视，任何正视现实的人都会承认，仅仅在法律上保证平等的地位和自由竞争的机会是远远不够的。为了进一步从权利的平等达到实际的平等，需要一些特殊照顾的措施，遂有"确保行动"的法令出台。

首先需要对这个词义略加说明，其实际含义是"确保平权付诸行动"，也就是说，根据种族平权的法律，在招工、招生中坐等报名者上门后才消极地不予歧视是不够的，需要采取积极行动宣传平权的原则，鼓励少数民族主动争取。这个词首先出现于 1961 年肯尼迪总统签署的一项行政命令中，该命令要求接受政府工程或订货的承包商不得歧视少数民族，主要指的是黑人。这是在《民权法》和《选举权法》通过之前。1965 年《选举权法》刚通过不久，当时任约翰逊政府劳工部部长助理的莫尼汉在一份报告中提出，美国黑人身上带着三个

---

[1] Affirmative Action 过去流行的译法是"肯定性行动"，但中文含义不易懂，现在有译作"平权法令"的，又离原文太远，今译作"确保行动"。

世纪的难以想象的虐待的伤疤，不可能在平等的条件下竞争，需要有新的对待办法。同年6月，约翰逊总统在霍华德大学（著名黑人大学）的演讲中提到：你不能把一个因长年戴镣而跛脚的人放在起跑线上，对他说，现在你可以自由地同别人竞赛了。因此，光是机会平等是不够的，还需要保证实质的公平。在这一思想的指导下，约翰逊于同年9月签署了第11246号行政命令，要求所有接受政府加工订货的工厂企业采取"确保行动，保证申请人能得到雇佣"。这一委婉的提法与《平等就业机会法》联系起来，实际上就意味着要主动、优先录用黑人、妇女以及其他原来处于弱势地位的人群。原来并未提出定额制，但如考察某一机构是否实行事实上的歧视，唯一的办法是将该机构的少数民族比例与同类单位相比较，于是在实践中必然导致定额制，不仅在就业方面，更主要用于大学招生。1970年尼克松政府正式颁布指令，要求与联邦政府签约的企业有一定的少数民族（有时包括妇女）的名额。

这一措施的出发点是承认历史造成的现实，更加切实地消除不平等。这一政策的主要受惠者是黑人和妇女，当然受到他们欢迎。开始在白人中阻力也不大，因为那是民权运动高潮时，自由派白人在思想上是拥护的，即使是保守派，面对街头暴动时有发生的尖锐种族矛盾，也感到需要一种缓解剂。这一政策实施30年来，的确使处于弱势地位的黑人获益良多，对各方面黑人比例的增加与处境的改善起了很大作用。但是与此同时，从观念到现实的矛盾也逐渐显露出来：

首先，美国的平等观在原则上是机会平等，而不保证结果平等。其次，照顾的原则在实践中很难掌握得恰到好处，用人单位或学校不论是出于自己的信念还是出于避免惹上法律方面的麻烦，往往"宁左毋右"。"确保行动"不仅适用于黑人，也适用于其他竞争力弱的族裔，近年来主要是西班牙语裔，这对竞争力强的一部分人就形成了不公平。所以，1978年发生了著名的巴克诉戴维斯加州大学案，起因是该大学实行双轨招生制，有一部分名额留给"在经济上和教育上处于不利地位的考生"，并另设招生委员会分开进行选拔，结果比巴克的成绩明显差许多的少数族裔得以入学，而巴克名落孙山，因此他不服，遂以"逆向歧视"上诉。此事涉及的不是一个人入学的问题，而是"确保行动"的原则是否正确的问题，由此触发了对这一敏感问题的全社会的辩论。诉讼双方各执一词，一直上诉到最高法院。最后的判决是折中的：一方面巴克胜诉，得以入学；另一方面在原则上仍维护了双轨制。实际上，在巴克案之前已经有过类似的起诉，不过没有引起注意，以后又发生多起此类案件。这一分歧日益表面化，反对者势力也日益增强，其高潮为1996年11月通过的加州"209提案"，在加州范围内取消了在公共就业和公共教育等领域"确保行动"的实施，也就是说黑人和妇女等弱势群体不再受照顾。在此之前，得克萨斯州已有"霍普伍德诉得克萨斯大学案"的辖区上诉法院的裁决，取消了在招生、招工中的照顾原则，并适用于该法庭所管辖的路易斯安那州和密西西比州。不过那都是个案裁决形式，而加州"209提案"的通过树立了一个以提案形式立法的范例，影响巨大。以后许多州和首都华盛顿都纷纷效仿，不过都未通过。至今各州仍自行其是，一州内各学校、各用人单位掌握的分寸也不相同。利弊如何，双方各执一词。一般说来，仍是以自由派和保守派分野。不论取消"确保行动"的理由如何充分，其对少数族裔的影响立竿见影：加州通过"209提案"后，少数族裔入学数立即下降，特别是法学院学生，1996—1997年加州三所大学的法学院黑人学生下降了71%，新生几乎没有。1998年秋季，黑人加拉美人加印第安人在校生下降数超过50%。[1]

并非所有少数族裔都支持"确保行动"，在教育领域内反对最力的是亚洲人，特别是华人。他们的理由是，亚洲人在历史上备受歧视，现在仍然在不少方面与白人并不完全平等，亚洲的家庭有重视子女教育的传统，他们凭自己的勤奋努力可以进入名牌大学，从而改善社会地位，这是不到两代人间刚刚开始取得的变化。亚裔在白人面前并没有因原来受歧视而得到照顾，却反而要把名额让给黑人和西班牙语裔。另一方面，他们因为成绩好而在有些大学（如加州大学伯克利分校）比例日益上升（其实远不如白人多）还被认为是个问题，引起某种无形的限制，实属不公。因此，他们是加州"209提案"的有力推动者。但是另一方面，"确保行动"还包括政府招标中应优先考虑少数民族的企业，这一点对华人中小企业有利，受到拥护。有些拉美移民本是白人，并已取得稳定的社会地位，反而不愿被单独列出作为照顾对象。所以，这个问题涉及的利益非常复杂。

黑人中意见也不完全一致，或者说在心理上有一种矛盾。约翰逊总统的讲话固然为黑人设想周到，但是深入一步解释，其含义等于说黑人在智能上是有残缺的，不具备平等竞争的条件。当时种族问题十分敏感，约翰逊的讲演稿事先征求过马丁·路德·金等几位黑人组织领袖的意见，他们都予以认可，该讲话基本上在黑人中受到欢迎，说明当时确有此必要。但是发展到后来，利弊如何，包括黑人在内，

---

[1] 李英桃：《加利福尼亚州209提案与美国高等教育》，《美国研究》1998年第3期，第113页。

越来越多的人提出疑问。特别是能力较强的黑人感到自己原是凭本事上去的，却反被认为是照顾的结果。有了这一法令，无形中在黑人与白人的交往中多了一层看不见的隔阂，对双方都造成了一种微妙的心理。但是，另一方面，多数黑人仍然感到除了政治权利外，各种机会在实际上离真正平等还有很大距离，实质上享受各种优越条件的仍是白人。"确保行动"的方案不一定是最好的，但其力度还不足以平衡白人实质上的特权。

在现实中，在"确保行动"已执行了 30 年的今天，黑人与非西班牙语裔白人之间的差距仍然十分突出。在美国，放眼望去，黑白"分工"鲜明：属于下层的工种，如街道和大楼的清洁工、工厂中的非熟练工人，以及公共汽车、卡车司机，门卫保安等，多为黑人。像华盛顿这样黑人人口众多的地方，市政机关的职员中黑人比例甚高，但主要占据的是最基层的位置，越到上面比例越小。这是指就业者而言。论失业率，到 20 世纪末，黑人男性的失业比例仍是白人的两倍，在贫困线下的家庭比例是白人的三倍。在各大城市的街上见到的无业游民和乞丐也多为黑人（拉美新移民的比例也很高）。教育方面的差距就更严重，尽管基础教育同样普及，但是黑人学生的程度普遍低于白人。据美国国家教育中心 1992 年的调查数字：完成 12 年教育的黑人平均阅读能力略相当于八年级的白人学生；在科学知识方面平均程度比白人学生低 5.4 年；黑人大学本科毕业生的语文和计算能力仅略高于白人的高中毕业生，远低于白人大学中途辍学生。[1]中学生程度的差异自然影响大学入学率，加州"209 提案"的实际后

---

[1] Thernstrom，前引书，p. 19。

果已很说明问题。如果全国都照此实行，又将出现黑人医生、黑人律师奇缺的现象，进而再引发种族纠纷。本来已经很少的黑人科技人员将无望增加。这是实际情况，也是克林顿政府面临的难题。他既要安抚保守派白人的反击，又不能让民权运动的成果丧失在他手中。1998年7月，在美国公众教育电视台的一小时专题节目中，克林顿被邀请与不同观点、不同族裔的代表性人物专门讨论这一问题。他的公开表态仍是维护"确保行动"，理由是美国社会的根本利益在于拥有不同文化背景的民族，应从大学开始就维持种族多样化，这有利于美国的全民团结，也使青年能在进入社会之前得到与不同文化的人相处的经验；另一方面也必须坚持择优的原则。如何实行，他也无法提出更好的方案。

四　几点思考

关于美国黑人斗争史以及讨论黑人问题的著述如汗牛充栋，本书不是专门讨论黑人问题的，而是从这个重要的方面看美国社会的渐进改良。黑人问题是美国社会矛盾中最尖锐的，曾经为之打了长达四年的内战，几乎造成国家分裂。但是有一个重要的事实是：那场内战不是黑奴暴动起来推翻种族主义政权的革命，而是在主流白人社会中不同派别之间的战争。从思想上说，反对种族歧视的原则植根于启蒙运动的自由主义、人道主义和天赋人权之中，也符合美国《独立宣言》的精神。另一方面，如本章开头所述，白人至上主义也同样根深蒂固，而且同既得利益相结合。经过百年的斗争，无数黑人和白人为此付出了生命的代价，才取得了顺应进步的潮流，同时又符合美国工业化需要的废奴派的胜利。又经过近一个世纪的艰苦斗争，才有今天的状况，与20世纪初相比，应该说进步是极为显著的。从前面简单的概述中可以看到这一进程十分艰苦曲折，不断有流血牺牲，包括马丁·路德·金本人也以身殉道。但是自南北战争以后，从总体上说，黑人境遇的改善仍是和平改良的一部分。美国的根本制度并没有改变，基本信仰也没有变。

（一）20世纪黑人民权斗争的特点

1. **基本上是在体制内的合法斗争**。从南北战争以后，民权运动一直是争取实现宪法规定的权利，每一轮斗争的最终成果都是政府进一步立法和有效落实，然后再为维护这一**合法**权利而继续斗争。除了60年代少数激进派之外，没有根本否定现行制度的主张。即使是激进派，也没有推翻现制度的纲领，而只是企图脱离它，依靠自己的力量组成独立王国，或者以暴力反抗暴力，并没有改变政权的目的。绝大多数黑人认同美国是他们的祖国，拥护写在纸上的《宪法》，他们为之奋斗的理想就是在这个国家中享受与白人一样的公民权和平等的机会，在社会上不受有形或无形的歧视，获得人的尊严。

2. **激烈冲突不可避免**。另一方面，种族平等与种族歧视两种观念截然对立，没有讨价还价的余地，不可能采取类似劳资谈判的方式。出身贫苦的人可以改变社会地位，而肤色是不能改变的。对种族主义者来说，三代之后，有四分之一的黑人血统仍算黑人。种族主义势力强大，并总是率先采取非法的暴力手段这一事实，使黑人的斗争不可能是温和的、和平的。60年代那种激进的思潮和自发的暴力行动，对唤起全社会的注意与促使政府下决心采取强有力的措施确实起了不小的作用，同时也是对社会观念中顽固的偏见的一次强有力的冲击。也就是说，某些暴力手段客观上帮助了和平改良的成功。

3. 提高黑人的教育和文化水平是根本。从布克·华盛顿到杜波依斯到马丁·路德·金，以及一些改良色彩较浓的基金会和民权组织，都极重视对黑人的教育，提高黑人本身的文化水平、思想情操，培养自尊自爱。事实上，历次重大的反对种族隔离的斗争，重点都是争取平等的教育权。多年来，黑人地位实质性的提高主要表现在教育水平上，而目前存在的问题最严重的方面也仍在教育。黑人尽管受歧视，但在艰难之中还是涌现出为数不少的受过良好教育的有思想、有才能的精英，许多才智卓越的黑人学者、作家、文艺工作者，不可能一一列举。他们不是以改变自己个人的地位为满足，而是为提高黑人的整体文化水平做了不懈的努力。不论其对黑人解放道路的见解有何不同，在这方面的贡献是共同的。这一点非常重要。黑人的总体形象从愚昧无知的"痞子"到有文化、有尊严的守法公民，是黑人达到真正平等的最根本的途径。

4. 民权运动的思想基础仍是自由主义。显然，黑人问题是美国全社会的问题，黑人地位的提高也不仅是黑人而且是包括白人在内的长期斗争的结果。黑人问题正好典型地说明了自由主义的两个方面：一方面，奴隶贸易是欧洲文艺复兴和商业革命所释放出来的自由主义的产物，如杜波依斯所指出的，这是"毁灭自由的自由"，是一种人剥夺另一种人的权利的自由[1]，也就是社会达尔文主义那一条线。另

---

1 《美国黑人史》，第38页。

第七章　美国良心的负担——黑人问题

一方面是人生而平等、天赋人权的信念。这里的关键是黑人算不算人，或者是否在人种中天生属于劣等。至少从废除奴隶制度以后，这在理论上已不成问题。自以为信仰自由主义的白人，特别是知识分子，越来越感到在号称"自由之邦"的美国存在这种公然的种族不平等是一种耻辱，黑人所提出的合理合法的要求完全符合美国主流思想的原则。著名瑞典学者米尔达关于美国黑人问题的经典著作的书名本身就一针见血地点出了这一矛盾：《美国的两难处境：黑人问题与现代民主》。正因如此，在一开始争取种族平等的斗争的主力中就有白人。这不仅是出于同情心，而且是出自他们本身的信仰和理想。马丁·路德·金说要以爱心唤起压迫者的良知，这对真正的"压迫者"，也就是极端种族主义分子，是不现实的；但是唤起全社会的良知则是可能的，因为有思想基础，而且事实上也已经有了效果，所以不能对这一口号简单地嗤之以鼻。如今马丁·路德·金已经闻名世界，他的逝世日已被美国政府定为国假日，他的名字与林肯一样家喻户晓。在他的家乡亚特兰大设有永久性的纪念碑、纪念馆，他的演讲录音、录像在他曾经布道的教堂中一遍一遍地向来自美国以及世界各地的参观者播放，受到无上尊敬。这说明他的思想与美国的主流是合拍的。

　　对比之下，先于金对美国民权运动有创建之功并且做出过卓越贡献的杜波依斯却为人们所淡忘，现在一般美国青年中知道他的可能不太多。主要是因为后来经过麦卡锡主义，他对美国的制度深刻失望，思想开始左倾，同情社会主义国家和正在兴起的亚非民族独立运动。马丁·路德·金是诺贝尔奖获得者（1964），而杜波依斯则是列宁和平奖获得者（1959），显然他们属于不同的思想体系。1961年，他以93岁高龄加入美国共产党，同年移居加纳，主持非洲百科全书的编纂工作，1963年入加纳籍之后不久即逝世。他在美国20世纪黑人斗争史上的地位应该不亚于金，只是由于他后来走了不同的道路，脱离了美国主流社会，在美国获得的荣誉也就不同。这也说明美国社会在意识形态方面的倾向性还是很强的。

（二）难以解决的悖论

1. **围绕"确保行动"之争**。这实际上还是反映了20世纪初以来的两大思潮：强调自由竞争和强调平等。公开的种族优劣论已经是非法的，但是对于黑人目前落后的根源，意见有很大分歧：一派认为，必须承认长期的历史造成的伤害不可能在短期内消除，处于优越地位的白人有责任给予照顾，政府也有义务进行干预；另一派认为，时至今日，客观的障碍已经扫清，其他应靠黑人自己的努力了，也就是说，如果再上不去，只能怪自己不努力。

2. **在现阶段是应继续强调种族觉悟还是应尽量忘记种族差异**。1896年只有八分之一黑人血统的普莱西因在路易斯安那州坚持坐了白人的火车车厢而被捕，他不服上诉，指车厢隔离为违宪，这就是"普莱西诉弗格森案"。路易斯安那州最高法院判其败诉，提出了所谓"隔离但平等"的原则。当时唯一持异议的哈兰法官在其声明中有一句名言："美国的宪法是色盲的。"亦即所有种族在宪法面前一律平等，任何基于肤色的隔离和歧视都违反宪法。从那时以来，反对种族歧视的斗争目标主要是使黑人作为平等的一员融入美国社会，而肤色因素不再被考虑。相反，在1978年巴克案中，有一位法官主张维护照顾的原则，说过另一句名言："欲超越种族主义，必先心目中考虑种族。"这句话的确很辩证。现在的问题是,在进入21世纪时是否已经到了可以只强调"色盲",而尽量淡化种族差异的时候了?例如,提到某一碰巧是黑人著名艺术家或作家时,为什么总要冠以"黑人"字样,而白人则不必?现在犹太人已经脱离了被另眼看待的地位,不论是歧视,还是照顾,没有人会提"犹太教授"某某人。另外,还有一个涉及面更大的问题是:美国的社会组成乃至政策依据应以个人为单位还是以族群为单位?这不仅关系到黑人,而且关系到所有主流白人以外的族群,是当前美国舆论界、知识界仍在辩论的问题。关于这一辩论,在第八章中有详细介绍。

第八章　移民、教育与人口素质

现在人们谈论 21 世纪时都已意识到，今后的竞争将越来越是智力的竞争。关于此有种种说法：例如"智缘政治"将取代"地缘政治"；继农业经济、工业经济之后是"知识经济"时代；"智力资源"的作用将超过其他一切物质资源，等等。在方今科技飞速发展和信息高速公路正在到来的时代，这是显而易见的。事实上，智力因素在整个 20 世纪的发展中已经占据举足轻重的地位。而美国的发展除天然资源外，人口素质和智力资源的作用十分突出。在 20 世纪中，它的智力优势尤为明显。特别是在 20 世纪的后半叶，它实际上已经以"智力经济"取胜。造成这一优势有两大原因：移民和教育。二者又互为因果，相辅相成。

第八章 移民、教育与人口素质

一 移民国家的特殊条件

（一）先天优越性

不同于任何其他国家，美国是由全世界各地移民组成的国家，可以说是全世界的"大殖民地"，真正土生土长的北美洲人——印第安人——已经退到最边缘，在多元人种的美国社会中影响反而最小。[1] 这种移民不是无序的，而是有先来后到。最先来的是欧洲人。国内外不少学者认为，1492年哥伦布"发现"美洲开始了人类"全球化"的进程。因为这标志着欧洲文明向美洲的扩张，也是日后产生美利坚合众国的先声。这一事件对近现代史进程的深远意义自不必赘述，同样重要的是，在以后一个多世纪欧洲各国的各类人群向美洲移民的角逐中，英国人在北美的土地上首先站住了脚。这就决定了美国的主流人群在欧洲人中最主要的是盎格鲁-撒克逊人。作为美利坚合众国建国前期的有组织的移民，一般从1607年120名英国人在弗吉尼亚州詹姆斯敦登陆算起，不过更加有历史意义的、为史家津津乐道的事件是1620年"五月花"号轮船的到达。这一事件的意义不仅是英国移民在普利茅斯建立了第一个殖民地，而且上岸之前在船上通过了著名的《五月花公约》，为日后美国的建国模式和政治文化打下了

---

1 众所周知，早先欧洲移民在西进过程中对印第安人进行了残酷的赶尽杀绝，这一段历史中外多有论著。本书的主题是20世纪，只能从美国社会是以欧洲移民为主的既成事实来分析。

基础。17世纪初，正是英国继伊丽莎白女王之后开始大规模扩张之初，尽管远涉重洋到美洲去的人大都是逃避当时国内宗教迫害的新教徒，英国政府却援东印度公司之例，给这些人颁发"特许证"，就这样糊里糊涂地把原本不属于英国的北美洲变成了英国殖民地。事实上，当时英国国内很乱，尚未取代荷兰称霸海上，作为国家行为不可能有余力顾及北美。但是这一顺水推舟之举却给日后美国的发展打上了英国烙印，对这片大陆的历史起了决定性的作用（而受西班牙统治的拉丁美洲的发展道路就完全不同）。

背井离乡、远涉重洋到还属于蛮荒之地的新大陆来的人，出身和教育背景各异，移民的动机不一，有的为寻求宗教自由，有的为谋生，有的为躲债，有的则是逃犯。但有一点是共同的，都是对原来的处境不满意而另谋出路，期望在这里闯一番事业，改变命运或实现理想。自由女神像底座所刻的脍炙人口的诗句最好地表达了这一事实。这样形成的"美国人"，先天具有以下一些特征：

开拓性、探险精神和创业精神。得过且过、因循守旧的人不会来；白手起家的生存条件又迫使人必须艰苦奋斗，不断开拓、创新，不能停步，不能滞留，停下来就等于坐以待毙，只能被无情淘汰。同时，在为生存的搏斗中，既要顺应个人奋斗、"适者生存"的规律，又需要群体的合作团结，从而造就了美国人既有强烈的个人主义，同时也有对社会或团体的义务感，而后一点往往不为外人所注意。

追求自由。首先是宗教信仰自由，这是不言而喻的，同时也是摆脱一切陈规的束缚，追求发展和创造的自由。起决定性作用的历史事实是，最早的移民来自欧洲文艺复兴和工业革命之后，他们不仅带来了当时先进的生产力，也带来了启蒙思想。旧大陆封建统治

第八章　移民、教育与人口素质

的桎梏仍十分顽强，新的制度还需要经过长期的争斗、动乱、妥协和反复才能诞生，而来到新大陆的移民可以完全跳过封建社会，直接在这里实践欧洲先驱者们的理想。用著名的美国历史学家布尔斯廷的话来说，"把两千年欧洲的历史压缩在一两个世纪之内"[1]。通俗一点说，就是没有历史包袱。自由选择是美国人存在的理由，"这是自由的土地"成为每个人维护自己权利的口头禅。

来这里的人不是仅消极地躲避宗教迫害，还积极地追求理想。如果说领导"五月花"号船上移民的温特洛普和他发起的《公约》代表了加尔文教徒的精神，那么宾夕法尼亚州的创立者威廉·宾则是另一种追求理想的典型代表。宾本人是英国贵族，享有一切特权，在牛津大学上学，有现成的美好前途。但是他反对宗教歧视，主张信仰自由，同情底层人民，属于主张平等而且反战的贵格（Quaker）教派，因而不见容于当时的英国，曾两次入狱。在这种情况下，他自愿到新大陆来实践他的理想。英王为了乘机摆脱这个麻烦人物，就把新英格兰的一大片未开发土地"赐"给了他，他以自己的姓氏命名这一领地，这就是宾州的来源。宾在这片土地上既发展生产，又按照自己的理想进行管理。他拟定了一个"自由宪章"，规定了立法者由选举产生以及宗教信仰自由、言论自由、采用陪审团制等原则。他创立的贵格教派没有成为美国宗教的主流，但是他的"自由宪章"意义重大，其思想核心对后来托马斯·杰斐逊起草《独立宣言》有很大影响。

1　Daniel Boorstin, *The Republic of Technology: Reflections on Our Future Community*, Harpers & Row, New York, 1978, p.43.

公民意识较强。做不做美国公民是自愿选择的，这一点与多数其他国家不同。例如中国人，祖祖辈辈生于斯长于斯，别无选择，爱国与爱乡相一致。所谓"儿不嫌娘丑"之说，在美国人看来是不可思议的。如果嫌丑，完全可以不来，随时可以离去。他们所效忠的是一种制度和一种与宗教信仰差不多的价值观念。公民的权利和义务十分明确。这一点与个人自由相辅相成，形成美国人特有的爱国精神和在多元文化之中的社会凝聚力。

以扩张起家，固定国土的观念薄弱。美国的疆土是随着移民一批一批的到来逐步扩张而形成的。有所谓"边疆无边界"（frontier has no boundary）之说。众所周知，美利坚合众国建国初期领土总共只有230多万平方公里，而到1950年夏威夷正式成为美国第50州时，已有951万多平方公里。在这期间增加的约700万平方公里的领土，一部分是不断西进开荒而来，在这一过程中除了和大自然做斗争外，对土著印第安人几乎赶尽杀绝；而另外一部分约计230万平方公里的土地，是在已经取得独立的墨西哥手中巧取豪夺强占来的。起初是美国人到这里移民，墨西哥出于经济需要予以鼓励和欢迎，后来美国人逐步鹊巢鸠占，新移民排挤墨西哥人，然后美国联邦政府鼓励其中最大的得克萨斯州闹独立，最终还是通过赤裸裸的侵略战争强行改变了美墨边界。墨西哥割让的土地比该国现在的领土面积还要大，而现在墨西哥和其他拉美国家涌入这片土地谋生的人却成了"非法"移民，这是历史的讽刺。这一疆土形成的过程，对美国日后的国际行为及其观念有一定影响。也就是说，它更重视住民自决，而少重视边界固定的历史。

（二）建国之后政府的移民政策

1776 年美国独立之时，北美 13 州的人口总共只有 250 万；建国 100 年之后（即 1876 年），总人口才达到 5000 万；到 20 世纪 80 年代中期的 200 年间，外来移民共 5000 多万，超过 100 个族群。[1] 尽管美国在移民政策上几经周折，做出种种限制，这一趋势仍方兴未艾。根据美国移民与归化局的数字，从 1985 年至 1997 年，平均每年至少接纳新移民 50 万人。估计在 1996 年 4 月，在美国有合法的永久居留权（即获绿卡者）的移民有 1050 万人，其中有资格申请入籍的有 570 万人。1996 年财政年度有 915900 移民取得公民资格，比上年度增加 27%。1986—1996 年的 10 年中入籍移民有 20 万人，取得永久居留权的有 970 万人，二者相加约 1000 万人。与历史上移民最高潮的 1905—1915 年间的接纳总数（1001 万人）基本相等，说明时至 20 世纪末，移民的势头较之 20 世纪初并不稍减。[2]

从一开始，包括乔治·华盛顿在内的美国开国元勋们就对移民问题给予很大的关注。先来的为主，后来的为客，已经成为这个国家的主人的人群根据自己的利益和需要制定移民政策和法令，决定对后来的移民鼓励、欢迎、限制或排斥。

早在 1790 年，美国国会就通过了第一部《移民归化法》，规定新移民成为美国公民的条件是：住满一定的年限，符合道德标准，通过基本英语考试，证明对美国的政治制度有起码的了解。1802 年

---

1 卢瑟·S. 利德基主编：《美国特性探索》，中国社会科学出版社，1991 年，第 67 页。

2 *Bulletin*, *USIS*, *U. S. Embassy in China*, October 10, 1997, p. 21.

修正后正式通过，规定在美住满五年即可成为公民，然后宣誓入籍。这是第一部现代国家的移民法。誓词如下：

> 我宣誓，不论在此之前我属于任何外国君主、帝王、国家或主权的臣民或公民，我现在要绝对和彻底抛弃对他们的一切承诺和效忠；我要拥护和保卫美国宪法和法律；如果法律需要，我将拿起枪杆捍卫美国……愿上帝保佑。[1]

已经是美国公民的人不需要做此宣誓，因为这种公民义务的教育渗透在学校和日常生活中。

在那个时期，美国十分缺少劳动力和各种专门人才，因此主要是鼓励移民。另一方面，当时的欧洲处于革命和动乱之中，美国领导人既害怕欧洲移民带来专制主义影响，又害怕法国大革命之后的激进分子和爱尔兰反英失败的流亡分子来美国鼓吹革命思想，干扰美国的政治，因此才有要求入籍者抛弃一切对母国效忠的誓词。继《归化法》之后又通过了《国籍法》、《外侨法》、《处置煽动叛乱法》等，对后来移民加以限制。受欢迎的或是有财产，或是有劳动技能，或是有知识的人才。随着时间的推移，移民的成分有所变化，而且地位不平等。处于最优越地位的是盎格鲁－撒克逊人，在不同时期对其他族群有不同程度的歧视。最明显的当然是黑人。但这主要不表现在移民上，相反，黑人是最无可辩驳的美国公民的一部分。总的说来，在早期尽管对不同的族群有过限制和排斥，但是直到19世纪80年

---

[1] 《美国特性探索》，第11页。

代之前的主流还是鼓励移民。特别是在南北战争结束之时，美国正值工业化的高潮，急需各种劳动力和人才，在林肯总统的大力推动下，1864年国会通过了《鼓励外来移民法》。那时，美国在这个问题上与各国的斗争都是敦促别国开放移民自由。例如，英国害怕熟练工人和技术人才流失，曾企图加以限制，而美国在政府鼓励下由各企业出资在英国进行大规模的招募工作，也就是挖英国的墙脚。又如，大批有组织的华工到美国也是在那个时候。继1860年美国凭"利益均沾"原则分享的《北京条约》中规定不得禁阻华工到外洋工作之后，1868年被聘为中国特使的蒲安臣又与美国政府签订《中美续增条约》，进一步加强了两国人民"自由往来"的条款，使美国得以大批招收华工。

19世纪后半期，在第一次严重的经济危机后，美国从鼓励移民转为限制和排斥移民。华人首当其冲，既有经济原因，也有种族歧视的原因。1882年美国正式通过《排华法》；在此之后，从19世纪末到20世纪初又通过了一系列限制移民法。最厉害的是1924年《约翰逊-里德法》，该法排斥移民，歧视一切非盎格鲁-撒克逊人。其背景主要是抵制"一战"后欧洲的混乱和俄国革命的影响。这种情况至"二战"前后又开始反弹，其原因首先又是对专业人才和劳动力的需求，同时也与接纳大批受法西斯迫害的移民特别是犹太人有关。

对新移民的歧视和排斥不仅在政府的政策中，在民众中左、右也都有这种情绪。在上个世纪之交的"平民主义"运动中就有反犹倾向。那个时期，一般老百姓把犹太人同高利贷和大银行家联系在一起，在改良主义的矛头针对大金融家时，英国的著名犹太银行家罗斯柴尔德就成为许多小说影射的象征。另一个因素是20世纪开始，移民的成分有所改变，从原来的英国、爱尔兰、德国和北欧人变为大量的南欧、东欧和俄国人（其中不少是犹太人）。他们的生活习惯、风俗、宗教不同，而且在城市中多住贫民窟，卫生条件等各方面都给城市带来不愉快的外观。与此同时，他们很快融入政治生活，成为他们的老板所控制的选票。工人阶级不欢迎新移民，理由是显而易见的。这种情绪得到一部分进步主义知识分子的支持。他们的说法是，大量移民只对资本家有利而损害本土工人的利益。他们攻击新移民是罢工的破坏者，以自己猪狗般的生活标准降低美国的文明水平，等等。极右派则公开宣扬赤裸裸的种族主义，并将其与对自由主义知识分子的仇视结合起来。20年代三K党的头目埃文斯在一篇文章中大肆攻击那些"思想上的杂种自由派"，抱怨北美的所有道德和宗教价值都被侵入这个国家的族群所破坏，被自由派知识分子所嘲弄，并声称要从自由知识分子手中把权力夺回来，回到没有"过分知识化"、没有"脱美化"（de-Americanized 这个词到麦卡锡主义时发展为"非美"[un-American]）的普通人手中[1]。这种左右联合把反自由主义精英的思潮融入种族主义中的情况并不鲜见。例如，纳粹德国疯狂迫害犹太人的行为就有类似的群众基础。许多材料说明，当时德国一般平民对犹太人的排斥和歧视甚至比官方走得更远。在美国当然远未达到那个程度，但足以促成排斥某种移民的舆论和政策。

直到1965年约翰逊政府通过新移民法，才从立法上根本改变歧视政策（此事原为肯尼迪倡导，但他生前未及执行），不过归化条件除与家庭团聚外，更强调有特殊技能。肯尼迪作为世代天主教家庭的

---

[1] Richard Hofstadter, *Anti-Intellectualism in American Life*, 1963, p.124.

第八章 移民、教育与人口素质

后裔当选为总统，象征着对天主教歧视的结束。约翰逊选择了自由女神像作为签署此法的场所，也象征着回归美国建国的理想。应该说，这一移民法是历来诸法中比较公平和开明的，对各种国籍的人一视同仁，因而使以后的移民来源发生了很大变化，其中增加最多的是拉美人和亚洲人。

到 80 年代，保守思潮上升，排外之风又起。原因仍然是一贯的经济和种族两大因素。不过在种族问题上，与以前那种单纯的白人优越论有所不同，而是一向占主流地位的白人第一次产生了文化多元化威胁源于欧洲主流文化的地位的担心。于是自 1986 年起，美国国会又提出新的移民法案，几经辩论修改，于 1990 年出台。其精神除原有的优先照顾家庭团聚外，更加突出人才和财产，对这方面做了新规定，并且规定了世界各地区的不同限额，明显地偏向欧洲白人而企图限制亚洲人和南美人。以后又由于非法移民大量流入，1996 年通过了附加于《福利改良法》的"收入保障补充条款"（Supplemental Security Income），在取消对非法移民的福利补贴的同时，也取消了部分合法移民的福利待遇。同其他问题一样，在移民问题上，也存在自由主义与保守主义两种倾向。克林顿的基本倾向是自由主义，所以他一直企图修改新移民法中对合法移民限制过多的条款，经过舆论施压和行政当局的努力，1997 年 8 月终于又恢复了对合法移民的某些福利。又如根据移民法，申请避难的移民超过了批准逗留的年限即应被递解出境，但是经过总统和各方人士的呼吁，对某些难民特别是中美洲的难民网开一面，等等。1997 年 9 月，克林顿和美国归化局的公开声明都强调了美国继续开放的精神，限制政策只是对非法移民而言。

纵观200多年的漫长历史，美国政府对待移民的态度和移民法根据各个时期形势需要欢迎和拒斥交替，具体内容也有很大的变化。例如在限制入境一栏中提到过的有：严重传染病患者、精神病患者、低能者、不能自食其力者、重罪犯人、道德败坏者以及无父母陪伴的未成年人等；放宽限制的对象则是技术工人、教育工作者、艺术家等。高级精英人才当然更在鼓励之列。另外还有一定的投资额，以及在美国办企业雇佣一定数量的职工等条件。这样，立法者赋予移民的意义就与当初大相径庭。早先的移民是在本国受苦而到美国来找出路的，如自由女神像底座的诗句所表达的："把那些疲惫的人……无家可归、颠沛流离的人交给我吧。"有的文章讽刺美国现政府的政策，标题反其意而行之，改成："把那些富有的、幸运的人们交给我吧。"[1] 这是很说明问题的。但是这并不能阻止下层劳动者源源不断涌入。在有些情况下，移民政策跟美国与有关国家的关系或意识形态因素有关，例如"二战"期间对日裔公民的强制措施；又如1952年在冷战高潮中通过的移民法吸收了《麦卡伦国家安全法》，把"参加过共产党"与恐怖主义和其他各种非法犯罪行为并列为禁止入境的情况。总之，除了特殊的政治原因外，美国从立国以来利用其特殊优越条件，在移民政策上**以优化人口素质为目的的精神贯穿始终**。

（三）移民的"美国化"

美国作为独特的移民国家的优势已如前述。不过形成这种优势

---

[1] Richard Lacayo, "Give Me Your Rich, Your Lucky", *Time*, No.15, 1991.

第八章 移民、教育与人口素质

的条件之一,是新的移民迟早都会汇入同一个社会,认同主流价值观和基本典章制度。一般说来,在民族融合中,总是处于先进发展阶段的民族同化后进的民族,中国盛唐时期就是最好的例子。美国号称"大熔炉",不论原属于何种民族的移民到了这里,就都成了新的"美国人"的一部分。他们在保留自己的风俗习惯和宗教信仰的同时,认同美国社会的基本制度和核心价值观。毋庸讳言,根据先来后到,美国人的主流是欧洲裔的白人。所有后来的移民都有一个"美国化"的过程,也就是向先来的主流欧洲白人同化的过程。这种同化基本上是自觉自愿的,既是迫于生存的需要,也是选择留在美国的本意。"大熔炉"之说是一名俄国犹太移民于1908年创作的一个剧本的台词。那个时期正是美国南北战争结束以后的新移民的高潮——从那时到第一次世界大战结束的半个世纪中,新移民达2700万人,略超过美国1850年时的全部人口。而且新移民与以前不同,大部分来自东欧、南欧和俄国,并有大批犹太人。他们在文化、语言、宗教和生活习惯上与以前的西北欧移民差异很大,其母国更加贫穷,来到美国后备受主流白人的歧视,融合的过程也比较艰辛。但是他们大多数都热切地希望变成"美国人"。有关"大熔炉"的剧本就是在这一背景下产生的。

作者伊斯雷尔·赞格威尔是俄国犹太裔英语作家。剧本的故事情节很简单:主人公是一名俄国犹太作曲家,其理想是创作一部交响乐以表达美国各种族和谐交融的意境,并且克服重重障碍同他的恋人——一位美丽的基督徒结婚。最后的场景是男女主角单独在曼哈顿的一所房子的屋顶花园,背靠自由女神像,激动地喊出"大熔炉!"和大段歌颂种族融合的台词,其结尾是:

是的，东方和西方，北方和南方，棕榈和松树，两极和赤道，新月和十字……都汇集在这里建设人间的共和国和上帝的天国。……罗马和耶路撒冷的荣光比起亚美利加的荣光又算得了什么？各民族、各种族到那里去朝拜是向后看，而各民族、各种族到这里来是向前看（此时灯光暗转，只有自由女神像的火炬在远处闪闪发光，大幕在国歌声中徐徐落下）。[1]

据说老罗斯福总统观看了这部戏的演出，在包厢中大喝其彩。后来作者就把这一剧本献给了总统。这出戏和老罗斯福的反应集中象征了外来移民急于"熔化"为美国人的心情和美国权势集团对移民"美国化"的要求。老罗斯福说：我们国家不能有一半对一半的归属，一个人要么就是美国人，什么别的都不是，要么根本不是美国人。威尔逊总统有一次在对新入籍的移民讲话中说：如果你们仍然以群体来考虑自己，那你们就不是美国人，美国人不是由群体组成的。凡认为自己属于某个族群的人就不是美国人。

"一战"结束后，1918 年美国国庆日还发生了一次声势浩大的纽约 7 万新移民的大游行，来自 40 多个国家的移民在第五大道进行了 10 个小时的游行集会，热切地表示"生于外国的美国人对他们新归属国的忠诚"。据说，要求参加而未果者还有好几万人。美国的活力和凝聚力在那时达到高潮。如前面几章提到的，美国在改良的过程中，政府、财团、基金会以及形形色色的民间团体在教育和生

---

[1] Arthur M. Schlesinger, Jr., *The Disuniting of America: Reflections on a Multicultural Society*, W. W. Norton & Company, 1992, p. 33.

活等各方面都进行了努力,缓解种族矛盾,缩小差距。总之,至少到20世纪中期,"美国化",不论是被"化"还是"化"别人,都成为具有最广泛的吸引力的口号。但是事实上,这种"化"对双方来说都不像理想的那么容易,所以这一磨合的过程充满了摩擦和痛苦。主动权掌握在先来者的手中,需要和能够"化"则"化"之,否则就排斥之,所以移民法也来回变动。还必须指出的是,上面举的两个要求融合的"佳话",基本上还是出自欧洲白种人(包括犹太人)。他们的"化"和被"化"比亚洲人要容易得多。美国的排外法针对亚洲人的成分最多,而反过来,1965年新的宽松的移民法的出台,使大量亚洲移民进入,几十年中对美国的发展做出了巨大贡献。

今天,情况已发生很大变化,"美国化"成为一个争议极大的问题。本章主要讲美国作为移民国家的优越性。关于争议的问题将在最后一章讨论。

(四)移民对美国带来的巨大好处

今天美国许多"先来者"看到了新移民带来的问题。事实上,尽管存在不少问题,然而无可否认的是,迄今为止的各个历史阶段,外来移民都为美国的发展提供了取之不尽的人力和智力资源。由于新移民到美国来都是谋生的,他们一来就对社会做出了贡献。没有一个国家像美国那样大批人口是从青壮年开始的,美国实际上省去了大笔培养费,也就是说白捡了现成的人才和劳力。在这一点上,美国的确非常幸运。一方面,客观上存在着由于种种原因自愿离开本土流入美国的人群;另一方面,是根据主观意愿和需要任意挑选合适的劳力和人才的权力。结果美国在发展的过程中可谓要什么人就有什么人。姑不论19世纪的欧洲,特别是英国,工业化的成果和大批熟练劳动力对美国的贡献,20世纪美国的智力资源得益于外来移民的情况也极为突出。据统计,"二战"后到70年代流入美国的科学家已超过16万人[1]。这一趋势一直有增无减,新移民的平均教育程度越来越高,80年代流入美国的受过大学教育的移民达150万。美国越来越多的高科技工业的职工是国际化的。例如美国电话电信公司的通信科学研究部200名研究人员中40%生于外国。硅谷的技术人员中外国人的比例更高,亚洲人占了1/3。在1981—1991年间,外国学生获得自然科学博士学位的人数翻了一番,达总数的37%,热门科学的比例还要高,1991年获计算机博士学位的51%是外国留学生,而美国博士生总数基本维持不动。所以人们预言,下一代的美国科技人员将主要由移民组成。[2]

除去看得见的高科技、高学历外,移民还给美国带来许多看不见的好处:他们不论是办大企业还是做小生意,都给美国增加大量税收,创造就业机会,给走下坡路的城市带来活力。纽约是明显的例子。更重要的是,和早期的欧洲移民一样,既然到美国来谋生,绝大多数必然是最能吃苦耐劳、具备竞争力和创造力的,他们给整体的美国人注入了源源不断的活力。

本书不能详述各个族群的情况,仅举两个最突出的以见一斑:

---

[1] 李长久:《移居美国的科学家的作用》,《人民日报》1985年1月27日。转引自梁茂信:《美国移民政策研究》,东北师范大学出版社,1996年。

[2] "The Immigrants", *Business Week*, July 13, 1992, pp.78-79.

犹太人和亚洲人。

——犹太人。早的不说，自 19 世纪 80 年代起直到"二战"之后，大批东欧和德国犹太人移居美国，他们先后逃避沙俄、斯大林的苏联和纳粹德国的排犹，以"二战"中规模最大。这批犹太人对美国是一大丰收，越到后来，文化层次越高。由于犹太人有重视教育的传统，即使第一代移民是体力劳动者，他们也要千方百计使其子女受到高等教育。根据 70 年代的统计，犹太裔占美国人口总数的 2.5%，但是占受大学教育人口的 8%。特别是从苏联移居美国的犹太人文化程度最高，1968—1979 年间平均每年达 5 万余人，以至于移民问题成为美苏之间的一项争端。90 年代美国国会一年一度对中国"最惠国待遇"问题进行辩论所依据的《杰克逊－瓦尼克法》，原来是针对苏联限制人才外流的措施而通过的，其中主要涉及的是犹太人。戈尔巴乔夫在 1987 年 12 月的一次讲话中为苏联限制人才外流辩护，其中提到美国一位高级人士承认，美国 50% 的数学问题是苏联移民解决的。[1]

直到 20 世纪初，犹太人在美国还受歧视，在有些地方甚至还是类似三 K 党这样的组织的迫害对象。第二次世界大战是一个转折点，当然，与德国纳粹的迫害有关。无论从政治、人道主义还是实际作用出发，美国都对接纳犹太人义不容辞。在反法西斯舆论高涨的氛围中，排犹的言论和行为很难抬头。加上这个时期来美的犹太人多属中上层，他们有财产、有文化、有政治活动能力，因受迫害而团结，能

---

[1] 邓蜀生：《美国与移民》，重庆出版社，1990 年，第 336 页。此书与前引梁茂信书对美国移民的历史及美国政府的政策等各方面情况有详尽论述，是本章的重要参考书。

量极大，到"二战"结束时已成为能对美国政治产生影响的重要力量。杜鲁门在关键时刻不顾国务院中东问题专家的意见，决定支持以色列建国而得罪大批阿拉伯国家，究其原因，出于大选的考虑是明的一面——当时犹太复国主义在美国已是举足轻重的政治力量，暗的一面还有希望犹太人有了自己的国家以后不再那样大量地流向美国。但是后一个目的收效不大，由于中东局势动荡不安，更由于在美国成功的机会显著，多数犹太移民的首选还是美国。美国支持以色列建国并未阻止犹太人不断流向美国，相反，美国公民中犹太族群的压力却对美国偏袒以色列的中东政策起了决定性的作用。

不论怎样，现在犹太人已汇入社会精英的主流，对科技、学术、教育、企业和政治都起着远超过其绝对人数的作用。那些做出划时代贡献的名字，如爱因斯坦、约翰·冯·纽曼等，已为大家所熟知。从以下数字来看也可见一斑：占美国人口3%的犹太人占获诺贝尔奖的美国科学家的28%，美国东部名牌大学教员的30%，律师的20%，医师的9%，在宇航局的科技人员中高达60%。在新闻界，不一定以从业人数比例见长，但是如《纽约时报》、《华盛顿邮报》、《纽约先驱论坛报》以及《美国新闻与世界报道》等对舆论影响极大的著名大报纸和杂志的老板都是犹太人，还有一大批著名记者和专栏作家，其中为中国公众所熟悉的名字如沃特·李普曼、白修德（西奥多·怀特）、苏兹贝格等都是。美国政界高层人士，除总统尚未有犹太人之外，已经有三名国务卿是非美国出生的犹太人，除众所周知的基辛格和奥尔布赖特外，还有内战时期任南方邦联的国务卿犹大·本杰明。其余内阁成员、大使、州长以及最高法院法官等都有犹太人。另外，娱乐业中华纳兄弟、米高梅、派拉蒙等著名大制片公司的创办人都是犹太人,作家、艺术家中犹太人更是人才济济。至于以善于经商著称的犹太人在企业界的势力更不待言。1992年新年的总统早餐祈祷会上,主持者是全美犹太教联合会的主席,这在以前是不可想象的,说明在宗教上,犹太教也已取得了和新教平起平坐的地位。应该说,在过去曾经受到歧视的族裔中,犹太人基本上已融入主流。这些都是犹太人通过自己的优异表现和奋斗取得的,也是美国政治生活演变的结果,主要是20世纪的现象。

——亚裔族群。20世纪下半叶的亚裔移民的作用也是不可忽视的,他们包括华人、韩国人、日本人和越南人,他们在美国生活中的影响和地位还不能与犹太人相比,但是近年来正在急剧上升,而且也是文化层次越来越高,在高等教育和科研部门充实了人才之不足。特别是1965年移民法之后,亚裔移民猛增。该移民法重点照顾两种情况:家庭团聚和有美国所需要的技能。大量进入美国的亚洲人多是第二种情况。在1971—1980年的移民中亚洲人占34%,高于欧洲人而低于美洲移民(41%),而1980—1984年间亚洲移民达48%,高于西半球(37%)。欧洲由于本身的经济发展和社会稳定,向美国的移民急剧下降;相反,亚洲则因人口密集、经济欠发达、战乱和内部不稳定以及制度对创造力的束缚等种种原因大量向外移民。尽管多数亚洲国家教育落后,居民文化水平不高,但移居美国的却高于美国平均文化水平。例如80年代,美国具有高中以上学历的人占人口总数的71%,大学本科生和研究生为44%,而这一时期的亚洲移民的平均学历分别为87%和70%。而且,他们大多来自大城市,赴美前多少对西方文化和美国的制度有所了解,并懂英语,又能吃苦耐劳,所以对美国社会的适应力强,适应过程短,比较能迅速上升到中上层,

在奋斗上升的过程中也对美国的发展做出了贡献。[1]下面简单介绍美国华人的历史沿革:

19世纪的华工移民对开发美国西部,特别是建造铁路做出了难以估量的贡献,以后又备受歧视、排斥和压迫。这种歧视一直延续到20世纪30年代。日本侵华战争爆发后,一方面,中国人民的英勇抗日赢得了美国公众的同情和尊敬;另一方面,美国逐渐倾向于反法西斯阵线,华人在美的处境逐步改善。珍珠港事件后,中美正式结盟,美国罗斯福政府在带头废除在华治外法权的同时,也于1943年正式取消了《排华法》,从此至少在法律上华人移民开始享受与其他族裔同样的权利。

华人成分开始改变并对美国知识经济做出贡献主要在"二战"以后。华人精英流向美国大体上有几次浪潮:

"二战"结束时,大学生(毕业或肄业)到美国留学成风,美国几乎取代了欧洲和战前的日本,成为中国留学生最集中的点。不久,中国内战爆发,这批人就此滞留美国。

新中国成立前夕,由于政治或家庭等原因,一部分中国知识分子和上层家庭携子弟离去,不论第一站落脚在哪里,其中大部分人最后都辗转到了美国,形成小小的高潮。新中国成立初期,有一批学人决心回国,其中包括华罗庚、钱学森等著名人士,并得以成行。其余因种种原因未能于1956年之前返回中国的,到"反右"运动之后又犹豫观望,以后中国国内政治运动不断,许多人终于留在美国不回。美国方面在这一时期则因冷战和战后建设的需要,放松且鼓

---

[1] 数字来源于梁茂信,前引书,第四章。

第八章 移民、教育与人口素质

励华人长期居留和入籍。

1965年约翰逊政府颁布新移民法之后,又出现了华人移民高潮,绝大多数来自中国的台湾和香港,而且绝大多数都是大学本科和研究生以上学历。因为国共内战后期移居台湾地区的家庭的子弟此时正面临进一步深造或就业,而当时台湾地区经济尚不发达,就业机会较少,加上国民党的专制统治,岛内不满情绪严重。台湾当局流行一句话:"失业的博士比共产党还危险。"因此,对于人才流到美国不但不加限制,还予以鼓励。这批人与第一、第二批共同形成华人的中坚,从某种程度上改变了在美华人的形象。据美国官方统计数字,自战后到1980年,大约有10万华裔高级知识分子定居美国。

中美关系正常化之后,又有大批中国留学生源源不断涌向美国。开始多以"学成回国,报效祖国"自许,但是最后回来的比例很小。80年代美国对中国的改革开放寄予很大希望,鼓励中国留学生学成回国,以便在各个领域内发挥作用,这也是中国方面的要求。在这一背景下,1986年美国国会通过的《改革与控制移民法》中列入了留学生必须返回原住地工作两年后方能再到美国申请居留的规定。但是这一规定还未及认真实施,1989年美国政府又对中国留学生暂缓实行此项规定,并宣布在1990年4月11日之前到达美国的中国人可以自动得到绿卡,不在此规定内的学生和访问学者也因此更容易得到各种机会继续升学或工作,这样,又留下了一批。据不完全统计,自中国开放以后,赴美留学的人数已达10万以上,仅1994—1995年间,正式办理永久居留美国的中国留学生就达4万名。

半个多世纪以来,中国的分裂、动荡和种种其他原因造成了一批一批的精英人才流失,同时也使美国获得了人才丰收。美国对中国人赴美时紧时松，一是视本身建设的需要，挑选人才，二是政治因素。自中国改革开放以来的现象是，凡是中国政府对出国人员限制较紧时，美国就放松，甚至以此做文章；反之，中国放松时，美国就加紧限制。另外还有政府政策不能左右的原因：例如美国高等学府愿意录取的学生、某些科研单位或企业愿意雇佣的人才，政府很难阻挡。一般说来，受过高等教育而想争取留在美国的中国人大多数有一定的工作技能，生存能力、活动能力都比较强，总是有办法留下来。

　　华人知识分子及其子女对美国的智力资源是一笔无法估量的财富。1965年以后，华人被称为"模范少数民族"。在数、理、化、生物等基础科学领域，在电机、土木、桥梁等工程界，以及前沿的航天和计算机科学方面，都有顶尖的世界级的华人科学家。众所周知，在自然科学方面华人诺贝尔奖得主迄今有5位（杨振宁、李政道、丁肇中、李远哲、崔琦），获得美国科学界最高荣誉"国家科学奖"的有吴健雄（物理）、陈省身（数学）、林同炎（土木工程）等。1958年吴健雄当选为美国国家科学院第一位华人院士，现在科学院和工程院华人院士已不足为奇，多数为80年代以后当选。1986年，美国为表彰移民的贡献设立了"自由奖章"，同年7月3日自由女神像百年纪念会上，里根总统亲自向首届12名获奖者颁发奖章，其中华人就有3名，他们是王安、贝聿铭和张福林。前两人中国人皆熟悉，张福林是宇航科学家，是继王赣骏1985年乘"挑战者"号进入太空后的第二位华人升空者，他于1986年1月12日乘"哥伦比亚"号宇宙飞船进入太空，顺利完成任务后于17日返回。

　　以上略举一些特别突出的尖端人才，当然远不止这些。更重要的是为数众多的各级高科技人才的群体。以最前沿的航天领域为例，华人的作用极为突出。例如"麦哲伦"号、"哥伦比亚"号以及其他宇宙飞船的作业中都有相当重要的华裔科技专家群。重要的航天中心，除了直接在其中工作的人员外，还有周围为其服务的各种企业中的科学家和工程师，包括电机、机械结构、通信、电脑、材料科学、太空物理等各种专业，华人占比例极高。与航天事业有关的各种学科的研究，诸如材料创新、太空服设计、飞行管制、温度控制等，都有华人科学家的关键性的贡献。美国航空航天学会自成立以来每年自1000名会员中选出1名有卓越贡献的院士，迄今已有8名华人院士。这些华人绝大多数是来自中国台湾的新移民，少数来自中国香港，80年代后自中国大陆去的尚未有知名的。这可能是由于宇航事业与国防科学关系密切，保密级别较高之故。

在新一轮的信息革命中，华人也是骨干力量。最有名的王安开电脑风气之先，尽管从商业角度看，他后来在激烈的竞争中受到挫折，但是他对美国电脑业的开创性贡献不可磨灭：他于1950年首先发明"磁线记忆圈"，从而确立了电脑记忆的基础原理，又于1964年发明文字处理机。他以发明电脑用磁力脉冲控制器而于1988年被选入"美国发明家名人馆"，是唯一的华裔。而且，击败王安的对手"国际商用机器"（IBM）公司的高级工程师中1/3是华人。到90年代初，美国电脑研究中心华裔专家达1000人。加州硅谷的高科技人员和企业家，尽管难以做精确的统计，但一般公认华人及其他亚裔人的比例很高，并在不断上升。如果加上尚未入籍而实际长期居留的人员就更多了。在其他科学领域，如生化、遗传工程、医学等方面，也有不少杰出的华人科学家。[1]

总的说来,20世纪后半期的华人学历日益提高,尽管他们在上层社会是后来者,对美国知识经济的贡献却正以加速度增长。他们多在科技、教育、学术界从事研究和教学,其比例远超过其他少数民族。在企业界,多数也是专业技术人员。如果说科教兴国,那么他们对美国近半个多世纪的"兴"功不可没。华人的重要性已经得到美国官方的承认,所以现在每年春节美国总统都要发表致华裔公民的讲话,肯定其对美国的贡献。近年来,华人在商业界、金融界开始崭露头角,也就是说自己当"老板",多数是中小企业,不过发展很快。

展望前景,正在成长的华裔学生是重要的力量。据不完全统计,在1996年,有将近50万留学生在美国的大学就读,其中中国内地留学生大约有4万名,外加1.4万名香港学生。中国学生的人数仅次于日本,位居第二,但是毕业后留在美国的比例大大超过日本。中国及其他亚裔学生的学习优秀是公认的。每年"美国总统青年研究者奖"、给大学生的"杰出学生证书"、给中学生的"美国总统学者奖"(应届高中毕业生的最高荣誉)以及给天才儿童的"金鹰奖"等的获得者中,华裔比例很高。而此类出类拔萃的学生还在源源不断流向美国,例如每年中学生数理化的奥林匹克竞赛,中国少年常名列前茅,其中大多数很快就被美国大学录取,学成回国的比例虽无统计数字,但估计是不高的。联合国教科文组织发表的数字表明,美国吸引的外国留学生占世界各国留学生人数的32%。同其他行业一样,中国

---

[1] 本节介绍的华人材料多数来自陈怀东:《美国华人经济现况与展望》,(台湾)世华经济出版社,1991年。

被看作是主要的发展区。

华人在传统上选择远离美国的政治是非，作为分散的个体在各自的岗位上埋头苦干，开始有从政意识是最近几年的事。华人在美国主流社会的融合程度远不如犹太人，其原因对于第一代华人来说，文化源头的差异当然是重要因素，而在美国的主流社会方面，对华人的排斥和歧视在时间和程度上也远超过对犹太人，华人对美国的贡献和所受到的承认不相称。直到今天，华人在美的境遇仍受中美关系的影响。

自美国建国到18世纪末，来自欧洲的科学家和知识分子奠定了美国科技发展的人力和智力基础；美国的政治思想来源于英国，重教育的传统来源于整个欧洲，而19世纪关键性的高等教育制度改革是以当时先进的德国教育制度为榜样。在工业化的初期，从英国挖来了大批技术工人，从"一战"到"二战"又吸引了大批顶尖科学家。众所周知，与原子弹的出笼直接或间接相关的科学家，从爱因斯坦到布尔都来自欧洲。关于经济的理论，从英国的凯恩斯到奥地利的哈耶克，都以美国为实践的场所。两次世界大战中，欧洲的移民一直充实着美国的高级人才，由于文化和肤色相同，他们融合极快，不着痕迹，这是与亚洲移民大不相同的。前面提到，60年代后欧洲向美国的移民人数急剧下降，但是这并不妨碍欧洲的精英人才仍在流向美国。今天，进入知识经济时代，硅谷、微软以及其他各地的高新技术园继续吸引着数以十万计的英、德、法、意等国的高精尖人才。目前没有精确的官方统计数字，而且情况每天都在变化。据英国《欧洲人》1998年6月的一则报道：硅谷负责人力资源的官员估计，现在在那里生活着6万—8万法国人、5万英国人、2万德国人和1万意大利人。

他们都是正当盛年的专业技术人员，在母国完成了良好的教育，有了一定的工作经验，不少人带着自己的最新发明或创意到美国来发挥。原因各式各样，固然这里待遇优厚是一个因素，据说美国软件开发人员的工资是欧洲的 3 到 5 倍，但更主要的是对母国的官僚主义、技术浪费和机遇匮乏感到失望。在条件具备的情况下，在美国一个星期就可以办妥手续，开办起一家高科技公司，而在法国起码要几个月，一项新技术还可能永远不见天日。在新一轮的争夺人脑的战斗中，欧洲看起来比美国还逊一筹，至少目前如此，那第三世界就更不用说了。

  美国决策者充分意识到移民对美国人才优势的巨大作用，因此每当加紧控制之后，又要做出调整。上述克林顿对移民福利条款的修正就是一例。1998 年 9 月，美国国会决定增加每年来美的 H-1B 工作签证的发放额度至 6.5 万份，递增至 2000 年可达 10 万份，以后再视情况增减。实际上 1999 年、2000 年都发放了 11.5 万份，到 2003 年达到顶峰，将近 20 万份，然后又回落，直到 2017 年保持在每年 6.5 万份。但是特殊人才不受此限制，可以额外增加。这再次说明美国在争夺人才方面掌握着主动权。[1]

  总之，移民国家的特点对美国的发展动力和发展方式起了极大作用，不论有多少负面的问题，总体而言利远大于弊。美国由此获得的人力和智力资源是其他任何国家不能望其项背的，到目前为止，这种情况仍然处于良性循环之中。谁都知道，近亲结缘会造成退化。美国正好是反其道而行之，在人口素质上不断优化。这是美国特有

---

[1] https://redbus2us.com/h1b-visa-total-cap-stats-from-1990-to-2017-trend-plot-until-2017/.

的先天加后天的优势,其他国家很难仿效。只要全世界人才的自然流向还是美国,在21世纪的竞赛中美国仍将遥遥领先。

二 高度发达的教育

人口素质当然和教育分不开。重视教育是美国从欧洲继承过来的最优良的精神遗产之一。美利坚合众国到20世纪末的年龄是224岁,而其第一家大学哈佛大学的"校龄"是364年。所以,不但美国的教育史比国家的历史长100多年,而且有一批自始至终长盛不衰、年龄长于国家的名牌大学,除哈佛外,还有耶鲁、普林斯顿等大学,历经独立战争、南北战争、世界大战、社会动荡、经济萧条、政府危机而巍然屹立,构成美国历史和现实生活中举足轻重的支柱。当然,和美国的文化思想一样,美国的教育从思想到制度也和欧洲的影响不可分,但是300多年来,几经变迁又形成了美国的特色。

美国社会伦理学家奥尔概括美国教育的特点是:"普及性"、"分散性"、"综合性"和"专业性"。另一位教育学家特罗概括高等教育的特点为:市场力量的影响、教育机构的多样化(包括一校之内的科系都各自为政)、课程灵活、选择余地大等,而这一切都归结于市场的驱动。这两位学者所概括的美国教育的特点大同小异,他们心目中的参照系都是欧洲发达国家的教育体制。其实就普及、综合、专业而言,近代欧洲早已如此,非美国所独有。但是仔细分析,就在这几个方面,美国确有与欧洲不同之处。总的说来,美国更加重普及,在专业化中更加联系就业实际,也就是与市场驱动联系更密切,即下文要提到的"实用主义"特点,"多样化"和"分散性"

也由此而来，是对五花八门的实际需要做出的反应。另外，大家公认，与欧洲发达国家以及俄罗斯相比，美国相对说来基础教育弱而高等教育强，越到上面越强，呈倒金字塔状。在其他任何国家，这是难以为继的，但是由于有了上述移民的作用，美国高校可以"白捡"别国基础教育的成果，因此移民与教育也是相辅相成的：发达的高等教育和优良的学习条件是对优秀人才或准优秀人才的一大吸引力；反过来，高智能青年的流入也促进了高等教育的质量。所以，美国教育家们都承认外国留学生对维持和提高高等院校水平的重要性，其中亚洲学生又占重要地位。到80年代末，他们在全部大学中已占外国留学生的一半，而其中理工科的博士生比例还要高得多。他们学成后至少有一半留在美国。这从另一方面造成了美国教育与人口的良性循环。

（一）重视教育的思想和传统

工业革命以后的欧洲，已经把普及教育提上日程。早期到美国的欧洲移民带来的除了宗教和自由主义思想传统之外，还有重视教育的传统。美国历史学家霍夫斯塔德认为，美国史学界对早期来美的清教教士们好话不多，但是承认他们纵使有千般不是，其重视教育和留下的这一传统功不可没。约翰·温特洛普率领"五月花"号的移民在塞勒姆港登陆后六年，即在麻省纯粹由私人集资建立了一所大学。一位历史学家这样写道：

> 当地里第一茬收割后的麦根经风雨剥蚀刚刚开始变色

时，当居住的村外狼嚎声尚未停止时，他们已经做出安排，让子弟们就在这旷野荒郊立即开始学习亚里士多德、修昔底德、贺拉斯和塔西陀，还有希伯来语的圣经……有学问的阶级就是他们中间的贵族。[1]

在第一、第二代移民中，每 40 至 50 家就有一名大学毕业生，多数毕业于牛津或剑桥。从 1647 年马萨诸塞州通过义务教育法以后不到半个世纪，在当时的新英格兰各州都已完成此项立法。在普及中小学教育的同时，美国立即着手建立大学。1636 年 10 月 28 日，哈佛大学的章程在国会注册，是为大学之始。其第二家大学是建于威廉斯堡的威廉玛丽大学（1693），接着耶鲁大学（1701）、普林斯顿大学（1746）相继成立，到 1776 年美国独立时已有 9 家大学，而当时英国仍只有牛津和剑桥两家。美国建国以后，高等院校在各地大量涌现，到 1861 年内战爆发时，全美已有 250 所大学，其中 180 所存续至今。

美国的开国元勋们都以教育为立国之本，在他们的思想中绝无"愚民政策"的痕迹，因为这与"民治"的国家是绝对不相容的。华盛顿在著名的告别词中提到："请大家把普遍传播知识的机构当作最重要的目标来加以充实提高。**政府组织给舆论以力量，舆论也应相应地表现得更有见地，这是很重要的**。"杰斐逊在 1816 年说："在一个文明国家，若指望在无知中得到自由，过去从未有过，将来也绝办不到。"所以，民众应该普遍有知识、具备起码的判断能力，这是

---

[1] Moses Coit Tyler, *A History of American Literature, 1607—1765*，转引自 Hofstadter, 前引书，pp.59-60。

民主国家的根本，重视教育是民主制度的一部分。美国独立以后的200多年间对教育的投资和建设没有哪个国家能比得上。杰斐逊本人是倡导普及教育最力的。在他的推动下，弗吉尼亚州带头，东北各州首先通过各种激进的关于教育的立法，包括拨地、拨款、建立基金、训练师资等，有的地方甚至规定体力健全的成年男子有义务为帮助学校建设出劳力。根据杰斐逊的思想，宗教、道德和教育是"好政府"的必要条件。这是杰斐逊的理想的一部分，他立意要通过教育培养出有别于欧洲贵族阶级的新型精英，以担当领导新世界的重任。后来，以杰克逊为代表的平民民主派批评这种贵族教育而主张重点在普及，其实在实践中二者殊途同归，其重视教育则一。

重视教育是全民性的。提倡在政府，建校却大多是私人，开始主要是教会办学。在南北战争之后，随着经济的发展，大批富翁涌现出来，捐钱办学成为风尚，著名的芝加哥大学、康奈尔大学、斯坦福大学等都是私人捐赠的。那个时期的美国人热衷于建大学的动机是多种多样的。除了上述从欧洲带来的传统和宗教原因外，还有实际建设的需要、慈善捐赠的习俗和地方的荣誉等（当然，后二者与传统的重教育的风气也分不开）。还有一点美国特有的是，不断西进的拓荒者来到不毛之地，很怕自己和所在的社区"野蛮化"，因而迫不及待地办学校。拓荒者每到一处聚居成小镇后，最先建立的一是教堂，二是学校，三是邮局，这是保证文明的持续以及与文明世界联系的必不可少的设施。

经过一个世纪的演变，教育思想和制度有许多变化，但是重视教育的传统没有变。每当美国人感到国家出了问题，或是遇到了难题或危机，就想到教育有问题。所以，教育改革的呼声一直不断。

90年代初，一批有识之士已经为美国教育如何为美国进入21世纪做好准备满怀忧虑，并发出了这样的警句：

> 凡不曾培养出真正受到良好教育的人民的国家，不能成为泱泱大国；凡不能把公民社会的基本价值观传给下一代的国家，不可能是好的国家；若不把本国青年置于最优先考虑的地位，任何国家都不可能强大。

综观20世纪美国关于教育的争论和改革，有几对矛盾贯穿其中：普及与提高、通识教育（liberal education）与实用主义，近30年来逐渐兴起、于今尤烈的还有多元文化与主流文化的矛盾。

（二）普及与提高的消长

美国人的普遍信仰是，凡合法居住在美国领土上的人就有受教育权，不过强制性的义务教育制是从普鲁士传入的。南北战争以后，随着工业发展对有文化的工人的需求增加，义务教育大规模普及，到20世纪的最初10年间，美国教育制度基本定型。1918年全国各州普遍实行了强制教育法。1860年以后公立中学迅速增长，从1890年至1940年间几乎每10年入学人数增加一倍。接受义务教育者的平均年龄起初是14岁，自1920年起，定位在16—17岁。到20世纪80年代，全国所有的州县都已普及6岁至18岁的免费教育，75%的适龄青年完成了12年的免费教育，有的州还推前到学龄前和延长到大学教育的前两年。当然，教学质量因地因校而异，差别很大，而且还存在由于种种原因中途弃学的现象。但无论如何，真正的免费教育的普及（且不论贫困学生还有免费午餐）应是教育史上的一大成就，体现了一种以教育为改善个人地位和促进社会发展的主要手段的思想信仰，是美国社会进步的重要动力。

在高等教育方面，美国重普及的特点更加明显。到90年代中期，全国高校有3400余所，升入大学的学生有1200万人。从19世纪末起已可看出，美国办大学的观念与英国大相径庭，如果说英国的原则是"宁缺毋滥"，美国则是"有胜于无"，也就是一个重提高，一个重普及。有一些很有趣的数字：1880年英国总人口2300万，全国共有4所大学；美国俄亥俄州人口200万，却有37所高等院校。1910年，美国有将近1000所高等院校，30多万大学生，而法国只有16所大学，4万大学生。毋庸赘言，这些号称学院和大学的机构，师资和教学水平参差不齐，而且像企业一样此起彼落，至今仍然如此。例如1969—1975年间，美国新建立了800家高等学院（包括两年制的社区院校），同一时期"关停并转"的有300家，净增500家。[1]这是美国独特的现象，使得大学教育的观念与欧洲的传统观念完全不同，其结果是高度分散，各自为政，从形式到内容到水平都多样化。制约这种大学的力量，市场强于政府政策。有人把学校比作工厂企业，是卖方，而学生、政府以及用人单位是买方。学校出售的课程适应学生的需要，培养出来的人才又随市场的需要而定。这虽是极而言之，但从某种程度上确能表述美国的特色。至于这种教育情况的利弊，

---

[1] 这一数字引自 Martin Trow, "American Higher Education—Past, Present and Future", *Foundation of American Higher Education*, ed. by James, L. Bess, Ginn Press, 1991, p.11。

下面再讨论。

（三）实用主义占主流

总的说来，重实用就是美国特色，不仅是在教育领域。早期的美国教育继承欧洲的传统，在课程设置上重视经典的基础知识和广义的人文教育。但是从一开始，教育的目的就是培养对社会有用的人，而较少欧洲那种纯粹以锻炼心智、培养思辨和探索的能力为最高目标的风气。美国教育界不论是理想主义者还是实用主义者，不论是提倡精英教育者还是平民教育者，都首先把学校看作是培养社会所需要的人才的地方，包括道德、能力、知识、处世态度等，同时也是维护美国民主制度的基地。有人甚至认为学校应是世俗的教堂，是施教化、维护基本价值观的基地；在大量移民涌入时，又应担负起使他们尽快同化的责任。总之，学校的任务不仅是传授知识，而且是培养全面有用之才。

20世纪最初20年的进步主义思潮把教育进一步向实用方向推动，因为进步主义特别相信教育能改造人，改造社会。比较典型的，如著名社会学家特纳认为，理想中的大学应是培养能够"超脱地、明智地在各种相互争斗的利益之间进行调节"的专业人才。他们应"具备服务于社会的理想，打破阶级界限，找到冲突各方的共同利益，赢得真正忠于美国理想的各派的尊重和信任"。这样的"大学人"越来越多地加入各级立法和行政机构，扩大影响，就是美国的经济和社会、立法和行政取得"明智的、有原则的进步"的希望所在。[1] 换言之，

---

[1] Hofstadter，前引书，p.200。

在他心目中，教育是为巩固民主制度服务的。一方面，进步主义改良主义者自己相信教育万能，另一方面也要说服全社会各阶层的人：使富人相信，普及教育可维持社会秩序，减少犯罪，避免激进运动、街头闹事，还可培养熟练工人，因此办教育是一本万利之举，从而使他们慷慨解囊；使中下层人相信，教育是民众权力的基础，是通向机会之门，是达到平等的手段。绝大多数民众虽没有具体明确的目标，但是风气所及，都把送子弟入学作为在社会上的晋身之阶。

具有里程碑意义的事件是19、20世纪之交围绕美国中学教育的一次大辩论。一派主张教育的宗旨是培养思想，培养有文化修养的人，尽管升入大学的是一小部分，但是为升学的准备和为"人生"的准备是一样的。这一派的代表人物是当时任教育专员的哈利斯。1893年举行过一次"全国教育协会十人委员会"会议，主席为哈佛大学校长艾里奥特，成员除哈利斯外，还包括几家名牌大学和中学的校长，许多著名大学的教授也被吸收进来参加讨论。十人委员会提出四套重点不同的中学课程供选择，但是不论选哪一套课程，中学生的共同必修课是四年英语、四年外语、三年历史、三年数学、三年自然科学。另外，音乐和美术课由各学校自行决定课时。这一派被称为"学院派"或"保守派"。

另一派主张中学教育应培养能承担公共义务的公民，例如为工厂训练工人，而不是为大学提供新生。他们以民主与平等的原则为依据，认为中学教育应着眼于大多数不能升入大学的平民子弟。在这一点上，企业老板与进步主义者殊途同归，主张实用主义教育，而反对他们称之为欧洲式的"贵族教育"。如本书关于公益基金会的一章中讲述的大企业家和基金会在20世纪初热心捐助职业教育的事，确实对这一进程起了推波助澜的作用。这派人的主张是顺应潮流的，因而影响日益扩大。

1908年，"全国教育协会"通过决议，要求中学乃至大学都要"适应广大学生智力和职业两方面的普遍需要"。经过几年的反复讨论、推动，1918年"全国教育协会"的"改组中等教育小组"发表了题为《中等教育主要原则》的重要文件，并得到美国教育局的官方支持，印发了13万份。这个《主要原则》的精神就是把传统的以开发智力、培养思维能力的教育宗旨改为训练和培养有用的好公民。它制定了七点目标，综合起来就是培养健康的、有道德的、掌握基本职业技能的公民和称职的家庭成员。根据这一思想，中学课程也应随之改变，缩短语文、历史等基础课，而增加诸如农业、商业、秘书、工业、美术、家政等实用课，把有学术兴趣的生员的需要降为次级。不但如此，它还建议大学教育也照此精神改造，认为中学生升入大学的兴趣应该不仅在于自由求知，更在于获得专业技能，所以大学应在一定程度上以专业教育取代纯学术研究。至此，实用主义派在美国教育思想中完全占上风，"十人小组"的主张被完全否决，尽管全国的学校课程不一定都照此精神修改。这一教育改革史称"生活适应运动"，正当美国普遍实行强迫教育之时，入学儿童激增，大批新移民进入。实际需要与进步主义的平等理想相结合，促成了这一转变。但是这一派人并不认为自己只是为了60%的下层儿童，而是认为这有利于全社会的进步。

所谓的"生活适应派"缘起是适应社会发展的需要，在普及和改革教育方面有一定的进步意义。但是发展到极端，把教育对象定位为智力平庸的儿童，而把特别聪明的孩子与智障和残疾儿童并列为需要"特殊对待"的部分。更有甚者,要求教育不但要适应生产、竞争、职业、创造,而且要学会如何消费等现代生活方式。所以化学课不学化学原理,而是学如何试验洗涤剂;维修汽车的技术取代了物理课;商业信件写作取代了莎士比亚和狄更斯。更为极端的例子,如1957年列入纽约中学生会考题目的有:"我作为看孩子人的职责","如何讨人喜欢","有了痤疮怎么办","肥皂块能否作为洗发香波",等等。这是实用主义登峰造极的表现。也就是前面所说的,把学校变成了为市场加工订货的工厂。这当然是极端的例子,不是普遍的考试内容。

从粗线条来说,从20世纪初教育制度基本定型以后,实用主义一直是主色调。直到20世纪初,一些企业界巨子大多学历不高,自学成才,重视实践经验,并以此为荣,但是他们的下一代情况就大不相同了,多数企业管理人员都有大学学历。根据一项统计数字,1900年的企业经理中受过大学教育的占39.4%,1925年这一数字为51.4%,1950年为75.6%,同时大约每5人中有1人上过研究生院。[1]反过来,从大学这头看,专家的作用日益突出,教育的实用主义特点也就更加明显。通才教育逐渐让位于专才教育,现代社会的分工越来越细,随之学校的分科也越来越专,在自然科学方面更为明显。社会科学较之人文学科更实用,使得文、史、哲在市场竞争中被推到边缘。19世纪的家长送子弟上大学主要是为了使其成为有文化修养、受社会尊敬并笼统地对社会有益的人,而20世纪上大学要找一个收入优厚的"好"职业的目的则越来越明确,也就是更加以市场为转移。

---

[1] Hofstadter,前引书,p.261。

另一变化是学制越来越长，或者说，一个人一生学习的时间比其前辈要长。19世纪大学本科毕业就可成学者，自学成才也可成大器，如今大学本科只是基础教育的一部分。大学的实用性当然主要是面向广义的经济建设，国家、社会和企业所需要的研究项目不少是与大学相联系的研究所承担的。美国在世界上遥遥领先的科学技术和尖端产业得力于高等教育自不待言。

实用主义导致教育商业化、课程"非智化"、学生水平低下。只是由于美国高等教育的容量大和自由主义的传统，仍有相当的空间给非实用学科留下一席之地，成为制衡过分实用主义的拉力。

（四）自由主义和教育独立的传统

这里的自由主义教育有几层意思：一是指学术思想自由；二是指以自由主义的基本价值观教育学生；三是指与实用主义相对的、以培养全面发展的人为首要目标的教育思想，也就是前面提到的"通识教育"。

最早的大学首要目标是培养能管理国家和社会的精英与有文化修养的传教士。根据当时的观念，牧师的职责并不是狭隘的传教，而是广义的施教化，要求德才兼备，具有与其他人文学者同样的文化修养，所以虽然开始时大多数大学由教会捐赠或有教会影响，但其课程并不以宗教课为主。如哈佛大学、普林斯顿大学等在美国立国之前就已成立的名牌大学，一开始就继承了英国大学人文教育的传统，课程设置相当广。因此，美国东部地区的高等教育300年来一直在全国起带头作用。这一殖民时代的教育传统为美国培养了一大批建国元勋和思想家，继承了欧洲文明的精华。

如前所述，经过教育改革，到20世纪，实用主义成为主流。这种强调教育为社会需要服务的思想，看起来似乎与中国以及苏联等社会主义国家有异曲同工之处，但是实际上二者有本质的不同，那就是美国的教育独立于政治。华盛顿总统生前曾有意像许多欧洲国家那样建立一所集中的、代表全国最高水平的、为各大学示范的国立大学，但终未能在国会通过。在他以后的几届总统也曾做过努力，都未成功。结果形成美国高等教育没有国家最高标准和相对统一的模式，也无法贯彻政府的某种教育思想。美国只有州立大学而无国立大学。即使是州政府，也无权过问州立大学以外的高校，这是有法可依的，那就是1819年著名的"达特茅斯裁决"[1]，这一案例进一步维护了大学对政府的独立性，这样既保持了校园学术思想的自由，又维持了学术建树的延续性。

在自由主义的空气下，大学一直是新思想的源头。它虽然独立于政治，但是实际上对校外的政治最敏感。20世纪几个突出的例子是进步主义时代威斯康星学派的改良主义思想、罗斯福"新政"时期大批知识分子所起的作用、60年代主要在大学中发起的批判运动。当前对美国社会持批判态度的"后现代"主义，也仍主要是在大学中。至于各种思潮产生的社会影响，则差别很大。

美国自由主义教育家们认为，大学应该是美国核心价值观的支

---

1 1816年，新罕布什尔州立法议会通过了一项要求达特茅斯大学"改革"的立法，被该校董事会拒绝，并上诉到最高法院，结果判决这项州立法违宪，其理由是私立大学应与私有企业同等对待，享受私有财产不受侵犯的权利，州政府无权过问其事务。

柱和接力棒，培养的学生首先应该是这种价值观的载体，同时又具备基本的文化知识和修养，不论从事何种行业的工作都能身体力行，对维护和巩固美国的民主制度与不断完善美国社会做出贡献。简言之，就是要培养符合美国标准的德才兼备的人才。所以，大学本科的通才教育特别重要。不论学什么专业，一些文史方面的必修课都是必须认真对待的。这种教育思想和高度实用的现实趋势形成张力，也是对美国教育在市场驱动下沿着庸俗实用主义滑行的一种制衡。

（五）杜威的教育思想

对20世纪美国教育影响最大的是杜威的教育思想。中国一向把它称作实用主义的代表，实际并不确切。从其倡导的精神与内容来看，与上一段所述的实用主义有所区别，而且正好是对趋于庸俗的实用主义的一种逆反，毋宁说是体现了自由主义和实用主义相结合的思想。杜威成长于达尔文主义盛行的年代，不可能不以科学为其中心思想，同时也属于改良和普及的潮流中的一部分。他心目中的现代教育必须适应民主、科学和工业化的需要。根据进化论，真理和社会是不断发展的，因此现代教育必须摒弃旧式的有闲阶级的贵族观点，即把知识纯粹作为对既定真理的思考。他首先否定"知"与"行"之间的矛盾，主张知行合一，知识就是一种形式的行动，行动是取得和运用知识的条件之一。

杜威的民主教育思想比较彻底，是真正的"有教无类"。在实用主义教育盛行时，出现了所谓"双轨"与"单轨"之争，也就是应该把职业中学与为准备升学的中学分开，还是应该统一起来。显然，入职业中学的多半是劳动人民子弟,因此这两派的主张明显地与阶级地位相一致:以企业主为代表的上层主张二者分开,而劳工阶级则主张统一。杜威根据自己的原则坚决反对"双轨"制,认为"双轨"制意味着把社会的阶级不平等带进学校,把阶级分化固定下来。他认为,民主教育家应该把学校建成一种特殊的、社会的缩影和雏形,排除外部社会的各种不好的因素。同时,他也反对单纯求知的中世纪教育传统,反对学校成为脱离现实的象牙之塔,而是要诉诸人的另一面本能:创造、行动、生产,不论是实用的还是艺术的。

根据他对进步和民主的信仰,把教育作为改造社会的基本力量,首先从改造儿童开始。因此,教师的职责不仅是训练个人,而且是培养一种正当的社会生活。他相信进化论,因此反对按照成人的面貌来塑造儿童,而主张教育以儿童为中心,以开发儿童天然的兴趣和智力为主要目的。他主张教育为社会服务,又反对把现存的外部社会的要求强加于学童。其立论根据是每个儿童天性中都具备适合社会发展的兴趣和天赋,只要顺其自然,加以开发,就能培养出各种各样的对社会有用的人才。[1] 这种对儿童的浪漫主义的想法也来自卢梭,杜威就是卢梭的崇拜者,20世纪初美国又是这种思想的土壤,因为美国一向有放任孩子的传统。杜威认为他的促进个人"成长"的理论和民主秩序并不矛盾,绝不是鼓励无政府主义或极端个人主义,而是要把儿童教育成"合作的人"以别于"竞争的人",充满服务精神,这也是民主教育的目的。

杜威的教育思想和他其他方面的思想一样,十分丰富,难以尽述。

---

[1] Hofstadter, 前引书, p.367。

他带有那个时代浓厚的乐观主义和理想主义，许多主张在现实中难以完全贯彻。例如，他出于所见之时弊，特别强调教师的专制会造成儿童的盲从，扼杀其创造性和独立思考能力。虽然这不是要完全取消教师的引导的责任，但是太强调一面就会导致另一种极端。他没有预见到，除了教师之外还有其他因素使儿童盲从，例如所处环境的风气，以及传媒和整个社会的引导等。今天，美国的校园恰巧是教师的权威太弱，学生"无法无天"，学校秩序和管理问题更为严重，这绝非杜威始料所及。另外，杜威希望通过教育来逐步消弭阶级界限的理想也不现实。美国尽管教育普及，包括大学教育，但是名牌与非名牌大学之间，不同居住区的私立与公立学校之间，仍然有一道看不见的、很难逾越的界线。几家顶尖的名牌大学的毕业生在社会上几乎无往而不利，而且社会地位是有保证的。同时，能进入名牌大学的子弟家庭背景也多在中上层。这些都不是教育所能解决的。

杜威的确是过于理想主义，但是他以及一大批与他思想相同或受他影响的教育家的理论和实践对美国的教育改革还是功不可没的。任何理想都不可能完全实现，但是正因为有这样的理想，美国的教育才能为最广泛的阶层所享有，能最好地与社会需要相联系，而又没有陷入最短视庸俗的实用主义。

（六）教育改革是永恒的命题

尽管教育如此发达，学生水平下降却一直是美国有识之士不断大声疾呼的问题。每隔几年就会有一次关于教育问题的大辩论。自20世纪初以来，差不多每隔十年就要进行一次教改，有时重点在中学，有时重点在大学。"二战"后，除杜鲁门外，每一届总统都自称是"教育总统"。教育界和整个社会对文化程度普遍下降、专业分工过细、人文精神在大学校园正在失落等批评不断，为改进这种状况的会议、报告、著述也源源不断。

50年代初，麦卡锡主义的反知识分子和对政治"忠诚"的强调，对教育有不小的负面作用。尽管许多大学仍然坚守自由主义阵地，全社会的气氛还是无形中受到影响，特别是中小学教育。1957年苏联卫星上天之后，美国举国震惊，掀起了对前一个阶段轻视知识、反对知识分子的反省，感到这不但不光彩，而且威胁国家的生存。对教育制度和水平的批评随之而来。在此之前对教师着重"忠诚"审查，此时则关心其工资待遇太低。多年来科学家的呼吁——对安全的过分关注牺牲了科研——此时开始得到倾听。一时间传媒、电视等都在谈论教育如何落后。不过，美国的实用主义是根深蒂固的，在这一轮对提高教育质量的呼吁中，公众关心的与其说是提高普遍的智能，不如说是加强制造人造卫星的能力。有人讽刺说，从当时某些关于改善教育的宣传看，似乎天才儿童的价值在于可以成为冷战的资源。尽管如此，这一场讨论仍有助于在教育界彻底扭转麦卡锡主义所造成的气氛，有识之士都认识到其对国家前途的危害，因而对解放教育思想、改进教育质量有很大的促进。

战后几十年来，中小学教学质量低，一直是困扰美国的一大问题，尽管朝野都予以关注，也不断采取措施，却似乎成效不大。70年代中期，根据联邦政府的调查，中小学生的语文、外文、数学和常识等基础课的成绩持续下降，中学毕业生的写作能力低下，弃学现象日益严重。有鉴于此，1981年一批教育家和学者成立了"优化教育网"，两年后出版了一本书，题为《国家在危急中》，历数教育滑坡现象。这本书引起了全社会的震动，从那时起展开了"优化教育运动"。南方一些基础教育较差的州的领导，包括当时任阿肯色州州长的克林顿都受到这本书的启发而在当地进行改革，提高了中学毕业的标准。另一重要内容是"教育优化委员会"建议基本课程应包括四年英语、三年社会知识、三年自然科学、三年数学和一年半计算机，准备考大学的还需上两年外语。这在某种意义上有点向19世纪末的"哈利斯派"的思想回归，尽管内容不同，但对基础知识的强调则是一致的。当然，这只是建议，并无强制性。虽然完全达到此要求的高中毕业生不多，但在逐年增加，到1992年达到此标准的已达29.4%，被认为成绩已经不错。另一方面，每年有超过3/5的高中毕业生直接升入大学，如果上述建议的基础课程是起码的标准的话，那么有将近30%进入大学的学生是不合格的。[1]

中小学教育质量问题超出教育本身，实际牵涉到美国社会的一些痼疾，不是单纯靠教育改革能够解决的。这一问题以及与此相关的多元文化问题将在最后一章论述。

一般说来，一个人经过几年大学教育，都会有所转变，这可能是人生道路上的转折点。除了学到专业知识外，视野总要开阔一些，眼光总要远大一些。特别是养成了学习的习惯，学会了如何学习，这一点在知识更新成为终身需要的时代尤其重要。另外，在美国的特殊条件下，大学的普及对缓解种族矛盾起的作用很大：一方面，

---

1 Chester E. Finn, Jr. and Diane Ravitch, *Education Reform 1995—1996: A Report from the Educational Excellence Network to Its Education Policy Committee and the American People*, Hudson Institute, Indianapolis, 1996, pp.1-5.

可以减少白人青年的种族偏见；另一方面，给少数民族以较为平等的提高自己的机会。在校园中不同种族学生的和睦相处，无形中对出了校门之后改变社会风气可以起到潜移默化的作用。教育的普及还是社会稳定的重要因素，在危机时期尤其如此。美国有一位历史学家在讲到1929年的大萧条时有一段话恰当地指出这一点：

> 世界上从来没有任何别的国家像美国一样建立了那么依靠人民高度文化程度的经济和政治制度。没有别的国家像美国那么幅员广大、居民血统和社会背景那么多样化，依赖它的教育系统来训练人民学会和睦相处的艺术。如果真有一个时期证明过去几代人花在教育上的大量开支起了作用的话，那就是1929年到1933年这一段时期。当时，人人都在困难之中，人人都需要容忍，人人都需要深思熟虑，然而又采取批判态度，这样，国家的政治和社会团结才不致消亡。[1]

不论还存在哪些问题，迄今为止，美国以雄厚的物质力量为后盾的对普及教育的信仰，和它的既实用又自由的高等教育制度，无疑都是形成美国特色的发展道路的巨大财富。

三　人尽其才的环境和机制

人才出了校门走向社会以后如何发挥作用，对一个国家的发展

---

[1] 《现代美国》，第493页。

至关重要。美国每年毕业的硕士生和博士生如此之多，当然存在学以致用的问题。美国也存在大量的"大材小用"（underemployed，或overqualified）现象，但是相对说来，专门人才，特别是高精尖人才，发挥创造性作用的机会和环境，在方今之世还是首屈一指的。这正是它自由主义和实用主义相结合的产物。

美国最初对欧洲的先进技术也是采取"拿来主义"，例如英国工业革命的成果对美国就起了很大作用。但是英国的社会结构远比美国僵化，英国工人为保饭碗而对任何技术革新都强烈抵制。机制变革的滞后和劳动力过剩引起的劳工反对新技术的风气，使英国先进的科学研究不能迅速转化为生产力。在这方面美国有无比优越的条件：首先是劳动力缺乏，特别是熟练工人缺乏，而且人口流动性大，不至于因为革新而造成大量失业，同时资本密集型的大公司迅速增长，资本家力求降低成本，使得美国的市场经济成为技术革新的良好环境。实际上，由企业投资直接为发展某项工业而进行科学研究的做法源于19世纪的德国。这种做法很快即为美国所采用，19世纪后期崛起的工业巨头，如洛克菲勒（石油）、杜邦（化工）、卡内基（钢铁）、福特（汽车），无不是通过"工业实验室"的途径在关键技术上取得新的突破，然后大量降低成本、提高产量，在本行业中睥睨一时的。20世纪在工业生产中划时代的革新之一——流水线作业，就是在福特公司的"高原公园"（实验室）经过不断实验、改进，最终完善而于1913—1914年间正式投入使用的。福特称之为"把动力、准确、经济、制度化、连续性、速度和重复的原则集中到一个工厂的项目上"的大规模生产方式。流水线从那时起得到迅速推广，至今仍是现代化工业的主要生产方式。[1]

　　美国许多成功的大企业都集招徕、使用和培养人才于一身。首先是招徕，凡成功的企业或高级研究单位的负责人都有求贤若渴的劲头，而且在各自的领域中都是伯乐。他们选择人才的标准大多是富于想象力和创造力，有不断创新的潜力，而不是唯唯诺诺。一旦发现了符合选材标准的人，他们就不惜重金，志在必得；请来之后，创造各种条件使其发挥最大的作用，较少传统势力的压制和掣肘，用我们通俗的话来说就是使每个人都能"甩开膀子干"；他们不是单纯地应用已有的知识技能，而是重视继续教育培训，使知识不断更新。不言而喻，这一点对于高科技高速发展的今天日益重要。在这方面，大企业也是不惜工本的。

　　善于把现有的先进科学技术尽快用于大规模生产，或者投资于直接解决某个生产关键的项目的研究，已经使美国处于领先地位，但是在高科技以加速度突飞猛进的20世纪后半期，这还不足以使美国长期稳占鳌头。是应用已有的技术于生产为主，还是把目光放远一些，着重于基础科学的研究，以求不断突破？在一切以利润和市场为导向而又竞争激烈的情况下，做出选择并不容易。19世纪爱迪生的门罗公园实验室的丰富发明已开先河。到20世纪20年代，著名的贝尔实验室开创之初还经历过有关这个问题的争论，也并不是立即做出决策。最终，主张基础科研者取胜，才有了今天的成就。这说明有眼光的企业家对人才的使用和培养绝不是急功近利的，不着眼于立

---

[1] *American Economic Development Since 1860*, ed. by Willam Greenleaf, Harper & Row, 1968, p.19.

竿见影创造财富，但是结果带来更大的财富。20世纪初，通用电气公司（G. E.）成立，进一步发展了以科研带动工业的传统，于1911年发明钨丝灯泡，完成了重大的照明革命。1932年的诺贝尔化学奖获得者以及在两次世界大战中为美国的军事工业多有发明创造的兰米尔，自1909年起就在通用电气公司任职，直至1950年退休，他的多项发明都是在该公司完成的。这仅是一例。从此以后，美国以科技促工业的势头一发不可收拾，一个世纪以来，实验室的数量、投资、高科技人才等各项指标几乎是呈直线上升。所谓"R&D"（研究与发展）这一概念就是美国的创造，即把科学研究与生产发展直接挂钩。从通用电气公司到今天出了八名诺贝尔奖获得者的贝尔实验室都贯穿了这一精神。在这种精神和机制之中，人才培养、科学发明、生产发展和市场效应形成良性循环。与此同时，高等教育得以在学院之外继续发展，并且已是整个教育制度中不可缺少的一个环节。[1]

另外，作为高度市场化的国家，美国政府也通过市场机制与民间合作互相取长补短，即使在国防方面也不例外。国防新技术的研究和开发往往采取优先向民间提供资金的办法。对民间企业而言，这些领域的技术和巨额资金都是它们渴望得到的。政府以军费投入，在民间经济的土壤里开花结果。美国国防部和能源部等政府机构与麻省理工学院等高等院校以及洛克菲勒、福特等大财团合作开发现代科技的研究，一方面军方借助了取之不尽的民间力量，另一方面

---

[1] 详见阎康年：《贝尔实验室的成功与企业的经验研究》、《论R&D&M三结合对我国产业改革的战略意义——国外工业研究实验室经验研究与反思》二文，载《科技发展的历史借鉴与成功启示》，科学出版社，1998年，第207—223页、265—286页。

民间得到了雄厚的政府资助，二者相得益彰，其结果是整个国家的进步。例如，一本日本杂志透露，互联网网上服务的源头，也是美国国防研究的需要，利用了当时已经存在的规模较小的民间网络，加以大规模发展。1995年国际主系统还不超过50万台，但1998年却增加到3000万台。就这样，大多数新技术在美国诞生后被推广到全世界，美国的标准自然成为全球的标准固定下来。一旦确立了标准，美国就进入了良性循环，可以坐享其成。促成这种良性循环的主动权至今仍掌握在美国手中。凭借这一点，它就可以"领导世界新潮流"。

在社会人文方面人才的发挥比较复杂，其效应较难衡量。因为何为"有用"，标准就难定。但与欧洲相比，20世纪美国的强项显然在实用性社会科学方面。如经济学，20世纪的诺贝尔奖获得者最多的出在美国，战后尤其明显。另外，20世纪美国在国际关系理论方面学说层出不穷，为他国所不及，这与美国的国际地位不可分，理所当然。但是在抽象的哲学思想方面，看来还是逊欧洲一筹，许多新的"主义"，包括现在风行一时的统称为"后现代"和"新左派"的理论，还是源出于欧洲，而后传到美国，而且到美国之后就实用化、政治化，不像欧洲的学术那么超脱。在方法论方面，美国的实证主义特点鲜明，并对国际学术界有相当的影响，但有时走向极端，就流于烦琐。若从狭义的实用观点来看学者的主张为政府所用或对具体政策产生影响，那么与之相关的"思想库"一词就产生于美国。美国知识分子大规模参政是罗斯福"新政"时期的一大特点。而其雏形是在进步主义时期，发端于上个世纪之交威斯康星大学的一批学者创立的新的经济、政治和历史学派。他们意图一方面以新的社会科学来解决正在出现的工业化社会的复杂问题，为政治改良出谋划策；另一方面培养合格的、能造福全民的行政人才。他们主观上标榜不偏不倚，想以超然的态度提供专家的知识和意见，在各政治派别和劳资之间起调和作用，找到最符合人民利益的方案。现在已经颇具规模的国会图书馆研究部（前身称"立法参考图书馆"），也是这一派创立的，旨在"为州立法议员提供客观的资料"。但是事实上，他们最得到赏识和发挥作用的时候是在进步运动领袖和进步党的创始人老拉福莱特任州长时，所以威斯康星学派的名声就与进步主义联系在一起，为改良派所认同而为保守派所嫉恨。从那时起，大学教育向实用方向发展已成为不可阻挡的潮流。罗斯福"新政"不拘一格起用大批知识分子，其标准完全是实用主义的。于是，尽管这些专家学者的主张五花八门，但都被与"新政"联系在一起，自然而然地被认为是改良派。1914年共和党保守派菲利浦当选州长，扬言要对威斯康星大学彻底整顿，声称该大学传播社会主义，进而对专家参政本身大肆攻击；到50年代初麦卡锡主义横行时，"新政"时期的知识分子又成为打击对象。不过从那时以后，专家参政日益成为正常的、必不可少的方面。大学教授和政府官员的身份交替转换已是司空见惯。不少名牌大学的研究课题与当前政府所关注的问题密切相关，其研究报告为政府有关部门所必读。大学教授为政府所咨询，或就热点问题在报刊撰文、接受电视采访等，也是常事。

普及面很广的教育加上学术和言论自由、出版自由，是美国从19世纪继承下来的一笔宝贵遗产。这为20世纪的进步奠定了基础。一方面，教育是与社会需求相结合的；另一方面，它又培养有独立批判精神的知识分子。其中一部分人在科学技术方面发挥创造力、想象力；另一部分人关注社会问题，提出各种揭露、批判和改良的见解。由于出版自由，且人民相当多是有文化的，为改革而大声疾呼的知识分子的言论就能产生社会影响，转而通过政治机制对立法者、决策者形成压力，促成改良措施。

第九章 福兮？祸兮？

这一章的题目有两层意思：一是构成美国本身的优势的诸多因素是否会向反面转化，也就是"福兮祸之所倚"；二是一个具有超级影响的美国对世界是福还是祸。

前几章主要是分析美国在20世纪克服矛盾、兴旺发达的诸多因素。但是并不等于说只有这一面，也不等于过去的有利条件必然能长期继续下去。相反，在进入21世纪时美国依然充满着严重的问题和潜在的危机，有些是固有的矛盾，有些是新问题。尽管迄今为止美国没有衰落，但是这并非不可想象。

站在21世纪的门槛，人人都免不了要做一番预测，尽管谁都意识到有那么多不确定因素。关于美国兴衰的问题，现在和过去一样，始终存在两种截然不同的看法。一派认为美国的兴旺是暂时现象，其中有泡沫成分，繁荣中孕育着衰退的因素，并终将表现出来；一派认为有种种新的因素促成了这种新的经济的良性循环，美国的发展仍将不可限量。本书感兴趣的不是绝对的数字和静止的状态，而是构成美国最基本的活力,在20世纪促使美国发展到今天的那些因素,是否还将继续起作用,或者将发生哪些消极的和积极的变化。

有两个根本的,也是普遍性的大问题,本书不拟讨论:

一、美国是否即将发生股市崩溃?当前最耸人听闻的说法是关于下一个金融危机的国家该轮到美国的预言,而美国如果出现危机,那将是世界性的,后果不堪设想。这一说法不一定是危言耸听、毫无根据。一般美国人中不少怀有这种忧虑,认为尽管目前美国经济空前的好,但是有很大的泡沫成分,在一片陶醉之中很可能孕育着严重问题,如1929年股市崩溃之前也有过一段繁荣时期,谁也没有想到会出现那样可怕的景象。从一般人的常识看,最大的危险因素是美国天文数字般的内债、外债,和美国人的超前消费习惯所造成的每一个人都负债累累的情况,不知道将伊于胡底。与以制造业为主导的经济不同,投机性极大的证券交易受非理性因素支配的程度极大,连以这门学问获得诺贝尔奖的专家都曾失手,足以使人胆战心惊,不知股市这一怪兽何时发怒,冲出牢笼肆虐人间。

二、科学发展到今天,对人类是否已经祸大于福?这一问题从原子弹发明时已被提出,现在进入更高的层次。例如遗传工程发展到"克隆"技术,世界网络化引起的一系列新的道德、安全、犯罪问题,等等。总的说来,是人类是否有能力控制自己,控制自己的创造。这一问题牵涉到全人类,不仅是美国,不过由于美国的科技领先,反科学的思潮在美国也最强劲,作为受害者或害人者,美国都首当其冲。

以上两个问题的提出都有一定根据,但都难以捉摸,对它们做出预言非笔者力所能及,也非本书范围,只能聊备一格,姑存不论。现在仍与前面几章相呼应,讨论几个可以触摸得着的问题。

第九章 福兮？祸兮？

一 发展和平等

美国今天最明显的社会问题仍然是贫富悬殊。经过一个世纪的批判、改革、福利政策、济贫措施等，社会从金字塔形变成了枣核形，也就是两头小、中间大，出现了一个中产阶层。但是就两头而言，差距并没有缩小，而且70年代以来还在逐步扩大。单从直观上体验一下，在美国的大城市走一走，就会发现"富人区"和"穷人区"仍如天上地下，对比鲜明，而且"穷人区"常常等同于"不安全区"，流浪汉、乞丐、无家可归者比比皆是。一般美国人对此不能无动于衷，谈起富足社会中的这种贫困现象都认为是美国的耻辱，尽管对于造成这一现象的根源至今争论不休。1992年美国大选时，前总统卡特在推选克林顿当候选人的民主党代表大会上做主要发言，猛烈抨击美国在共和党治下的内外政策，其尖锐程度堪与社会主义国家对资本主义国家的揭露媲美。关于美国的贫富悬殊，他这样说：

> 美国穷人和富人之间的差距达到了空前的程度。我们的邻居中拥有适当的医疗照顾、像样的住房、就业机会、在家和在街上的安全感，或是对未来抱有希望的人，越来越少。情况还在日益恶化中。由于联邦拨款减到只剩下骨头，亚特兰大市无家可归的人比我执政时多了10倍。少年犯罪在最近5年中增加了300%。他们对于改善生活已经失去信心……
> 亚特兰大是个美妙的城市：繁荣、进步，种族关系很好。但是有两个亚特兰大城……最近的访问使我很受教育：我懂

得了为什么许多怀孕的妇女不去做产前保健，为什么四分之一的公共住宅空着，尽管排队等待住房的名单很长。我参观了一所寄宿中学，那里衡量一个孩子的成绩的标准是拥有一支半自动步枪；我了解到低年级女生的怀孕率最高，因为那些拉皮条的和贩毒分子喜欢同小女孩发生性关系，因为她们比较便宜，自卫能力弱，而且较少可能有艾滋病。我访问了棚户区，那里的住家和小面包车一样大，有一位居民在教其他人识字，另一人在帮邻居盖房子，他们轮流从街上的排水沟里舀水煮开后平均分给其他家庭。他们一直希望搬出那里，没有安装自来水和厕所的设施。

　　这是美国一座美好的城市，不是海地、孟加拉或是乌干达的贫民窟。这种情况必须改变。[1]

他还驳斥了右派说这些人穷是因为他们太懒、不求上进、缺乏家庭观念等论调，并以自己亲身从事社会工作的经历说明，只要给这些人改善生活的机会，他们和"我们"一样雄心勃勃，一样愿意辛勤工作，一样关心自己的家庭和孩子。一经搬进像样的新家，那些三代没有中学毕业生的家庭立即为他们的子弟挑选大专学校。卡特这一段生动的描写是以他的家乡亚特兰大市为例的，但这也是全国大城市的缩影，亚特兰大比起东部的老城市来情况还是较好的。纽约、华盛顿、旧金山都比这有过之而无不及，更不用说像底特律、纽黑文等夕阳工业城市了。

---

[1] 该讲话稿没有正式发表，全文由卡特中心罗伯特·帕斯特先生提供给笔者，特此感谢。

当然卡特的这番讲话是在大选中的民主党大会上发表的，带有党派斗争的色彩。他提出的争论观点正好说明一个世纪以来的社会达尔文主义和改良主义的观点之争，也就是美国式的"保守派"和"自由派"的不同思路依然如故。但是，民主党执政以后是否就能扭转这一状况？显然不行。因为自约翰逊以后，联邦政府的福利负担已经到顶，克林顿面临的是非改不可的福利制度。卡特批评共和党削减联邦政府福利开支，克林顿还得进一步压缩政府的福利开支，其改革方向是福利事业私有化，责成企业在技术更新过程中负担职工培训。这往往遭到企业主的抵制，对于中低层收入的家庭至少在短期内是不利的。

从统计数字上看，从70年代到90年代，标志贫富差距的基尼系数一直在扩大：1947—1970年，从0.376降至0.353，而1970年之后一直上升，至1995年达0.450。[1] 克林顿两届政府期间经济持续繁荣，时间之长为战后所少见，而且失业、通胀都保持在低水平，但是贫富悬殊却有增无减。根据美国官方的数字，从1973年到1995年中期，美国实际人均国内生产总值增长了36%，而普通职工的实际小时工资却下降了14%。在80年代，所有的收入增额都归于上层的20%的职工，而其中1%占去了增额的64%。如果不以工资计，而以收入计，差距就更大，最上层的1%的人得到总增长额的90%。总的趋势是，20%的上层家庭的收入不断上升，而20%的下层的收入不断下降，1993年前者是后者的13.4倍，打破了美国的历史纪录。[2]

---

[1] 数字来源于U. S. Census Bureau，1997，转引自李培林：《近年来美国社会结构发生了哪些变化？》，《国际经济评论》1997年9—10月，第30页。

[2] 数字转引自莱斯特·瑟罗：《资本主义的未来》，中国社会科学出版社，1998年，第2、21页。

造成这种情况的原因之一,恰好也是促使美国经济增长的原因:市场全球化、信息时代的到来和高科技经济的发展。这一切引起经济结构的深刻改变,导致工资差距迅速扩大。一小部分掌握最新知识的高级人员收入大幅度提高,同时包括相当多的中等收入者在内的非专业人员收入下降。失业率总体是低的,但是企业裁员率大大增加,据美国管理协会的数字,1989年各企业报告的减员总数为35.7%,1994年上升至47.3%。由于职工的流动性增加,企业主可以乘机降低工资标准,1995年有29.7%的职工每小时平均工资低于贫困线,按照通常的标准,这些人并不见得都是非熟练工人。[1] 对原来中低收入的人员来说,就业稳定性减小了,即使不失业,像过去那样随着工龄增长而收入增加的"向上流动"的机会也大大减少了。由于雇临时工的比例增加,企业主更不愿为在职培训付出代价,这与克林顿的改革设想背道而驰。因此,在新的后工业时代,即使在靠工资收入的人中,在工资、职业稳定性和向上流动的机会三个方面的不平等都有所扩大,更不用说处于最上层的亿万富翁与贫民之间的差距了。

再者,当前的经济全球化,对美国的国际竞争能力的挑战比以前任何时候都严峻,美国在国内向平等方向的改革余地也就相应缩小。工人阶级集体谈判的权利在法律上仍然存在,可是随着产业结构的改变,工作岗位日益分散和个体化,事实上的运用余地大大缩小。也就是说,不论在新的信息时代如何定义"工人"和"资本家",各种条件显然更有利于后者而不利于前者,差距不但没有因生产力

---

[1] Annette Bernhardt & Thomas Bailey, "Improving Worker Welfare in the Age of Flexibility", *Challenge*, September-October, 1998.

发展而缩小，反而更加扩大。

二 移民的优势与种族难题

贫富悬殊与种族问题不可分。第七章提到，美国从一开始就带有很深的种族主义烙印，"白人至上"的思想根深蒂固，整个20世纪的改良运动的重要内容之一就是争取种族平等。应该说，从社会观念到少数族群——特别是黑人——的实际境遇都已经有很大进步，但是问题依然存在。显然，在贫困的人口中，少数种族的比例总是高于欧洲裔白人的比例，20世纪初如此，20世纪末依然如此。这是美国的痼疾，旧病未愈，又添新病，有些问题陷入怪圈，很难突破。至今提到贫困、犯罪、毒品、校园和街头暴力、教育水平低下等，还是和黑人以及拉美移民相联系。一些大城市的黑人聚居区也是犯罪高发区，那里房价低，市政建设差，是众所周知的。由于中小学是就近入学的，差距必然反映到基础教育水平上来，也就是贫苦黑人的子弟很难得到良好的基础教育。从大城市的9年制、12年制学校学生的成分看，实际的种族分野相当普遍。美国中上层白人和亚洲族裔一样，常有"孟母三迁"的精神，卜居先考虑子女上学的条件，其结果是加深了这种隔离。政治上的人为的种族隔离取消了，由经济等原因造成的事实的隔离又"自然地"形成，而且传代。基础教育的差距必然影响到上大学的机会和就业的条件，这样形成的循环至今仍然没有打破。美国黑人今天的状况离事实上的平等还有很长的路。

在新的一轮"数字经济"的竞争中，美国贫富悬殊又有扩大的趋势，而黑人又处于最不利的地位。据商务部的一份报告统计：白人家庭拥有电脑率为40.8%，而黑人家庭为19.3%；白人上网者占21.2%，黑人只占7.7%。这些问题，从政府到有关社会团体以及社会科学界都在给予关注。1992年洛杉矶因白人警察殴打黑人而爆发街头暴力示威时，有一家华人报纸评论说，美国黑人问题是白人"祖宗造的孽"，今天仍然需要继续还债。此话颇为生动地说明了美国的黑白种族关系，黑人问题仍然是占主流地位的白人无法卸掉的"负担"。美国政府高官和上层精英中出现了不少知名黑人，这是60年代民权运动的一大成绩，但是反过来，在黑人中也造成了两极分化。上层精英中的黑人的境遇可能提供某种希望，但是不足以改变广大黑人的现状。

今天，美国面临的种族问题不只是历史遗留的黑人贫困的问题，还有复杂得多的"美国人"的自性、新移民要不要"美国化"等问题。作为移民组成的国家，与大多数其他国家不同的独特之处在于，"美国人"不是由血缘关系决定的，而是由对共同的制度和核心价值观的认同维系在一起的，那就是体现在宪法中的政治原则，个人的生命、自由和追求幸福的权利。正因如此，美国才能陆续不断接纳这么多来自世界各地、文化背景截然不同的各种族的人，而组成一个国家、一个国族（广义的），有认同感，有凝聚力。因此，对"美国化"提出质疑，必然表现为对主流文化的挑战。这个问题从"二战"以后就开始存在，有人提出"马赛克"或"大拼盘"之说取代"大熔炉"的形象，说明种族的融合已经越来越困难了。但即使是"拼盘"，WASP仍然是占据中心的一大块，其他大大小小的族裔处于层层边缘。60年代，随着民权运动的高涨，对白人主流文化统治美国的现状的反抗也同时兴起，与当时亚非拉民族解放运动的高涨以及随之而来的对"帝国主义文化侵略"的批判和抵制属于同一潮流。自那时起，种族问题在观念上就发生了微妙的变化（为方便计，姑且以简单化的"左"和"右"来概括）：过去左派反对种族隔离，反对强调种族区别，主张帮助黑人和新移民尽快"美国化"，使其成为平等的一员；右派种族主义者则排斥黑人和新移民，认为非我族类，不可能"化"作美国人，只能按族群区别对待。60年代之后，左派开始拒绝传统意义上的"美国化"，也就是拒绝接受美国的主流文化，而强调每一个族群的传统和特点，认为长期受压抑而不能得到充分表现的文化必须加倍伸张，也就是加强种族意识、族群觉悟，而不是争取个人的权利。这一观念与极右派殊途同归，只不过一个认为**不应该**"化"，一个认为**不可能**"化"。处于中间的、代表美国主流文化的精英则仍然坚持以原来白人基督教文明为核心的"美国化"。他们承认今天的许多种族矛盾现象主要是过去种族歧视造成的恶果，是美国历史的耻辱，应该继续努力消除这种后果，不过他们认为进一步强调种族区别将适得其反。70年代，随着"确保行动"和其他一些政策的执行，这一分歧暂时沉寂；到80年代后期又有所抬头，争论主要是在大学校园中和学术界，规模也不小。由于涉及的主要是教学内容——从大学课程发展到中小学课本——和选拔教师以及招生标准，因此对于今后长远的影响如何，尚难估计。

80年代后期，在一批大学中兴起的反抗浪潮被美国评论界称为"文化革命"，矛头集中指向本科生必修的西方文化课，指责西方传统文化实际上是"白色男性有产者"（有时还加上"异性恋者"）建立的文化，从本质上是反对并压迫黑人和其他非西方种族的，要求在文化史的课程中以第三世界的文学历史和女权主义的作品来代替柏拉图、荷马和马基雅维利等人的传统经典著作。此事由斯坦福大学的学生开头，迫使校方修改了课程，紧接着哥伦比亚、芝加哥、密歇根、威斯康星、加州（伯克利）等一大批大学也采取了不同形式的改革。在这一冲击下，许多大学开设了非洲学或关于第三世界其他种族的文化课程，进而设立了非洲学系、专业或研究中心。这一浪潮的另外一项内容是改变教师队伍成分，要求立即增加黑人和其他少数民族教师，当然吸收少数民族学生更不在话下。这是美国社会多元文化的强烈的自我表现，也是对美国长期以来以白人为中心的有形、无形的种族歧视历史的强有力的逆反。这一思潮中最激进的是以黑人优越论、非洲中心论来代替白人优越论、西方中心论。例如被引用得较多的说法有：希腊文明来自埃及，而埃及文明来自非洲，所以非洲为世界文明发源地，继而考证出苏格拉底、荷马、克莱奥帕特拉女王都是黑人。一说人类分为"冰人"和"太阳人"，前者的基因是冷酷、残忍、自私，代表人类的恶；后者以非洲人为祖先，其基因是善良、热心、爱好和平等，代表人类的美德。还有说西方自由主义文化的顶峰必然是法西斯主义，等等。当然，美国是一个非标新立异不足以引人注意的社会，所以反主流的言论总要以极端的方式表现出来。不过持此论者不仅是一般的激进青年，还有相当有地位的并有鸿篇巨著的名牌大学教授。这种以种族为基础的反主流文化又与各种最时髦的新潮学说结合起来，如"结构主义"、"后现代主义"、"建构主义"、"后建构主义"、"读者—反应论"，等等，总之是否定一切西方文明的基础——民主政治、自由市场、规章制度、适当的程序，不承认有客观真理的存在，而认为一切都在于每个人主观的"解读"。这一思潮又被称作"新学"。

"新学"最集中的大学是北卡罗来纳州的杜克大学。这纯属偶然。1985年，该校校长辞职从政时，一批学院负责人也换了新人。新校长和科学艺术院院长都是学自然科学的，对人文学科及其思想派别之类本无概念，只是立志要把杜克大学办成最"前沿"的大学。该校正好得到大笔捐赠，经费充足，得以高薪从他校挖来"新学明星"以及少数民族教授。这些人又互相推荐延聘，遂成"新学"集中的阵势。其中最有影响的是英语系，在其系主任费希主持下，以英语系为基地开始改造整个人文学科。例如，英语系60年代初的课程中有"写作、有说服力的讲演和辩论"，内容基本上是古典文学选读，到90年代初这一课程不见了，出现了"偏执狂、政治和其他娱乐"，讲授内容有《教父》（包括电影和小说）、《白色喧哗》等。还有从新的角度诠释古典文学的，例如从揭露17世纪社会虐待妇女、工人阶级和少数民族的角度来解读莎士比亚戏剧，从揭露贯穿西方文学的"异性恋偏见"来研究简·奥斯汀等。[1] 实际上，同性恋问题是西方自由主义激进派与保守主义争论的问题之一，与种族问题原本没有关系，而且涉及的白人居多，但是他们与少数民族、妇女同属于传统受压制的人群，因此联合起来反对主流文化。

不过，问题真正的焦点是如何看待美国历史，因此，尽管杜克大学最"前沿"的是英语系，就全国而言，争论更主要的却是在史学界，

---

[1] 关于这个问题，美国学者迪奈希·德苏查（Dinesh D'Souza）考察了全美100多所高校后发表长文刊登在《大西洋月刊》（*The Atlantic Monthly*，March，1991，pp.51-79），全文分两部分：I.受害者的革命；II.杜克大学的个案研究。德苏查为印度裔，也是少数民族，角度比较客观，本章大部分取材于该文。另南京大学已故教授沈宗美较早对这个问题有论文做深入分析，见沈宗美：《对美国主流文化的挑战》，《美国研究》1992年第3期。

从大学而发展到中小学历史教学。最近的意义重大的事件是围绕《全国历史教学标准》（用于中小学，以下称《标准》）的大辩论。在美国，要求改进和重新制定"标准"历史教科书的呼声由来已久，那是出自对中小学教学质量的不满，这一点是朝野各派一致的共识。自1989年全国州长联席会议通过呼吁书，要求政府制定中小学教学统一的标准以来，经布什和克林顿两届政府努力，到1994年国会两院正式通过《2000年目标：教育美国法》，应该说酝酿是比较成熟的。与该法在国会中讨论的同时，教学大纲的制作从1992年已经开始。根据"草案"中规定的目标，由联邦教育部和"国家人文基金"出资，委托加州大学洛杉矶分校的中小学历史教学中心主持这项工作。写作班子包括全国专业历史学家和中小学历史教师，并组织了一个由全国一流历史学家组成的评审委员会，此外还有一个代表不同群体、不同观点的"全国历史教学论坛"对书稿提意见，不可谓不慎重。文教学术界这样大规模的由官方组织的联合"攻关"，在美国尚属罕见。大约正因为意识到这一问题涉及有争议的敏感问题，才如此不厌其烦地征求意见。但是，该工作历时两年，五易其稿，于1994年10月完成公布后，还是引起了轩然大波。

对《标准》的批评主要是在多元文化的分量和地位上。写作班子自己提出的主导思想，原是既强调美国存在不同种族和多元文化的现实，又强调黏合美国民族的共同特征，旨在让学生既了解美国历史上不同种族和群体的经历，能够相互尊重和理解，又意识到作为美国人的共同历史含义，达到公民认同。这一原则用意是比较持平的。但是对于批评者来说，《标准》在具体列出的大纲中从历史分期到详细的单元都与传统的美国史大不相同。它详细介绍了印第安人的史料，突出了他们和非洲黑人的作用，将其与欧洲人的作用相提并论，把美国历史起源说成三种文化在美洲大陆上的汇合和冲突。同时，也把工人运动和妇女运动放在突出的地位。对美国历史上的阴暗面的叙述比传统的历史分量要重得多，并在行文中常启发学生对美国民主的真实性产生疑问。对此的批评既来自保守派，也来自正统的自由主义精英，他们在美国许多大报刊上发表批评文章，指责《标准》歪曲和抹黑美国历史，甚至说撰稿人"劫持了美国历史"[1]。

代表主流精英的历史观最完整而明白地体现在著名历史学家小阿瑟·施莱辛格1992年出版的《美国的分化——对多元文化社会的反思》(The Disuniting of America: Reflections on a Multicultural Society)一书中。虽然该书出版于教科书的争论之前，但是史学界关于多元文化的争论早已存在，它所阐述的观点就是针对《标准》所体现的思想。简单概括，就是说美国文化来源于欧洲，美国是欧洲文明的延伸，至今欧洲裔占美国人口的80%，这是不可否认的事实。白人确有歧视和压迫少数民族的历史，应该承认和改正，但是不能抹杀美国的民主制度以及一切美好的创造。美国人是以个人为单位而不是以族群为单位的，如果强调族群，美国将四分五裂，最终少数民族也将受其害。[2]

在美国，学术性的争论往往离不开政治，何况是这样敏感的问题，而且此事本是一项官方行动。所以《标准》也成为共和党大做文章的题目，在国会中掀起辩论，几乎要通过决议断绝写作班子的经费

---

[1] 关于《标准》的辩论主要取材于王希：《何谓美国历史？——围绕〈全国历史教学标准〉引起的辩论》，《美国研究》1998年第4期。

[2] Schlesinger，前引书。

来源。最后由"全国基础教育协会"出面，组织有关历史界人士讨论，由写作班子再进行修改，于1996年公布了新版本，增加了美国在科技、民主建设方面的正面内容，强调了欧洲文明的作用和外来移民对美国精神的认同，等等。这一事件虽然告一段落，但是围绕多元文化还是西方中心，以及对美国历史的看法的争论，并没有结束。新版本是妥协的产物，双方都不满意。特别是由国会干预学术，强迫历史学家制造"官方版本"的做法，违反美国学术自由的基本原则，引起广大知识分子的愤慨。许多原作者和史学界人士认为原版更好，对有争议的历史问题处理更为公平。另外，《标准》只是示范，并不能强迫学校采用，而许多中小学教员更喜欢原版。这样，更加引起主流派的担忧，因为下一代青少年如何看待美国历史，影响深远，关系到美国的凝聚力。

总之，移民给美国带来了极大的好处，发展到今天，又出现了日益复杂的问题。1918年大游行所反映的新移民急于认同主流文化的情景大约不会再出现。如何诠释历史关系到如何塑造未来，也关系到美国是否还能继续在多元化中维持其原来的主流文化。如果是，那么如何实现各族群的平等地位；如果不，那么如何维持"一个"美国。再者，与以前不同的是，来自第三世界的移民各自祖国的国际地位也日益提高，使得这些族群伸张自己的文化、维护群体利益的觉悟也相应提高，不再把"美国化"视为当然。这一趋势引起主流精英的忧心忡忡。上面提到的小阿瑟·施莱辛格的著作以"美国的分化"为书名，典型地表达了这种忧思。在中国名噪一时的亨廷顿的"文明冲突论"，说的是国际问题，实际的、直接的忧虑来自美国国内，反映了对白人主流地位丧失的深刻担忧。

笔者以为，在短期内，美国的多元文化尚不足以威胁主流文化的地位，而且移民"美国化"的过程仍在继续，不论是自愿还是不得已。和社会其他弱势群体一样，唯其处于边缘，才要大声疾呼，以极端的方式引人注意。但是从长远看，这的确是一个问题。一旦经济情况恶化，或是社会发生某种危机时，白人种族主义依然可能上升，种族冲突的危险依然存在。而且可能更加复杂，不完全是在白人与少数族群之间，还可能发生于先来后到、处境不同的少数族群之间。例如1992年洛杉矶因白人警察殴打黑人而引起的街头暴动，被打砸的对象却主要是亚裔。美国的移民政策是加紧控制和排斥，还是放宽和鼓励，是美国特有的从理论到实践的悖论。

三　自由主义的极限

1993年，刚当选总统一年的克林顿出现在田纳西州马丁·路德·金生前最后一次布道的教堂中。大约是受肃穆的气氛的感染，他即席发表了一篇动听的演讲，揭露当时美国道德败坏的情况。他问道：如果马丁·路德·金看到今天的情况会说什么？

> 他会说，我为之奋斗终生死而后已的，绝不是要看到家庭破裂、13岁的男孩拿着枪追赶9岁的孩子只是为了好玩、年轻人用毒品毁了自己的生活再以毁别人的生活来发财，这绝不是我到这里来的目的。
> 他会说，我为自由而斗争，但绝不是人们由着性子互相残杀的自由，不是未成年的孩子生孩子，而孩子的父亲弃之

如敝屣的自由。我为人民的工作权而斗争，而不是要让整个社区和居民被弃置不顾……[1]

克林顿还强调必须进入"人的本性、价值观、精神和灵魂深处"，否则政府的行动以及任何其他努力都无济于事。

今天来看克林顿大谈道德说教，特别是维护家庭价值，颇有讽刺意义。美国保守派更会嗤之以鼻，因为他们认为像克林顿这样一个人能当选为总统，这件事本身就是公众道德观念下滑的表现。无论如何，美国今天严重的社会问题和道德滑坡是公认的现象，其内容"左""右"各派所见略同。他们都批判美国的极端个人主义和现代版本的"自由主义"，都不约而同地提到当年托克维尔的预见，指出虽然个人主义发挥出巨大的想象力、创造力，但是走向极端就成为自私自利，每一个个人封闭在自己的小圈子内，完全不理睬他人和全社会的疾苦，植根于自由主义的个人主义的冲动迟早会冲开一定的教化的界限，变成为所欲为。二者都对"社会契约论"——人人都有权追求自己的利益，唯一的限制就是不妨碍别人的同样的权利——的实际效果抱有怀疑，认为事实上，各种利益就是互相妨碍的，由是产生的社会和政治不是和谐而是以争斗为主导，各种集团都在与对立面或另外的利益集团的斗争和讨价还价中实现自己的利益目标。[2] 此外，

---

[1] Gertrude Himmelfarb, *The De-Moralization of Society: From Victorian Virtues to Modern Values*, Vintage Books, New York, 1994, pp.4-5.

[2] John Paul II, "Laborem Exercens", Oliver F. Williams & W. John Houck (ed.), *The Common Good and U. S. Capitalism*, University Press of America, 1987, pp.328-334; Bork, 前引书, p.133。

二者都痛斥当前美国社会的重物质、轻精神，认为应该转变不断追求发展生产、积累财富的思维习惯，并对高科技的无限发达带来的后果心存疑虑。

但是对于病源的分析和治疗方案却存在截然不同甚至对立的观点，最本质的分歧就是对待**平等**的态度，具体落实到人，就是对待穷人、少数族裔、妇女以及其他弱势族群的态度。左派认为社会弊病的根源在于资本主义的恶性发展，美国人在追求自由的名义下实际不过是商人追求经济利益的一种合理化借口，与劳动大众的利益无关。持这种观点的既有左派知识界，也有宗教界的左翼。新老社会主义和马克思主义者对资本主义的批判此处不再重复。当前被列入"新左派"的"后现代派"关于多元文化主义的观点前面已有阐述，他们既然认为美国社会的种种结构和法规是为"白种有产阶级男人"所制定，并为他们的利益服务，应该完全予以"解构"，那么传统道德问题就不是其关注的重点，激进者还对所有传统道德予以嘲弄。

著名奥裔美国企业管理家彼得·德鲁克也对资本主义有严重的保留。他是自由市场的坚决拥护者，但他认为资本主义最大的缺陷是只注意经济，不考虑"人"，是"单维"取向。他早在30年代就曾担心工业革命所引起的不平等会使法西斯得势，结果不幸言中。今天，经理们自己谋取丰厚利润而同时裁减员工，更是在社会和道义方面不可原谅的。[1]

在特别重视精神文明的宗教界，保守势力占主流，但也有左倾的批判势力。例如有一派"天主教道德主义者"，每年都发出"主教牧函"，

1　Peter Drucker, "Beyond Capitalism", *NPQ*, Spring, 1998.

对美国的经济、社会等现象进行批评(60年代的激进学生运动领袖、《休伦港宣言》的起草人汤姆·海登就是天主教道德主义派,在他身上宗教与激进学生的思想合而为一)。他们对社会不平等现象与道德堕落现象同时抨击,指出原来支撑美国发展的价值观发生了质变:过去美国人赖以建国的基督教新教伦理的美德,诸如艰苦奋斗、勤俭自律、自立自强、坚忍不拔,以及有计划的量入为出的消费习惯和诚实的遵守规则的处世态度,如今在总的追求"自我完成"的目标下变了质:一味追求高工资待遇、高社会地位,着力于争取"应得权利",敬业精神变成短期观点——不能立即成功就跳槽,只顾眼前享乐而少储蓄,守法的观念蜕变为只要有本事不被抓住就行。他们认为,当前的社会道德文化堕落来自以大企业为主导的社会制度,来自对资本的崇拜和对劳动的缺乏尊重,因此资本主义的根本原则——私有财产神圣不可侵犯——应该有所改变。保守、自由、激进的主张都解决不了问题,需要从根本上改变资本主义制度和思维方式。首先需要改变追求无限发展的习惯动力,美国人要意识到自己已经足够富裕,要适可而止,换一副"非物质的"眼光,把重点放在精神方面。不过,他们认为这一切改变不是通过革命,而是通过"重建"(reconstruction)才能完成。归根结底,这种主张的落脚点还在教育,只是不限于学校教育。[1]

右派批判的焦点刚好是自由主义中追求平等的因素,进而及于自由主义的基本原则,并称之为"激进的自由主义"(radical liberalism)。1996年出版的《滑向罪恶的城市,现代自由主义和美

---

[1] Williams & Houck,前引书,pp.285-293。

国的没落》一书集中论述了这一观点。该书作者罗伯特·博克是美国著名的保守派代表人物,曾任里根政府的联邦上诉法院法官。里根曾想任命他为最高法院法官,由于其观点极端保守,遭到舆论反对而被参议院否决。这本书出版后在保守派中好评如潮,如布什政府的副总统奎尔、前国务卿黑格等都撰文赞扬,并被列入《纽约时报》畅销书排行榜。这说明其观点确有代表性,说出了相当一部分美国人想说的话。该书观点大致如下:

美国已经走上"野蛮化"的道路,充斥于大众传媒的暴力、色情、污秽不堪的流行歌词,以及家庭解体、道德堕落、行为粗暴成为常规,都是明证。60年代的激进运动是这一堕落的标志,当时美国受到良好教育而被宠坏的一代青年以"理想主义"的名义掩盖他们的放纵和对处于战争中的国家的责任的逃避,而教员、政府都屈服于那股疯狂的群众淫威,放弃了管理的职责,其结果之一是摧毁了社会价值的防线,大大降低了道德标准,从此大家对本来不可容忍的行为见怪不怪。60年代是民权运动取得胜利的十年,同时也是"卑下的虚伪"的十年。现在充斥于社会中的暴力,毁坏财产,仇视法律、权威和传统的行为和观念,都来源于对平等的追求,现行的福利制度和类似"确保行动"这种对某些群体的照顾性法律都是罪恶的根源,它唤起人的最坏的感情——嫉妒和懒惰。对平等的要求也必然导向中央集权的大政府,从而导向专制……

以上这些言论并无奇特之处,与社会达尔文主义一脉相承,与哈耶克的经济理论也相吻合。但是博克作为极端保守主义者,不但一概否定20世纪初以来的一切改良、福利措施和理论,而且一直上溯到美国《独立宣言》和自由主义的老祖宗之一约翰·穆勒的《论自由》[1]以及启蒙思想和理性主义所依据的前提。也就是不仅反对平等，而且反对自由。不像有些保守派认为60年代的激进运动是受了外来的社会主义的影响，他认为这一运动的思想根源还是来自正宗的自由主义，杰斐逊和穆勒所强调的就是个人摆脱一切束缚按照自己的意愿行事的权利。自由主义本身的动力，就是不断摆脱宗教、道德、法律、家庭和社会的各种制约，伸张个人。但是18、19世纪的自由主义倡导者都自觉或不自觉地有一个不言而喻的前提，就是人们普遍怀有基督教的原罪感，并承认公认的传统道德规范，自觉地以此自律，舆论的褒贬也以此为准则。这些自由主义和启蒙思想的先驱们都相信人的良知和理性，绝不会想到追求他们所提倡的个人自由和平等的结果会发展到现在这种"激进个人主义"（radical individualism）、"激进平均主义"（radical egalitarianism）的状况。正是由于先驱们对人性的认识所犯的错误，发源于"古典自由主义"的"现代自由主义"已经异化和堕落，因为自由主义本身没有自我改正的因素，只有不断地满足个人的欲望、争取更多的权利的要求。因此，世风日下也是必然的。克林顿就是60年代的产物，他既逃避兵役，又婚外情不断，公德和私德都一无足取，却居然能获得多数选民的认可，说明公众的价值判断已经起了重大变化（按：此时莱温斯基案尚未出现）。

总之，极左派和极右派殊途同归，都对美国抱悲观态度，认为美国精神正在走下坡路，对传统的自由主义本身提出批判（当然二者否定的程度不一样），居于中间的主流派则竭力维护自由主义，

---

[1] 穆勒的《论自由》最早的中译本为严复所译，题为《群己权界论》，刚好与博克的解析相反，强调个人自由与集体的界限。

却又对它的命运忧心忡忡。追求个人幸福是美国人的原始动力，发挥到极致，对社会的发展产生了巨大的力量，而利益的驱使和高度实用主义又侵蚀和抵消着美国人引以为自豪的"美国精神"，这是一个难以解决的悖论。

四　从市场竞争到市场"专政"

整个20世纪，美国的市场经济制度发展到最成熟、最高级，市场竞争的作用发挥得淋漓尽致，使美国富甲全球，同时也推动了科学技术、文化教育的发展。但是，市场决定一切发展到制度化的"唯利是图"，极而言之无异于市场"专政"，情况开始走向反面。

市场视消费者为"上帝"，一切行为都是以鼓励消费为目的，于是出现了疯狂的高消费生活模式。有人说，自从信用卡出现以后，美国人的思维方式和生活方式发生了根本性的变化，从先劳动后享受变成先享受了再说，精神的堕落从这里开始。这是极而言之。不过，"二战"以后美国社会向高消费的迅速发展确实是令世人咋舌的。新产品的层出不穷首先不是因为消费者需要买，而是因为生产者需要卖，这是市场经济的基本规律。而且那些挖空心思、不择手段、不问情由闯入千家万户的广告，长年累月引诱、鼓励人们去消费。一切围着市场转，正使美国的传统优势发生着变化。

首先是对青少年的教育。消费的诱惑对于青少年来说比起成人更加不可抗拒。对于家境优越、有希望进入名牌大学从而跻身于上层社会的青年来说，尚有推迟享受的动力，学习有一定目标，而对于大多数贫苦子弟来说，未来的希望太渺茫、太遥远，反而更难抗拒眼前的诱惑。在道德行为方面，商业文化的潜移默化远远超过教师的谆谆教导（假设教师都是这样做的话，其实未必）。所以，美国基础教育问题的根源在于高消费社会造成的思维方式。这种"提前消费"已深深植根于美国经济发展的模式之中，任何教育家、伦理学家在它面前都无能为力。所以，美国针对中小学教育的改革经常不断，却收效甚微。涉及占人口多数的平民百姓子弟的基础教育的严重缺陷造成美国缺少熟练工人还是次要的，更主要的是这种现象从长远看将改变美国的人口素质，腐蚀美国赖以立国并发展到今天的"美国精神"。

实用主义是贯穿于美国的教育和学术思想的一大特色。19世纪之前，美国的学校和教堂都是施教化的场所，主要宗旨是培养"德才兼备"的公民；直到19世纪末，美国还在欧洲传统的影响之下，高等教育人文气息较浓，从中学到大学本科的课程设置中经典的理论还占一定的分量，并且重视通才教育。20世纪，美国教育日益转向社会需要的实用人才。杜威固然是实用主义教育思想的宗师，但他的思想同时有强烈的理想主义成分，并重视伦理道德。"二战"以后，美国加倍发展了实用主义的一面；抽象的思辨、理想、伦理这一面迅速萎缩。罗斯福"新政"时期大批任用知识分子，是知识分子最能学以致用的时候，同时也是在实用主义方面走得更远、急功近利之风最盛的时候，纯人文的、道德伦理的思考和研究被嗤之以鼻。如本书第四章提到的，有人说：罗斯福政府起用知识分子之多是空前的，但是从某种意义上讲，它又是反智的，因为它容不下真正深刻的、暂时与现实无关的思想活动。这进一步确定了美国学术的实用主义的主流。20世纪下半叶，美国实用的社会科学如经济、法律、行政管理等较之纯人文的学科如哲学、文学更为发达，特别是经济学。随着美国全球称霸的实践和需要，国际政治理论特别发达，这也是实用的产物。

重视实用的特点使美国的大学不是象牙之塔。从某种意义上讲，这是美国的长处。但是，它同时使美国的高等教育完全受市场驱动。一位教育史专家指出，美国的高等教育与通俗文化一样，变成了买方市场，学生及其家长是买方，学校和教师是卖方，于是课程和选题主要由知识较少的买方来决定，而不是由处于卖方的学识渊博的教师来决定。甚至由国会通过的对教育补助拨款的方式也是以资助申请人（学生或研究人员）为主，而不是资助高校和研究机构，也就是资助买方，而不是卖方。[1] 不像许多欧洲国家，美国没有国立大学。这固然使美国的教育制度特别灵活多样，并有助于学术思想的高度自由，但是事实上市场的"律令"甚于政府的管制。结果大学日益庸俗化，沦为培养各色市场（指广义的用人单位，包括政府机构）所需要的专家的场所，纯粹意义上的学者和高瞻远瞩的思想家日益稀少。这样的高等教育日益丧失学术的超脱和独立，20世纪末与20世纪初相比，那种曾经推动进步主义运动的知识分子的理想主义和独立批判精神正在变味。

市场"专政"腐蚀的另一个领域是新闻传媒。言论自由是基本人权之一，美国民主的前提是国民有知情权，即获得信息的自由。这种成为信仰并受宪法保护的权利造就了无比发达的新闻媒体，以至于有"三权"之外的"第四权"之称。伴随着资本主义成长起来的、

---

[1] Martin Trow，前引书，p.12。

独立于政府之外的新闻王国形成了强大的舆论监督和社会批判力量，曾对揭露黑暗、防止腐败、促进改革起了无可估量的作用，可以视为社会的一种净化剂。今天这一切却已起了变化。过去它也不是完全超然独立的，因为政府虽然无权干涉它，其出资者所代表的利益对它的倾向性还是有一定的影响。不过这种影响唯其是有形的，就也要置于社会监督之下，受到一定限制。而今天的市场律令却是更加无形的、非理性的，而且捉摸不定。在以文字为主要载体时，其对象为知书识字的人，特别是著名的大报和杂志面对的读者至少相当一部分是知识精英，要满足他们的需求。从业人员也有自己的守则，能够比较客观地报道新闻，从容地分析一些国内外重大问题，即使代表某种倾向和偏见，也是有迹可循的。只是报纸的收入日益依赖广告，这种发展模式已经包含不祥的因子，广告商当然无权干涉报纸的倾向，但是销量与广告互为因果，成倍地加强了市场的影响力。随着视频传媒的普及，手段、对象、市场都急剧变化。与对待其他方面的文化一样，大众的口味从精致的佳肴变为有刺激性的快餐，接受的方式从用脑筋的阅读和思考变为直接的感官视听。由于技术发达，频道越来越多，竞争越来越激烈，争取广告与争取收视率之战使从业人员几乎丧失真正的主动权。为吸引观众，必须追求耸人听闻、强刺激，反过来，观众的神经被刺激得日益麻木，刺激的强度就得随之加大。传媒既迎合又塑造大众的口味，形成恶性循环。新闻工作的客观、公正、良知、原则，统统要服从市场的不可抗拒的律令。今天，美国传媒揭露矛盾、监督政府的作用当然不能说已经消失，但是正义的呼声淹没在浩如烟海的无序的光怪陆离的"节目"之中，提供给美国公众的国内外图景很难全面、客观。所以有的美国学者说，美国公众接触到的信息量较之其他国家是最多的，而闭塞的程度也"名列前茅"；美国人对信息有最大的选择自由，实际上却基本是被动接受，甚至不知不觉间被强迫灌输。20世纪末的传媒的作用比之于20世纪初已经异化了。

在这种情况下，优良的批判传统是否也将异化？一方面，知识分子大多数或进入体制内，或成为狭义的专家；另一方面，威力强大的传媒维护社会良心的功能日益弱化，实际上沦为各种利益集团的工具，或者其本身已成为一种利益集团。总之，有一些事物本不应该属于市场的，然而市场威力无穷，所向披靡。在它带来的祸福之间，美国人还能掌握多少主动权？

此外，政治、司法中的金钱的作用，利益集团对内外政策的超常影响，等等，都是人们熟知的，它们始终是使美国引以为自豪的民主制度走向异化的一种拉力。总之，三权分立、舆论监督、思想界的批判，美国的这些看家法宝能否继续有效地制衡金钱和市场"专政"的腐蚀力量，是美国进入21世纪的大课题。

五　对内行民主，对外行霸道

（一）外交不一定是内政的继续

中国过去在宣传中形成一个观念：一个政权对外侵略或扩张必然与对内压迫本国人民相伴随，因为从"进步"与"反动"的简单划分来看，两种行为都是反动的。不过，至少证诸美国的历史实践，并非如此。整个20世纪，美国就自身的发展而言，一直都是在矛盾中谋求妥协，进行渐进的改良，因而取得了人民的福利和国力的增长。每当处于弱势的群体起而反抗时，权势集团（包括在朝和在野）就采取缓解的措施。而在对外关系中，随着国力的增长，霸权的范围却日益扩大。美国统治者对内受民主制度的约束，必须考虑其国民的意愿和利益；对外实行的却基本上是强权政治。

例如20世纪初老罗斯福对内改良成绩昭著，但同时它也是对外大力扩张、攫取领土最多的政府。其对内遏制了大财团弱肉强食的势头，对外扩张的依据却是赤裸裸的种族优越论，也就是"国际社会达尔文主义"。当时进步运动的健将们，除了像老拉福莱特那样的极少数反战派之外，率多支持老罗斯福的增加军费、扩建海军、占领巴拿马运河、用兵加勒比海、向远东扩张等一系列政策，并为他的爱国主义、英雄主义的豪言壮语呐喊助威。本书第三章第四节已论述了进步主义与帝国主义的关系。又如60年代的肯尼迪政府与约翰逊政府，对内以自由派著称，支持民权运动态度积极，并对种族主义势力采取了较之任何前任都强有力的压制，约翰逊的"伟大社会"计划使美国的福利制度达到历史最高水平，但是对外却有"猪湾"和越战升级的侵略记录。不过"二战"以后对外不能再以公开的种族优越论为依据，而是以保卫"自由民主"为旗号。但是，在这一口号下所扶植的盟友又往往离民主自由甚远而离专制独裁更近，这就是美国人自己也承认的"双重标准"。

这种现象不是自20世纪始，而是从开国以来就是如此。例如美国民主之父杰斐逊在有关1812年对英战争的争论中就是主战派；第二个民主领袖杰克逊也是以对英国强硬著称，虽未与英国作战，却与墨西哥开战。杰斐逊也用过"帝国"字样，不过他说的是"争取自由的帝国"，指的是教化印第安人和墨西哥人。又如19世纪末与西班牙争夺古巴之役，是改良派积极，代表华尔街的保守派反对。

以上事例只是为说明美国的内政与外交思想并不沿着我们所习惯的思路进行，在内政上"进步"，并不排除对外奉行扩张和侵略，这看起来似乎矛盾，其实从美国人的思想体系来说，并不一定矛盾。论者常把美国外交思想分为"理想主义"和"现实主义"、"孤立主义"和"国际主义"。似乎自由派近于"理想主义"、"国际主义"，而保守派近于"现实主义"和"孤立主义"，但是在实践中这样区分意义不大。就每一个时期的具体政策而言，总有代表不同倾向的辩论，这是事实。但真正的分歧在于对得失利害的估计，即在当时的形势下美国应如何估计自己的国力，确定行动的目标，付出的代价与结果是否值得，是否能得到国内民众的支持，因此归根结底还是以自身的现实利益为出发点。在国内问题上的自由派和保守派与对外政策的分派并不一定总是相符。在具体政策中，谁主战，谁主和，或谁强硬，谁温和，要视时间、对象及其他种种条件个案分析，十分复杂，辩论的双方都可以从美国传统的自由主义价值观的框架中找到经典依据。

（二）"孤立主义"[1]与"扩张主义"

"孤立主义"是对欧洲而言，扩张是对西方文明以外的"化外"

---

[1] "孤立主义"（isolationism），按原义应译成"隔离主义"更恰当。最初是与欧洲隔离开的意思，而不是把自己孤立起来。但该词从一开始在中文中就被译成"孤立主义"，现已约定俗成，只得沿用。

地区而言，对象不同，而且时代背景不同，其运用也随之而异。众所周知，"不卷入欧洲的事务"是华盛顿的遗训，其实这一思想在开国之前托马斯·潘恩早已提出，他在题为《常识》的小册子中雄辩地论证美国脱离英国独立之合理和必要时说道：美国需要同整个欧洲进行贸易，本来同所有的国家都可以友好相处，但是，作为英国的附属，只要英国同谁发生冲突，北美的贸易立刻受影响，而且随英国卷入战争，所以，美国独立的好处之一就是可以不必追随英国卷入与其他欧洲国家的冲突。这是最早的"孤立主义"的含义，尽管没有用这个词。这并不妨碍美国在美洲大陆扩张，而且包括武力占领领土。

到了19世纪20年代"门罗主义"正式提出时，在美洲的扩张已基本完成，所以"孤立主义"又有了新的内容，首先是："美洲是美洲人的美洲"，也就是美国的势力范围，欧洲人不得插手；同时美国也无意卷入当时革命、复辟与国际纷争四起的欧洲。从19世纪最后十年开始，美国逐步向海外扩张，这是政治、经济、军事的全面扩张，倒不一定是领土扩张，除占领菲律宾外，而更多是扩大势力范围。美国的文化既然是从欧洲来的，传播的对象当然不是欧洲，当时也还没有必要去非洲争夺欧洲的殖民地，所以它的首要对象是尚未沦为殖民地的大而弱的中国。这是"门户开放"政策之由来，其实质是要在这片"未充分开发"的土地上与欧洲列强利益均沾，同时实现其"天定的使命"。美国人称之为"传教士外交"，以庚款余额办教育也是出于同一思想。而此时美国在美洲的势力更加巩固，旁人更无法染指。所以"孤立主义"与"扩张主义"并非截然分开，而是可以并存，二者的消长毋宁是随着美国国力的增长，水到渠成的发展。

（三）"理想主义"和"现实主义"

"理想主义"的含义是：美国的"终极"理想是使全世界都变成美国式的民主制度国家，同时以此动员国内舆论对外交政策的支持。"理想"加扩张，是基督教新教传统与大国主义的结合，植根于美国开国的思想中。早期移民的思想精英们在这片新大陆上按照他们从欧洲继承下来的哲学思想、宗教信仰和道德标准建立理想国。由于得天独厚的地理条件和独特的历史机遇，推行这一理想进行得很顺利，物质与精神的进步相得益彰。于是，"美国人"——指欧洲的白种移民——自诞生之日起就以"上帝的选民"自居，自认是被挑选来在地上实现某种天定的使命的，这就是论者常说的"天命论"。主张美国独立、不追随英国卷入欧洲纠纷的那位潘恩，在同一本《常识》的"附记"中写道：

> 我们有一切机会，受到各方鼓励，在地球上创立一个最高尚、最纯洁的政体。我们有力量重新开天辟地，建立一个崭新的世界，这是自诺亚方舟以来迄今从未有过的境遇。[1]

自己还没有立国，就想改造全世界，这段话最生动地表明美国的"以天下为己任"是与生俱来的。"天命论"与大国梦相结合，就形成了美国特有的理想主义—扩张主义。

但是在对待具体问题的实践中，主要是现实主义占上风。试以"理

---

[1] Thomas Paine, *Common Sense*, Appendix, Penguin Classics, ed., 1986, p.120.

想主义"外交的宗师威尔逊总统为例，他对内推行"新自由主义"，继续老罗斯福的进步主义改良，采取一系列抑制豪强、向着社会平等方向推进的措施；对外在理论上主张民族平等、民族自决，并首创国际联盟以反对侵略、保卫和平。撇开国际联盟的失败不说，在原则上，威尔逊的理想主义似乎对内对外是一致的。在对待第一次世界大战的考虑中，先反对、后决定参战，都是以道德理想的名义。前期反对参战、严守中立的理由是：美国应远离战争，保持一片不受仇恨和好战精神所腐蚀的净土；它应该采取超然态度，以便在战争结束时以超脱自身利益的身份为解决善后安排做出贡献。后来决定参战，则是以维护国际法、公海自由、弱小民族的权利，反对专制、反对军国主义的名义，最终目的是保卫民主。另一批人，根据现实主义的主张，反对参战的理由是，此事与美国无关，不卷入对美国最有利；后来支持参战的理由则是，德意志帝国如果战胜，特别是英国海军如果被制服，将威胁美国的长远利益，即使暂不开战，美国也将无宁日。这两种论点殊途同归。事实上，现实主义的理由是真实的理由，威尔逊政府关于是否参战的决策当然是以是否符合美国的利益为依据，但是理想主义的说辞也不是虚伪的，因为这符合威尔逊本人的信仰，更主要的是这也符合一般美国人认同的植根于民族传统中的价值观。至于战后的安排，威尔逊的"十四点"既包含了他对世界的理想，又反映了当时在欧洲列强疲惫之际美国开始在全球性事务中崭露头角的要求。只不过这些想法有些超前，美国国内的主流势力还不准备承担这么多义务，加上威尔逊对自己起草的"十四点"过分钟爱，只字不肯改，最后被国会否决，成为外交史上一桩不同寻常的案例。但是论者往往据此夸大当时"孤立主义"与威尔逊的"理想主义"或"国际主义"的对立。实际上,整个凡尔赛会议期间,在威尔逊政策指导下的美国代表团对具体问题的立场和处理,还是没有脱出传统的力量均势的模式。就是在为争取会议通过建立"国际联盟"的过程中,威尔逊也一再违反其"民族自决"的原则,对英、法、意等国瓜分领土、占领殖民地的要求让步。特别是在中国人为之痛心疾首的山东问题上,迁就日本的要求,完全是扶强抑弱,与正义、理想、民族自决的理想背道而驰。具有讽刺意味的是,威尔逊一方面迁就英、法,把过分苛刻的条件强加于战败的德国,另一方面迁就日本在远东的扩张野心,这些在客观上都为第二次世界大战埋下了祸根。他原企图把进步主义所依据的美国的道德理想推广到对外政策上,结果却葬送了进步主义。

"一战"结束后威尔逊的国际政策虽然在美国国内遭到挫败,但是他的"理想主义"外交思想却成为"二战"以后美国在冷战中的重要思想资源和强有力的道义依据。"二战"以后,出现了美苏两个超级大国的对峙,同时也是两种制度、两种思想体系的争夺。在战后初期,胜负难以预料,而且,从势头上看,马克思主义似乎更占上风。又由于原子弹的出现,双方在近期必须妥协,避免直接冲突,而长远目标又是根本上互不相容。于是而有"冷战"。在冷战中,美国的理想主义和现实主义、地缘政治和意识形态紧密结合,贯穿于全球政策中。它把政策目标定为"在全世界建立有利于自由民主发展的环境",从而可以理直气壮地对别国进行干涉、颠覆和侵略。整个冷战过程中常有"鹰派"和"鸽派"之争,例如对苏缓和问题、核裁军问题,乃至跨冷战的1989年之后的对华"制裁"问题,等等,争论的焦点实际上都在美国的终极目标和当前现实之间的平衡。

(四)顺我者昌,逆我者亡

不论是以何种理论为依据,美国的国际行为从本质上都是不平等的,也就是别国感受到的"霸道"。这"霸道"脱胎于老式的强权政治,又具备美国特色。中国成语"顺我者昌,逆我者亡"庶几近之。20世纪美国国际行为的特色在于,除了武力之外还有多样选择以达到自己的目标,那就是经济的和文化的途径,特别是"二战"以后。当然,这绝不是降低军事的重要性。超强的军事力量、最先进的战争手段和随时可以使用的武力威胁,仍然是保证超级大国地位的必要条件,但不是充分条件。"霸道"或"霸权主义"是别国的提法,美国自己用的词是"领导"世界。这一词可以做两种解释:一是通常意义上的"领导"与"被领导",前者把意志强加于后者,这对独立国家来说原则上无法接受,因此经常引起摩擦乃至冲突;另一种含义是起带头作用,如"领导世界新潮流"。对美国来说,一个世纪以来,从客观到主观,两种意义上的"领导"兼而有之。在实践中有几个层次都能用"顺我者昌,逆我者亡"来概括。

"顺我者昌",利人又利己,最突出的事例就是马歇尔计划。如果说罗斯福"新政"拯救了美国的资本主义,那么马歇尔计划可以说是拯救了整个西方资本主义。这样说一点也不夸大。从近期看,它挽救了濒于崩溃的西欧经济,平息了此起彼伏的工人运动,削弱了在法、意等国处于第一大党地位的共产党的影响,消解了可能引起革命的因素。与此同时,欧洲得到的美援大部分用于购买美国货,正好解决了美国从战时经济转入和平经济可能发生的衰退问题,在关键时刻起了促进良性循环的作用,为以后20年的繁荣打下了基础。

在中期，欧美的实力合起来，形成了与以苏联为首的社会主义"阵营"较量的巨大力量，强似美国单枪匹马许多倍。更重要的是在长期，欧美共同繁荣的事实从理论上打破了马克思列宁主义的两个重要论点：一、资本主义制度下的工人阶级必然绝对贫困化；二、资本主义国家之间为争夺市场、原料和殖民地矛盾不可调和，必然引起战争。[1] 当然马歇尔计划在西欧取得如此迅速高效的成果的主要原因之一，是西欧本身存在着复兴的基础：社会结构、市场机制、科技力量、人文条件等。它缺少的主要是启动资金。同样的政策用在另外一种条件的国家就不一定取得同样的效果。

除对西欧的援助外，还有援助第三世界发展中国家的"第四点计划"以及对日本的扶植。这些援助和扶植的方式与内容各不相同，但基本思路是相同的：一是认为美国的繁荣与他国的繁荣分不开，那时虽然不大用"相互依赖"一词，但已意识到在新的形势下美国不可能一枝独秀；二是符合保卫"自由世界"、反对共产主义的目标，因为美国决策者深信贫穷是"滋生"共产主义的温床，对这些国家进行扶贫，是釜底抽薪之举，同时又可影响其发展模式，防止其走社会主义道路。于是，一大批共产主义以外的国家和地区在战后获得了美国的支持和援助，在不同程度上取得了经济发展。不过，并非所有受援国都产生了马歇尔计划之于欧洲那样的效应，这与各国的本来基础和美国的政策是否切合实际有关。总之，以援助他国发展来实现自己的战略目标，是战后美国的一大创举，当然这种扶植

---

[1] 关于马歇尔计划及其意义，中外著述甚多。资中筠主编的《战后美国外交史》中有较详细概述，见上册，第76—88页。

和援助是有条件的，就是"顺我者昌"。这里，真的使受援国实现"昌"很重要。昔日的大英帝国办不到，或根本不需要这样做。与之争霸的苏联也没有使"兄弟国家""昌"，既是不为，又是不能。其原因除"斯大林主义"的一切特点外，从根本上讲，由于不是市场经济，运作规律不同，也很难"昌"。

至于"逆我者亡"，并非是亡其国，而是亡其政权。冷战时期的外交基本上是以意识形态划线。对于敌对方面，美国从公开动武到经济封锁、制裁，到政治颠覆，到心理战，种种手段都用过。不过欲其"亡"只是主观愿望，事实上成功率不高。至于苏联解体、东欧剧变，主要在于内因，美国的外力是次要的，如果苏联也能使自己的人民以及"顺己"的盟国"昌"起来，从而共同繁荣，美国何能为力？对于一些小国则可以使其乱，或者扶植"顺己者"以取代"逆己者"，这倒有成功的例子。说是以意识形态划线，是指冷战时与苏联的争夺，基本上还是战略考虑占主导地位，绝不意味着在一国内必然扶植民主派。最明显的例子之一，是1954年日内瓦会议后印度支那战乱不断，主要乱源之一就是美国。连信奉佛教、爱好和平、难得引人注意的老挝，美中央情报局也没有放过，50年代在几位执政的亲王之间制造分裂，破坏民族团结。60年代美国对越南的所作所为众所周知。到越战接近尾声时，1970年又在柬埔寨颠覆奉行中立、得到全国最广泛拥戴的西哈努克亲王，扶植朗诺上台，从此这个小国再无宁日。美国插手最多的是它视为后院的拉美国家，如今闹得沸沸扬扬的智利前独裁者皮诺切特就是美国一手扶植起来的，而被美国颠覆惨遭谋杀的阿连德却是完全依照民主程序选举出来的。今天美国仍然奉行这一原则，最突出的"逆我者亡"的对象是萨达姆统治下的伊拉克和米洛舍维奇领导下的南联盟,美国必欲置之死地而后已。以拯救一个种族免遭屠杀为由,却使另一部分生灵涂炭。值得注意的是,过去对美国对外用武的两个制约因素现在受到削弱:一是少了另一个超级大国做对手;一是由于武器先进,美国自己伤亡较少,因而受国内关注和制约较少。"北约"成立50年,经历与苏联的几次危机,双方都是及边缘而返,避免正面冲突,而现在主动出击,与少了后顾之忧有关。

(五)取得制定国际游戏规则之权,但自己不一定遵守

如果说1900年提出"门户开放"之时美国只想在亚洲与其他列强利益均沾,那么威尔逊发起"国联"已有谋求"领导"地位之意,到罗斯福发起创立联合国,开始实现这一雄心。联合国名义上是美、苏、英、法、中五国发起,实际是罗斯福在丘吉尔协助下经过几年的酝酿基本有了蓝图,然后与苏联讨价还价达成一致后,才形式上邀请法、中参加为发起人的。整个宪章和制度大部分是美国的设想。这种通过制定国际组织规章制度来发挥影响的方式,是美国战后"领导"世界的主要模式。世界银行、国际货币基金组织以及关贸总协定→世贸组织都是这一模式。当然,还有北大西洋公约组织和冷战时期遍布全球的其他军事集团。总之,在势力所能及的范围内,美国通过各种组织确立"领导"地位。这些组织的章程规定,原则上成员国都有平等的权利,而事实上,美国有最后或最大发言权。如果说美国希望通过的措施不一定都能贯彻的话,那么美国坚决反对的事肯定通不过。直到60年代,美国在联合国基本上能操纵多数贯彻其意图,以至于联合国大会有美国的"表决机器"之称。但是60

年代以后，随着大批新独立国家的加入，在一国一票的制度下，美国已不能保证多数。特别是第三世界国家于1964年成立了77国集团，在很多问题上对美国的政策不能认同。于是，美国国会内反对联合国的呼声四起，以里根时期为最，要求联合国总部搬家者有之，威胁退出联合国者有之。在这一背景下，美国国会于1985年通过决议，要求根据负担会费的多少"加权"选举权，否则减少缴纳原来份额的5%，从1986年起执行（这就是美国拖欠会费之由来）。这一决议的含义很清楚，就是美国既然出资最多，就应有最大的发言权，这也很能代表美国在国际社会中的心态。联合国是美国的一大创举和壮举，它的宪章是划时代的重要文献。一旦通过，它就属于全世界。几十年来，联合国及其附属机构对提供独一无二的世界论坛、减少冲突、保卫和平、研究人类共同关心的问题、促进人类共同的福利做出了积极的贡献，美国在其中的功劳也不可抹杀。既然是国际组织，对所有国家都有一定的约束，然而要美国作为平等的一员接受约束，遵守违反自己意愿的决定，却十分困难。

美国在国内必须遵守民主程序，凡通过适当程序投票产生的结果，反对方无论意见多么强烈，都只能服从，这是基本游戏规则。但是在国际上则不然。有种种迹象表明，美国对联合国兴趣下降。不能通过联合国实行的事，就绕过之。在冷战结束后美国积极推动"北约"东扩，并予以加强，特别是"北约"成立50年来第一次公然以"北约"名义轰炸主权国家南联盟的领土，更表明它要把联合国撇在一边的意图。美国副国务卿皮克林在西点军校的演讲中说得很明白：美国不同意"北约"在其领土范围外动武需要联合国授权的意见。他说："如果我们限于只在安理会明确批准下才采取行动，那就等于让俄国和中国对所有'北约'行动都有否决权,这是不能接受的。"[1]

在经济上,在重大问题方面,美国首先通过七国集团协调政策。美国报刊已开始提出"新大西洋经济"之说,指的是欧美在经济上的合力将决定世界经济的步伐。这样,冷战结束后,大西洋联盟在战略上和经济上都得到重建和加强,美国仍在其中起主导作用,从而在全世界实现其意图。这一意图在什么程度上能够实现?如果成功,对世界其他地区祸福如何?如果遭遇挫折,美国凭借强大的实力力图阻止失败的过程会对世界带来怎样的危害?现在美国总是以国际事务最高裁判和国际警察自居,动辄制裁别国,但是如果联合国无能为力的话,谁能约束美国?这是世人所担心的。

(六)隐性霸权

以上所述都是有形的和有意的霸权或"领导"模式,是美国作为行为主体根据主观意志做出的行为,别国可以根据自己的利益和判断决定迎之或拒之。但是还有一种无形的、客观的、无所不在的美国影响。从种种因素看,21世纪美国仍将遥遥领先,这指的是"领导世界新潮流"。除了外在的物质条件之外,还有更加内在的、本书各章所论述的深层次的因素。与其说在今后新的信息社会、"智能经济"的时代美国更能发挥其优越性,不如说正是美国的特性创造了这样一种时代特色。实际上,一个世纪以来美国一直在迫使全世界追随它的生产和生活方式。这不是某项发明、某项新科技的问题,

---

1 Under Secretary Thomas Pickering's Remarks, West Point, February 10, 1999, *USIA Wireless File*, February 26, 1999, p.25.

而是整个发展潮流。例如近 20 年来，网络文化不可抗拒地在全世界普及开来，其他国家只有紧跟的份儿，根本无法考虑是否适合本国的国情和发展阶段。形成这一现象的绝不在于芯片技术的发明，单是计算机的原理和技术至少在 60 年代已经为许多国家所掌握，但是只有美国同时既具备足够的人力物力资源，又具备强劲的动力，能这样大规模地向个人电脑方面发展。有人说，电脑的个人化、微型化是美国个人主义的产物。这是不无道理的。试设想，苏联掌握的尖端技术也不少，对它来说，计算机当然主要用于军事工业，或使经济计划的计算更加精确、完善，它有可能去发展个人电脑吗？在那种观念和制度下，政府更有可能千方百计阻止和控制个人电脑。实际上，从百年前爱迪生发明的电力供应系统、贝尔的电话、福特的传送带式流水作业、泰勒式的经营管理，乃至电影、电视、影碟……美国一路上不仅以其高科技而且主要是以其生产和生活方式"领导世界新潮流"。一项新技术，别的国家很快就可以掌握，还可以改进、超过，但是不论怎样，它们都已不知不觉进入了这个系统，接受了这一前提。如今进入信息时代、网络时代，不论我们是否需要，都已经无法抗拒，只有争先恐后汇入这一潮流，同时进一步接受无论是在软件还是硬件上、无论是收集信息还是传播信息的力量都占绝对优势的美国的左右，如此循环不已。80 年代一度被认为在经济上要超过美国的日本，现在显然不是对手。日本未来学者浜田和幸称日本是"20 世纪世界经济信息战的最后一个战败国"，他认为克林顿和戈尔发起"信息高速公路"，就是有意识地以信息战夺回世界霸权，而且已经胜利。[1]

1　浜田和幸：《美国谋求"技术霸权"的野心》，日本《诸君》月刊，1998 年 8 月号，转引自《参考资料》，1998 年。

第九章 福兮？祸兮？

当然"夺回"一词未必确切，因为美国从未失去霸权，只是受到威胁，更确切地说是"保住"和"巩固"。对于经济发展，人们多看到具体的科学技术和经营方式，而较少意识到更加根本的、促进新科技发展并决定其发展潮流和方向的人文因素，乃至由此而来的思维方式、生活方式的改变。至今这一发展的决定权仍操纵在美国手中。这个"权"可以有许多称号："话语霸权"、"技术霸权"、"方式霸权"（无孔不入的各方面的生活方式）、"标准霸权"，等等。这个"权"既不是谁授予的，也不需要谁承认，而是无形中客观上已经存在。

今后美国的发展仍取决于20世纪自由主义框架中的两种趋势——自由竞争与平等——是否仍能不断取得相对的平衡。就美国本身而言，在可以预见的将来，正负相抵，21世纪的头几十年在总体上将能维持领先地位。在国际上，美国将力图保持其遥遥领先的地位，把全球作为它的"大棋盘"，根据它的利益和意图进行战略部署，绝不允许任何其他国家觊觎其霸主地位（实际上自苏联解体后也没有这样的国家），也不容忍别国对抗或妨碍其战略目标的实现。依然是"顺我者昌，逆我者亡"。但是随着其他国家和地区的发展、兴起，以及形势的复杂化，美国实行"霸道"的困难日增。就是说，无论是使他者"昌"或"亡"，都日益困难。但是无形的、客观的美国影响仍将以强劲的势头在全世界扩散。20世纪的上半叶，美国尚未有世界性的影响，20世纪初的美国精神的精华部分未能被他国人自主选择地吸收；到"二战"以后，特别是后冷战时期，"美国方式"随着最先进的信息手段传播开去；到20世纪末，向全世界汹涌奔流的美国文化浪潮已是泥沙俱下。也就是说，美国赖以发展到今天的诸多优势，很难为他人所吸收、效仿，而使世人如水之就下般地趋之若鹜的美国文化，却未必是其精华部分。例如美国人的创造性、进取精神和促成这种精神的社会机制，他人很难"拿来"，而美国的高消费生活方式、低品位的粗俗文艺，却有不可抗拒的吸引力。但取舍问题，取决于每个国家本身。

第十章 "9·11"之后

美国一个世纪以来何以兴，前面几章做了一些论述，并提出了促其兴旺发达的因素本身所包含的悖论，到20世纪末其负面效应日益显露。2001年又出现了举世震惊的"9·11"事件。接下来，美国攻打阿富汗、进军伊拉克，还提出了"罪恶轴心"，对外姿态强硬，对内政策大幅右摆，执政者的理念被冠以"新保守主义"。本书的范围限于20世纪，详细论述21世纪以来美国内外政策不是本书的任务。下面对近几年的事态做一番审视，主要是看它是否造成新的转折，足以修改本书的论点。换言之，促成美国20世纪富强的那些因素是否能继续其生命力；对外行霸权、对内立民主之说是否还能成立。

一 新保守主义理论及其实施

(一)"新保守主义"与"布什主义"

小布什[1]政府的决策思想通称为"新保守主义"。方今"自由主义"、"新自由主义"、"保守主义"、"新保守主义"等帽子已经用滥,对于不同的人,其所指可能极不相同。[2]这里只讲当前美国决策集团的"新保守主义"。"新保守主义"(以下简称"新保")来自对20世纪60年代激进的自由主义的反弹,其主导思想前面已有论述。贯穿到国家政策,以里根政府为代表,对内实行刺激投资的税收政策,对外对苏强硬,大力加强军备,反共色彩鲜明。这些主张至今被美国"新保"推崇为典范,他们还把苏联的解体归因于里根政府的强硬政策。

苏联解体之后,"新保"们主张抓紧时机,确立美国对全球的"领导权"。有一批人于1997年发起成立"新美国世纪计划"(PNAC),主席威廉·克里斯托,就是有"新保教父"之称的厄文·克里斯托之子。这是一家"思想库"性质的机构,自称其成立的宗旨是基于这样的信念:确立美国(对世界)的领导既对美国有利,也对全世界有利,实

---

[1] 为简便计,下文提到"小布什"时一律称"布什",提到"老布什"时再加"老"字。

[2] 美国此类著述林林总总,针对某些人的混乱认识,钱满素著《美国自由主义的历史变迁》(生活·读书·新知三联书店,2006)一书阐述甚为清晰。

现此目的的必要条件是军事力量、强劲的外交和对道德原则的承诺。PNAC成立伊始发表"原则声明",签名的有24名政界和学界人士,其中包括布什的弟弟杰布·布什以及后来成为布什政府决策集团的切尼、拉姆斯菲尔德、沃尔福威茨等人,知名学者中包括唐纳德·卡根和福山。声明批评了当时克林顿政府的对外政策,认为他太软弱,正在"浪费时机",面对当前的挑战,有输掉的危险。最后提出四点主张:1)大量增加国防开支;2)巩固"民主联盟"并向"与我们的利益和价值观敌对的政体发出挑战";3)推进海外经济与政治自由化;4)在国际秩序方面承担起美国发挥独特作用的责任。这大体上就是"新保"的对外纲领。它实质上是美国一贯对外思想的延续,不过更加富有进攻性。其中最值得注意的是第二条,其要点一是美国要主动发出挑战;二是"敌对价值观"也可作为理由;三是对象不一定是国家,也可以是"政体"。这正是后来美国攻打伊拉克的依据——在"大规模杀伤性武器"的借口不能成立后,把战争目标改为"改变政体"。

另外一名与布什政策有直接联系的政论家是曾任以色列副总理的夏兰斯基,他原是苏联犹太人,因维护犹太人的权利入狱九年,戈尔巴乔夫执政后获释,之后移民以色列,在以几届政府中任要职。他与人合著《为民主辩护:自由的力量定能战胜暴政与恐怖》一书,于2004年出版,详细论证了其政治主张。

其主要论点是:国家分为民主和专制两类,非白即黑,没有中间地带;前者为"自由"社会,代表"善",后者为"恐惧"社会,代表"恶";区分两种社会的标志就在于本国人是否能够自由地到广场上大声宣布不同政见,而不必恐惧会受到镇压。追求自由是一切人的本性,专制政权统治下的人都向往自由,只要有机会,定然弃暗投明。因此,民主国家有责任也有可能以各种方式积极推进民主,帮助专制统治下的人民获得自由。他根本反对不同制度和平共处政策,认为自由、民主、人权与国际和平、安全紧密相连,任何对专制政权的妥协与缓和都是帮助其延长寿命,既延长该国人民的痛苦,也导致世界不安全。他抨击以基辛格为代表的现实主义外交,认为整个对苏缓和政策的过程都是从外部支撑一个早该垮台的制度,帮助其苟延残喘。他以在苏联的切身经验论证这一套理论,同时推及全世界。在巴以问题上他是强硬派,反对向巴勒斯坦妥协,这一原则同样用于支持布什政府的伊拉克战争,认为"非民主国家内部'稳定'的代价就是外部的恐怖"[1]。正当美国深陷伊拉克,遭到国内外非议,布什的支持率急剧下降之际,此书问世,全面为布什政府的伊拉克政策辩护,提供理论根据,当然令布什如获至宝,立即认同,据说将之列为白宫必读书。

(二) 在实践中霸权的新突破与极限

布什上任后,"新保"的强硬人物进入政府决策集团,但是并非一开始就明确要按这套理论行事。布什第一任就职演说的对外政策部分并无特殊新意,当时还定不下明确的敌人。应该说,"9·11"事件提供了一个契机,"新保"理论得以有用武之地。"9·11"事

---

[1] Natan Sharansky & Ron Dermer, *The Case for Democracy: The Power of Freedom to Overcome Tyranny & Terror*, Public Affairs, 2004, p.14.

件对全体美国人的冲击是空前的，同时也是对新上台的布什政府的严峻考验。于是，我们看到了一系列强烈而迅速的反应。首先把这一事件作为一场战争，宣布进入战争状态，接着也就真的发动了常规战争，先是阿富汗，后是伊拉克。与此相适应，对外提出"单边主义"、"先发制人"，国内通过《爱国者法》，设立"国土安全部"，赋予情报机构以超常的权力，等等。

"9·11"以来美国的外交思想和行动与以前历届政府比较，其突破点正是上述 PNAC 声明的第二点的实施。为避免烦琐，仅举布什 2004 年第二任就职演说为例，这篇演说实际是对他在第一任期间的实践的追认。大意是：美国所遭受的"9·11"袭击的**根源是世界各地的仇恨和专政**，"**我们这片土地的自由能否延续，取决于自由在别的土地上的胜利**"，"美国的利益和我们的基本信仰现在合而为一"，是"国家安全的迫切要求和时代的召唤"。为此，"**美国的政策就是……以终结全世界的暴政为终极目标**"，并且在必要时使用武力。这篇讲话最大的特点，简而言之，就是把在国外推行民主和保卫美国的安全直接联系起来，以消灭专制政体为政策目标，而且可以理直气壮地使用武力。

美国要在全世界推行自由和民主并不新鲜，但是以前这是作为一种理想，以一种救世主的姿态提出的。在冷战时期，其言行都有一定分寸。杜鲁门大讲"共产主义威胁"时，也谈到保卫自由与安全联系在一起，但其含义是守御的，是认为对方要发动世界革命。美国出兵朝鲜和越南，从美国角度论，都是一种防守，美国认为都是对方先突破防线（即有条约划定或默认的势力范围分界线）；美国撤出越南的结果是越南统一为越南社会主义共和国，尼克松政府只好接受。

克林顿任内的科索沃战争绕过了联合国，不过还是以"北约"的名义，与以前几次干涉一样，认为是当地各方先打起来，美国才进去，打的旗号是"人道主义"、"制止种族灭绝"，而不是"保卫美国"。如今，根据布什及其"新保"谋士们的逻辑，首先美国安全已经处于危险之中，保卫美国安全＝反恐＝反专制制度＝改变其他国家的政权，使用武力、"干涉内政"根本不是障碍，因为他国的内政与美国的安全密切攸关。按此逻辑，不但不存在不同制度和平共处的问题，而且由于恐怖主义没有国界，在反恐的名义下，不必受到挑衅就可以选择攻打对象。甚至是否是"盟国"也以是否同意美国的政策划线，不同意者不算盟国，因此打伊拉克是以"志愿者联盟"（coalition of the willing）的名义，既非联合国，又非原来的盟国，合则留，不合则去，一切以美国的意志为转移。这就是所谓的"单边主义"，是把"美国例外论"推向极致，就是国际法、游戏规则——甚至包括美国主持制定的——可以约束其他国家，而美国不受约束，因为美国有领导全世界的"天命"。它认为天经地义，世人只见其霸气冲天。

二　内政进一步右摆

（一）安全措施对民权的侵蚀

"9·11"之后，美国政府所采取的一系列措施已经明显侵犯了美国人所珍视的基本权利，集中体现在《美国爱国者法》上。作为对"9·11"事件的第一项重大反应，美国国会以空前的速度和压倒性多数通过了《爱国者法》，于 10 月 26 日由总统签署生效。这份长达 342 页的法案没有经过多少争论，在众议院以压倒性多数通过，参议院只有一票反对。许多议员表示根本来不及细读全文，但如不赞成就会被认为"不爱国"。这部法主要是在反恐的名义下赋予政府广泛的权力以取得必要的情报，诸如窃听（包括窃听被拘留人与律师的谈话）、搜查、侵入个人电脑和网站，以及到图书馆检查个人借书记录并禁止馆方向任何人透露（包括记者和本人）。作为此类侵权的依据，制造了"敌方战斗人员"（Enemy Combatant）说，亦即总统可以授权拘留任何人，只要指认此人有参与一项恐怖活动计划的嫌疑。这一罪名适用于美国公民，因为"基地"组织已经把美国领土作为战场。以这项罪名被拘留者按军法处理，不许请律师，无限期拘留而不审判，"无罪推定论"在此也不适用。

事实上，受到怀疑从而被列为嫌疑人的，多数为阿拉伯裔或信奉伊斯兰教的美国人，无形中种族歧视再次上升。这一族裔的人明显感受到某种歧视，一时间人人自危。大批阿拉伯裔的美国公民无端遭受孤立，权利得不到保证。美国在"二战"中已经对日裔公民采取过不公平的剥夺其合法权利的措施，半个世纪后又道歉、赔偿。现在声称反恐是一场战争，又把特定族裔的原籍国定为包庇恐怖分子的国家，使这一部分美国公民遭受歧视。它正在重犯这一错误，其区别只在于有形或无形。

关塔那摩监狱和虐俘事件，情节极端恶劣，引起全世界舆论大哗，可以说千夫所指，令美国人无地自容。高层领导无论如何辩解，也难辞其咎。主要是欲得情报，不择手段。从深层看，与种族歧视也有关。虐待囚犯，刑讯逼供，各国过去、现在都存在，多在暗无天日之地。

但是美国虐俘有两个特殊之处：一是国际性质，公然无视《日内瓦公约》等国际法律和约定；二是施虐方式早已超过攫取情报的目的，而是以侮辱人格为乐，并且有意亵渎对方的宗教信仰。施虐者不以为耻，反以为荣，还摄影供大家传阅。第一点反映的是强权和霸道，第二点反映的是人性的扭曲和根深蒂固的、潜意识的种族歧视。二者其实是同根生。尽管美国军队中各色人种都有，但作为总体的心态是一样的，把敌方不当人看待，"非我族类"，以禽兽视之，"人道"、"人权"都不适用，可以任意虐待俘虏，并且心安理得。当年欧洲殖民主义者对待土著居民，包括美洲印第安人，就是这一心态；美国黑人长期不属于宪法保护范围，也是同理。不过时至今日，他们无论如何不可能公然打出种族主义旗号，这只是潜在的心态。也就是说，在某种环境中唤起了人性中最恶劣的部分。

（二）两极分化、种族与社会问题严重化

根据厄文·克里斯托对"新保"主张的阐述，其对内政策是减税以刺激生产，核心是保持经济高增长，达到全体繁荣，但不一定平等。富裕社会是现代民主的基础，只要大家都成为有产者、纳税人，就不容易受"平均主义幻想"的"蛊惑"。换言之，只患寡而不患不均，反对高福利。与传统保守派不同的是，他们并不绝对反对政府权力扩大，有时也不得不接受必要的赤字作为增长的代价，对目前强有力的美国政府反而比较满意。这种理念贯彻到实践中就是自里根以来的税收政策，每次税收改革都大幅度减少投资所得税，反对者称之为"劫贫济富"。

第十章 "9·11"之后

上一章已经提到，自20世纪70年代以来，贫富差距不断扩大，进入21世纪后，这一趋势有增无已，而且更加"金字塔化"。官方的统计通常把国民收入分作5份，以最高的20%与最低的20%做比较。但是这不能反映实质问题。根据《纽约时报》的一项统计，过去30年来涌现出一批"超级富人"，以年收入160万美元划线，在此以上的占人口的千分之一，大约有14.5万纳税人，其收入远远超过在此以下9.9%的"一般富人"，更不用说其他90%的中产和低收入人口。这千分之一的超级富人2002年的平均年收入为300万美元，而1980年为120万美元，亦即增长了1.5倍，远超过其他一般富人同期的收入增长，而其余90%的人口扣除通货膨胀后却是负增长。另外，以一户的资产（包括房产、投资及其他资产）计，在1000万美元以上的338400户2001年的总资产（扣除通胀因素）比1980年增加了400倍，而同期美国其余户的总资产只增长了27%。换言之，从中上层到低收入阶层都受损失。固然统计方法可以有多种，数字不完全一致，但是大体的图景是差不多的。[1]

2001年，布什上台伊始进一步提出题为"经济增长与缓解税收法"的一揽子法案，其中包括逐步取消遗产税[2]。此举不大为外人所注意，但是从理念上对美国一向重个人奋斗的传统是一次颠覆。反对者认为遗产税原是对大量集中的财富和权力的一种切实、民主的约束，废除遗产税将扩大富人和普通美国人对经济和政治的影响力的鸿沟，

---

[1] 统计数字引自《纽约时报》2005年6月5日特稿，David Cay Johnston,"Richest Are Leaving even the Rich Far Behind"。

[2] 关于遗产税问题，详见《美国关于取消遗产税之争的含义》一文，载资中筠：《斗室中的天下》，清华大学出版社，2006年，第293—297页。

只能使极少数美国千万、亿万富翁得利,而损害那些入不敷出的穷人。除了经济损失外,更重要的是破坏了美国赖以建国的社会基础,那就是凭个人贡献而不是凭家世致富。它将使一个重视才能的社会变成世袭贵族社会,不鼓励创新和奋斗,最终抑制经济增长。美国一向自诩社会流动性大,而且向上流动超过向下流动,但是事实上自一代人以来,向上流动的总趋势已经基本停滞。美联储前主席格林斯潘也认为,对于一个民主社会,这种情况不是好事。

贫富悬殊问题与社会公正、种族问题都分不开。2006年,一位研究马丁·路德·金的美国教授来华演讲,当听众问及如果金活到现在是否认为他的梦想正在实现时,这位教授说,他肯定会很失望,因为他所争取的是社会公正,现在的美国距此甚远。只需举一个例子:60年代约翰逊总统还敢于提出"向贫困开战"的目标,现在如果哪个政治人物提出类似消灭贫困的口号,会被认为脑子有毛病。

布什政府的经济政策从2001年初就开始启动,本与"9·11"事件无关。但是由于"9·11"之后大幅增加军费和其他与安全有关的费用,这种政策的后果更加突出。传统的共和党政策是尽量缩小政府开支,避免财政赤字;民主党的约翰逊政府则是既要大炮又要黄油,在进行越战的同时,福利也达到最高峰,因而财政赤字较大。现在的"新保"政策在进行战争的同时还减税以刺激资本,有人称之为"疯狂"的政策,结果财政赤字猛增,牺牲的只能是普通人的福利。

关于移民问题,上一章提到的矛盾在布什任内进一步深化。现在矛盾的焦点是墨西哥移民。破天荒第一次,美国总统宣布英语为美国正式语言,这令许多人不解,英语是美国国语,这还需要规定?这说明美国主流文化进一步感到威胁,首当其冲的是西班牙语裔,于是发生了派兵防守美墨边界,以制止墨西哥人的涌入之举,被讥为另一种"柏林墙"。目前对于布什提出的《综合移民改革法案》,争论焦点是对已经在美国的非法移民如何处理。如果采取一些变通措施既往不咎,开过渡到合法公民的方便之门,则更难制止后来的非法移民;如一律遣送出境,显然不切实际,因为这涉及1100万人,且绝大多数是西班牙语裔。此事已引起以拉美裔为主的新移民大游行。由于临近国会选举,这个问题成为两派政客作秀的题目,难望在近期得到解决。

如前一章所述,移民问题是美国长期存在的悖论,过去对待移民的政策时松时紧,主要是经济因素,现在又加上反恐因素(例如移民问题强硬派的理由之一是恐怖主义分子可以扮成墨西哥人)。反恐、种族主义情绪上升,外加经济低迷,显然加剧了对移民的防范和排斥。

三 制衡的力量

制约美国社会恶化、推动改良的主要力量——权力的制衡和公众的批判——是否仍起作用呢?

(一)舆论的批判

实际上,从一开始,舆论并非一律,这从《纽约时报》那个时期的"意见专栏"中可以反映出来,其中不乏美国人自我反思的文章和读者来信。"新左"的意见也得到反映,例如2001年10月15

日该报刊登了芝加哥大学文理学院教授斯坦利·费希[1]的文章,对"恐怖主义"一词本身提出质疑,反对把对方视为绝对的"恶",认为对方从事的也是有理性、有目标的事业,只不过其目标是摧毁美国,美国只有努力去理解它,才能找到正确的防御办法。文章说路透社就避免用"恐怖主义"一词,因为对一方来说是"恐怖主义",对另一方来说是"自由战士"。文章还引述了另一位教授的"文化相对论"。总之,美国人应该设身处地去理解对方何以如此,然后找出因应之道。当然,持此类意见的是极少数,也不代表《纽约时报》的立场,但是就在事件发生后一个月,在那样的气氛下,这种意见能在主流媒体上发表出来,是有意义的。

大约从2002年下半年起,美国国内知识精英质疑布什政府政策取向的声音逐渐发出,伊战之后,逐渐高涨。一则美国占领伊拉克之后的计划进行得并不顺利,局势混乱,付出的生命和财政的代价日益高昂;二则到2004大选年,民主党竭尽所能进行声势浩大的对现政府的揭露、批判自不待言,一切反对的意见也在此氛围中得以无所顾忌地大声疾呼;三则虐俘事件曝光,引起国内外舆论大哗,政府难以为自己辩解。所有这些汇成了倒布什的力量。不过,可能由于在短期内力量对比尚难扭转,并由于包括凯利在内的民主党议员都曾投票赞成打伊拉克,民主党提不出强有力的足以形成对抗的政策纲领,结果布什还是当选连任。此后,各方面对政府政策和"新保"的批判呈日益高涨之势。除了大批自由派报刊连篇累牍批评政府内外政策从未间断外,还出现了一大批书籍,从书名就可知其倾向:

---

1 本书第五章提到费希曾任杜克大学教授。

《说谎者》(该书封面上有布什、拉姆斯菲尔德等人的头像)、《战争的伤亡》、《失去的自由权利》、《反对权利法案的战争》、《向我们的自由以及安全开战》、《美国霸权的泡沫》、《怀疑者的联盟》、《一败涂地》、《帝国的悲哀》、《布什在巴比伦-伊拉克重新殖民化》、《超级大国综合征》,等等。

批判的角度、重点各有不同,大体上有以下几个方面:

1. 侵犯公民自由权利

实际上从反恐一开始,美国民权联盟就高度警惕,一马当先,进行保卫民权不受侵犯的活动,还曾致函信奉伊斯兰教的巴基斯坦等国家的使馆,表示愿为其公民被侵权提供咨询和帮助。不过他们当时势单力薄,那些使馆甚至不知民权组织为何物,基本没有回应。随着时间的推移,美国人对于为了安全如此牺牲作为美国立国之本的基本权利是否值得、是否必要疑虑日增。批判的核心是保护美国《宪法》所规定的基本权利,特别是"权利法案"(即第1至第10修正案)。批判者认为,《爱国者法》与布什政府的言行从文字到精神都违反《宪法》条文,以及美国开国元勋的讲话。即使以"非常时期"为理由,布什政府的所作所为也已远超过内战时期和两次世界大战中的权宜措施。更为严重的是,以前几次都是有尽头的,战争结束即恢复常态;而现在,反恐是望不到头的,违宪之举可以长期延续下去,美国人若逐渐习以为常,美国的立国之本、凝聚各族裔美国人的原则精神就将荡然无存,美国就将变质,这才是最可怕的。"'基地'不能夺走我们的自由,只有我们自己能做到。"这是一派人比较共同的看法,即如果破坏了基本自由权,美国就不是美国,也就无所谓安全。因此,美国不毁于恐怖主义,而可能毁于决策集团中的"新保"之手。

另一类比较温和的批评承认当前形势的特殊性,认为安全和民权的矛盾是现实存在的,政府的错误在于没有在二者之间做出恰如其分的抉择,实际上以安全的名义造成的对民主社会的价值观的损害,得不偿失。还有批判者指出,把一部分人(指与信仰伊斯兰教有关的族裔)作为更有可能的犯罪者对待,不但违反权利法案,而且违反反对种族歧视的第 15 修正案。

2. 对伊战以及整个对外政策的批判

首先"大规模杀伤性武器"已被证明是伊战虚假的借口,它使政府信用大跌,《说谎者》一书就是以此为由头进行批判的。更多的是从实际效果批判布什的中东政策的。单是阿富汗,无论是战争的近期或远期目标都遥遥无期,只经济援助一项,美国的承诺就远未兑现。如今阿富汗毒品泛滥,种罂粟成为其重要的经济来源之一,美国也无能为力。美国又撇下阿富汗的政治、经济、社会乱局,去攻打伊拉克,以致深陷泥沼,不能自拔。美国当初公开宣布的目标都未实现,伊拉克濒于内战边缘,阿拉伯世界反美情绪高涨。就美国没有公开宣布的实际目标——控制石油——而言,目前失控的危险更增加了,油价已经超过战前的最高水平。迄今为止,美国为此已经投入 1 万亿美元,仍见不到底。原来以越战经验为戒的反战者的预言都不幸言中。但是与越战不同的是,退出并不那么容易。现在伊拉克并无可以控制局面的政权,如果美国一走了之,很可能发生难以收拾的乱局,或者出现比萨达姆更为极端的反美势力掌权。这就是美国进退维谷的处境。

另外，对伊拉克和阿拉伯世界客观深入研究的书籍和文章也陆续出台，批评决策者对那里的情况缺乏基本了解，以至于做出简单武断的判断，导向错误的政策。

3. 虐俘事件与关塔那摩监狱的审讯

美军虐俘事件是英美媒体自己曝光的，令全体美国人蒙羞、愤慨，令政府处境尴尬。原来的主战派也反应强烈。例如著名专栏作家弗里德曼原来是力主攻打伊拉克的，虐俘事件使他受到很大震动，他说：美国输掉的是比伊拉克战争重要得多的东西，那就是美国作为世界道义权威和鼓舞工具的角色。他说他一生都没有经历过美国及其总统像现在这样为全世界所仇恨。另外一位主流政论家约瑟夫·奈认为美国的软实力因此大大削弱。

"大赦国际"在2005年年度报告中把美国在伊拉克阿布格莱布监狱的虐俘和关塔那摩监狱列为"暴虐地侵犯人权，从而降低了（美国的）道义权威，并在全球树立了鼓励滥刑的榜样"，并谴责美国"公然嘲弄法治和人权"，甚至称关塔那摩监狱为"我们时代的古拉格"。特别是这场战争主要是高举道义的旗帜，所以这一事件对美国现政府的打击十分沉重。包括前总统卡特在内的精英舆论代表强烈要求关闭关塔那摩监狱，这一呼声日益高涨。

（二）法治的力量

当前舆论的批判主要指向行政这一方面。如果有实际成果，应该落实在国会立法和司法裁决上。目前由于共和党在两院都占多数，加上"9·11"之后的特殊情况，国会对行政权力的制约已经削弱，很多时候是共谋。司法系统一向被看作超越党派之上的民主制度的保障，可以算作社会正义的底线，特别是最高法院被赋予解释和保卫宪法的职责。现在就看司法是否能起作用。司法方面的斗争集中在《爱国者法》和对所谓"敌方战斗人员"的待遇是否违宪的问题上，虐俘事件曝光后进一步引起法律界的注意。

到目前为止，有两个有典型意义的案例：

1. 帕迪拉案

何塞·帕迪拉是美国公民，于2002年5月自巴基斯坦乘飞机赴美，在芝加哥被捕。他首先被作为"9·11"事件的证人，同时被指控策划引爆一枚"脏弹"以散播放射性物质。据政府方面掌握的情报，他在阿富汗境内的基地营中受过爆破训练，目标就是美国的旅馆、加油站等场所。同年6月，布什总统宣布他为"严重危害国家安全"的"敌方战斗人员"，将其关押在南卡罗来纳州海军监狱，不得与外界接触。2003年12月，联邦上诉法庭裁决，总统无权在美国领土上以"敌方战斗人员"的罪名拘留美国公民，必须在30天之内将其释放，但是可以将他转交给能对其进行刑事起诉的"适当的非军事权威机构"。

这一裁决意味着布什政府败诉。这一案情复杂，拖的时间较长，如今帕迪拉作为一般刑事犯，在迈阿密地方法庭受审，享受普通公民应有的权利。2006年7月，当地联邦法院法官下令允许他在开庭前查看国防部对他在受军事拘留三年半期间所作供词的概述的文件，还有他受审的57盘录像带。一般说来，辩护律师在获得政府解密后，有权阅读和观看这些材料，但是让嫌疑人本人阅读这些本该绝密的材料是很不寻常的。尽管尚未结案，但这一判决已经扭转了自《爱国者法》以来的事态发展的走向。

2. 哈姆丹案

与帕迪拉不同，哈姆丹是也门公民，2001年美国进攻阿富汗期间被北方联盟抓获，移交美国军队，随后被关押在关塔那摩监狱。他承认自己曾任本·拉登的司机和保安，但否认曾参与"9·11"袭击。2004年7月，美国政府在特别军事法庭指控他犯恐怖阴谋罪，哈姆丹的辩护律师向美国法庭反控军方不经过审讯就剥夺他的人身自由。军事法庭进一步取证，认定哈姆丹为"敌方战斗人员"，应被关押。随后，首都华盛顿地区法院判决有利于辩方；军方向华盛顿联邦上诉法院上诉，判决有利于军方；辩方又向最高法院提出申诉，最后最高法院于2006年6月29日一锤定音，判决政府在关塔那摩基地设立的特别军事法庭超越了政府权限。判决书称，任何总统都不能在宪法之上，乔治·W.布什是武装力量的总司令，但不是我们其他人的总司令。

这一案件的名称是"哈姆丹诉拉姆斯菲尔德"，结果国防部部长败于恐怖嫌疑人（帕迪拉案件最初的对象也是拉姆斯菲尔德，后来转到非军事法庭后所诉对象才换人）。根据这一裁决，整个关塔那摩监狱都成问题，关押人员的身份都必须一一确定。他们的起诉对象都可能是代表国防部的拉姆斯菲尔德。这也是美国的一道景观。

不论最终哈姆丹和帕迪拉的命运如何，目前对这两个案件的判决已经是对布什政府迄今为止的政策的沉重打击，对反对者来说是捍卫宪法和美国民主法治的重大胜利。在帕迪拉案件开始审理时，就有论者把它提高到美国历史上最重要的案件的地位，其判决结果关乎民主的存续。其理由是：布什政府的论点——在战时，当与敌国有联系的个人进入美国，危及美国人生命时，总统有权对其采取行动——是对无罪推定论这一原则的摧毁，而这一原则是任何形式的民主政府的基石，是保护个人不受政府滥用权力之害的防火墙。没有无罪推定，就没有司法公正，民主也将枯萎。如果布什政府的论点得逞，国家就可以独断专行选定对象任意加以惩罚，如此"不可转让"的天赋人权将荡然无存。

　　有一点值得注意的是，如果没有强大的律师阵容，这两个案子都不可能胜诉，甚至根本无法提出。因为显然被关押的嫌疑人并无亲属为其奔走，自己也不可能支付律师费用。100 年来，美国法律界已经形成关注弱势群体维权的志愿者传统，并已有一批民间法律团体。例如纽约的"维护宪法权利中心"很早就启动了关注恐怖嫌疑人的权利和揭露政府违宪的行动。最初响应其号召为基地关押的嫌疑人辩护的律师比较少，随着国内气氛改变，特别是 2004 年 6 月，最高法院做出裁决：关押在关塔那摩监狱的嫌疑人有权向联邦法院起诉，对他们的拘留提出抗辩，随后即有越来越多的律师踊跃飞向那里，充当志愿辩护人。例如哈姆丹案，一名辩护律师是军方根据法律制度指定的，他虽然属于军方，但一经受理此案，就尽心尽力为当事人服务，绝不袒护军方。另外还有一批著名法学教授志愿组成律师团，以精湛的专业知识和锲而不舍的努力，终于获得胜诉。这里的胜诉不是指为两名当事人减轻罪责，而是指为他们争得按照美国正常的司法程序进行审讯的权利，其意义就在于维护美国的法治。

　　以上是两个典型案例。当然，围绕政府是否侵权、违宪的斗争不止这些。另一个为民权组织和人士所关注的问题是情报部门的窃听问题。这方面已经有多起诉讼,但由于政府方面以涉及反恐机密为由,举证困难,尚未有明确的结果。

这里,反对政府和军方的人士与法院的判决绝对不是同情嫌疑人,或认为应该轻判,他们关心的只是维护美国的宪法原则,认为这是高于一切的。这样在实际操作上确实会给政府带来许多难题,或许会冒因证据不足而放走真正的恐怖分子的风险,这也正是另外一派的论点。

(三)自由派与保守派的殊途同归

乔治·索罗斯于 2003 年出版了一部畅销书,题为《美国霸权的泡沫——纠正对美国权力的滥用》(以下简称《泡沫》)[1],从理论到实践全面、系统地分析、批判了"新保"和布什主义的内外政策,并提出了自己的替代方案。索罗斯除了是众所周知的金融家之外,还是大慈善家,并且代表自由派观点。他在《泡沫》一书中逐条批驳"新保"的理论,称其为"宗教原教旨主义"与"市场原教旨主义"的结合;认为"反恐战争"是蓄谋已久的欺骗,美国政府借"9·11"事件蒙蔽人民,推行其世界霸权的方案,对内以反恐名义限制公民自由,对外以武力把自己的观点和利益强加于其他国家,这一系列行动使美国从受害者转变为罪犯,把"9·11"之后全世界对美国的同情迅速转

---

[1] George Soros, *The Bubble of American Supremacy: Correcting the Misuse of American Power*, Public Affairs, 2003, 中译本《美国的霸权泡沫——纠正对美国权力的滥用》, 商务印书馆, 2004 年。

化为反美情绪。索罗斯认为恐怖主义是刑事犯罪,应该用警察来对付,而不是发动战争。他还揭露"新保"分子与军事和石油工业的联系,并以德、日的经验为例,尖锐地指出,大财团和政府的勾结是滋生法西斯主义的根源。值得注意的是,索罗斯本人坚决信奉自由民主的理想,他创立的"开放社会"系列基金会多年来在世界各地特别是在苏联东欧国家推行民主变革,对内则致力于改善美国民主,纠正其弊病。[1] 这一理想他并未放弃,但有两点与"新保"不同:一是认为美国模式并不适合其他国家;二是认为以武力和战争来推行民主,其效果适得其反。索罗斯的书出版于总统选举开始的2003年,影响很大,他的目的是让布什竞选失败,让美国政策改弦更张,结果未能如愿。但这些论点有广泛的代表性。

另外一部引人注目的书,是福山于2006年出版的《新保守主义之后——十字路口的美国》[2]。福山是"新保"理论代表人物之一。80年代末,他首先以《历史的终结?》一文语出惊人,1992年出版了《历史的终结及最后之人》一书,系统阐述了他的理论。简言之就是:"获得认可的欲望"与经济的诉求同是人的本性,从这一前提出发,自由经济和自由政治是人类最终的归宿,任何国族概莫能外。东欧剧变和苏联解体是强有力的证据。大家都进入普适的同质的社会之后,就不会再有质的变革,这就是历史的终结。这本书是他的成名作,奠定了他"新保"理论家的地位。他是1997年PNAC声明的签

---

[1] 关于索罗斯"开放社会"基金会在美国改进民主的工作,详见资中筠:《财富的归宿》,上海人民出版社,2006年,第122—127页。

[2] Francis Fukuyama, *After the Neocons: America at the Crossroads*, Profile Books, 2006.

署人之一，并曾力主攻打伊拉克。但是在现实面前，他的思想有了显著转变，《新保守主义之后》标志着这一转变。该书公开批判布什主义以及美国在伊拉克的行为及其背后的思想。他所指出的各种问题和恶果与自由派的批判大同小异。他从"新保"的源头开始梳理，引证早期主要人物的言论思想，认为贯穿"新保"思想的有四条原则：1）特别关注民主、人权以及一国的内政；2）相信美国的力量可以用于道义目标；3）对国际法和国际机制解决严重问题的能力抱怀疑态度；4）过分野心勃勃的社会运作，其后果往往事与愿违，反而破坏其目标。最后一条本意是反对左翼自由派激进的社会变革，反对"根治"社会问题的主张（例如左派认为犯罪的根源在于贫穷和种族歧视），而主张渐变式的改良。但是在反恐问题上，"新保"的主张恰好与此相对，认定恐怖主义的"根源"是中东的专制政权，而美国有能力顺利地向"根源"开战，把民主推行到伊拉克。福山分析"新保"之所以有此演变，主要是冷战结束得太突然，对美国来说胜利来得太顺利，于是产生错觉，以为凡专制政权都是腐朽脆弱，一推即倒，人民都自然风从民主自由。他重新阐释自己"历史的终结"的含义，说是以前被误读了，他所谓的"终结"是指对现代化的辩论的终结，并非终结于自由民主。有普适意义的追求是一个技术进步、繁荣和法治的社会，这样的社会可能产生更广泛的政治参与。自由民主制度可能是现代化进程中的副产品之一，要成为普适的诉求还有待历史的发展。

说过去别人对他的观点都是"误读"，似乎难有说服力，毋宁说在现实面前福山修正了自己的观点。目前，他已经把普适的追求定为"技术进步和繁荣"而不是自由民主。美国的外交原则包括在全世界推行自由民主，这一点不变，但重要的是手段，必须"非军事化"而采用其他政策工具，把反恐"战争"改为"长期斗争"，以争取全球穆斯林的人心为目标。这样，原来"新保"派的福山实际上与反布什主义的自由派索罗斯殊途同归了。

当前的"新保"人士多自称或被认为是继承了著名政治哲学家列奥·施特劳斯的理论。其中不少人的确曾经是施特劳斯的学生。饶有兴味的是，2003年7月施特劳斯的女儿在致《纽约时报》的信中竭力否认施特劳斯学说与布什主义有关。她说，施特劳斯是完全不问政治的学者，他被称为保守主义只因为他：1）不认为社会变化一定是往好里变；2）相信自由民主制度虽然有缺点，但仍是在可以实现的制度中最好的，是"最后、最好"的希望；3）反对一切希图统治全球的政权，蔑视乌托邦的许诺；4）他热爱犹太人，认为建立以色列国家对犹太人的存续至关重要。他在教学中只是引导学生阅读经典，只是帮助他们以怀疑的态度分析已经接受的成见，找出其根源，从古希腊先哲中寻找答案，而并不企图以自己的观点来改造他们。当时正是左派思想流行之时，所以他引导的怀疑对象主要是左派思潮。如果在另一个时代，他照样会对当时流行的思潮做同样处理。

从施特劳斯的著作来看，他女儿所说的比较符合实际，那是纯学术著作，表现出对当时的左派激进主义高潮和商品经济夹击下"礼崩乐坏"的忧虑，强调恢复人文教育，回归经典，从源头上理解自由主义。如加以通俗化，其思路有些接近上一章提到的《滑向罪恶的城市》一书的作者博克，从其文本实在看不到通向布什主义对外扩张政策的依据。

事实上，新老保守派、自由派本是同根生，其维护的基本原则和制度是相同的：对内仍以最初的建国理想和宪法精神为准则；对外也从不放弃以推行自由民主、"领导"世界为己任。其主要分歧是如何认识复杂纷纭的现实世界，应遵行何种途径。政治家有时附会某种理论以使自己的行动合理化，学者或媒体也喜欢对一种政策做理论化的阐释。在实践中，在现实与理论发生矛盾时，只有修改理论以适应现实，而不是相反。

四 美国何去何从

综上所述，美国在"9·11"之后奉行的进攻性的霸权主义对内明显地腐蚀了民主和民权，其程度是严重的，涉及其根本价值观和道义原则。另一方面，美国自我纠错的因素仍然有生命力。例如虐俘问题，率先曝光的是英美当事国自己的媒体。可以设想，如果美国政府有权力压制新闻，谁发表就封谁，或撤谁职，甚至以危害国家安全罪将其逮捕，它一定会这样做。事实上，当政者已经尽其所能将事态加以缩小和掩盖，但是在美国的制度下不可能封杀，这就是其希望所在。不但如此，美国哥伦比亚广播公司新闻主播丹·拉瑟因为独家率先报道伊拉克监狱美军虐俘丑闻，还获得了在纽约颁发的第64届"皮巴迪广播节目奖"。举报虐俘行为的美军士兵约瑟夫·达比也获得了著名的"肯尼迪勇气奖"，肯尼迪的女儿和弟弟参议员爱德华·肯尼迪亲自参加了颁奖典礼。这说明新闻自揭家丑的传统和勇气还是得到了承认和鼓励。虐俘事件可以是一个契机，唤起美国的社会良知，促使思想精英重新全面审视美国新保守主义的政策和理念。

在贫富悬殊扩大的情况下，美国的捐赠文化方兴未艾。2005年"善款"的总数是2600亿美元强,比上年增加6.1%,高于同期GDP的增长。[1] 继比尔·盖茨以290亿资产领先的基金会之后,巴菲特又一举捐出310亿,并且表现出无私大度——因为相信盖茨夫妇比自己管得好,这笔钱不入其子女名下的基金会而纳入盖茨基金会。至少,自卡内基以来的这一优良传统在21世纪还将延续下去。这也是美国社会的一个亮点。

现在美国全面向右摆动已经走得很远,以至于《纽约时报》都被认为是左倾的报纸了。是否已经到了摆回来的时候?根据20世纪发展的规律,到了这个地步,美国需要再有一次类似"进步主义"那样的社会改革运动,或者60年代那样的反抗运动,以净化社会,"拨乱反正"。是否有可能呢?从积极方面看,现在舆论的批判力度正在上升,并且初见成效。从大量的出版物来看,代表社会良知的精英也开始对美国霸权进行深刻的反思。以安全的名义固然可以侵犯某种隐私,但是公民的基本自由权利还是不能剥夺,而且美国人对此还是表现出相当的敏感和警惕。

那么,美国能否回摆,摆多远?

(一) 对外政策

在现实面前,美国必须有所改变,而且已经改变,这与派别理论关系不大。"新保"理论的前提:一是美国力量无比强大,无所不能;

---

[1] *e-Perspectives*, August 2006, The Center on Philanthropy at Indiana University, Perdue.

二是所有其他民族不论其信仰、历史、文化如何，都以美国所宣扬的自由民主为首选，都盼美国"解放"如大旱之望云霓，美军所到之处会出现"箪食壶浆以迎王师"的局面，然后在美国扶持下成立亲美的民主政权，于是大功告成。以此类推，假以时日，"大中东民主计划"即可实现。但是现实与这两个前提相距甚远。美国尽管强大，却绝非无所不能。弗里德曼认为，支持伊战在道义上和战略上唯一站得住的理由是：美国的真正目标应该是建立为整个地区进步表率的新伊拉克。他认为，布什政府绝不敢只为树立一个对美友好的独裁者以便于汲取石油而入侵伊拉克，也不敢只把伊拉克解除武装，然后不管其建国的任务，一走了之。这正是布什政府面临的困境。正因如此，布什第二任内努力修复与欧洲盟国的关系，不再侈谈单边主义。在伊朗、朝鲜以及其他问题上，美国已经显示出较大的克制和妥协，不敢轻言武力解决，不敢无视联合国，也不得不考虑其他国家的意见，无复伊战前的气焰。这正是"新保"所反对的现实主义，夏兰斯基可能会对布什失望，但没有一个执政者是能彻底依照极端的理念行事的，特别是在国际政治中，只能量力而行。非不为也，是不能也。

在这种时候，需要一位有胆识的政治领袖懂得后退、收缩战线，如当年的尼克松，不仅撤出越南，而且在战略上变扩张为收缩。现在美国不可能出现这种情况。第一，看不到这样的人，在诸多反对布什的政客中看不到有足够影响力，又能提出替代的战略思想的人物；第二，更重要的是客观形势不允许。美国已经骑虎难下，中东局势一波未平，一波又起，真如弗里德曼所说，不能一走了之。主观上，无论是哪一派，都以保持美国独霸的态势为最高目标，主张美国放弃或与他国分享霸权的议论只存在于民间的纸上谈兵，不可能进入政策考虑。冷战结束后不少美国人预言或担心美国会走向孤立主义，这是不可能的。

（二）国内改革

过去美国政治在微调的同时，每隔一段时期就有一次比较大的改革运动。从目前美国国内出现的种种矛盾来看，似乎又到了需要一次比较深刻、全面的改革，以兴利除弊、净化社会的时候了。但是与20世纪初的进步主义时代和60年代的形势相比，促成改革的条件相差甚远。

1. 主流媒体和知识精英仍然忠于美国立国的原则，其揭露和批判依然有一定的锋芒，但是对全社会的影响力已今非昔比。特别是视频成为主要的载体，有无数平台供选择，大众兴趣分散，难以就某一关注点形成气候。严肃的报刊读者少，青年读者更少。一种观点进入不到大众，就影响不了选票，因此政客可以我行我素，好官我自为之。例如一方面，首先揭露虐俘事件的新闻工作者得奖；另一方面，应直接为刑讯逼供负责的米勒准将在退役前堂而皇之在五角大楼荣誉厅接受"优异服务勋章"。舆论为之愤慨不已，也无可奈何。

2. 进步主义时期有过一次理论革命，出现了一批学者，创立学会，传播思想，深入人心，并与政界的改革相结合，改变施政理念。这批学者后来又成为小罗斯福"新政"的骨干力量。今天，美国的学界已高度专业化，分支越来越细，且受市场需求的影响，日益实用化。进步主义时期和60年代的那种理想主义已经大大消退，以倡导社会正义为己任的知识分子当然还有，但分散而孤立，无法形成有社会影响的学派。只有"新保"尚能自成一派，拥有逻辑思路相同的一批强势骨干，而反对者却是分散的。

3. 社会改革归根结底要靠群众的力量，才能形成足够的冲击。本书第三章已经论述，进步主义的基本动力是底层有组织的劳工运动，而且声势浩大。当时从欧洲来的新移民组织也起了很大作用。现在工会早已成为政治运作中的一个利益集团，其领导也成为权势集团的一部分。60年代，工会虽已趋于保守，但是有声势浩大的学生运动与以罗斯福夫人为首的上层左派自由主义精英相结合，还有黑人民权运动的高涨。现在这些条件都不存在。贫富悬殊的问题固然严重，但现存的社会保障制度和劳动条件还能起一定的缓解作用，不至于到民不聊生的地步。20世纪初，美国劳动者的不满基本上是基于国内的垂直比较，在国外是和欧洲比。现在全球横向比较，美国的机会和条件当然属于相对优越的，所以才需要对不断流入的移民加大限制。处于最底层的新移民则多关注自己的生存合法化问题，形成不了改革的力量。

再者，在全球化的形势下，国内矛盾可以转嫁到国际。进步主义的改革之一是降低保护垄断价格的关税壁垒，迫使美国企业加强竞争力，降低市场价格，以利于消费者。而现在正好相反，工会不把矛头指向企业主，而与企业主一起把矛头指向国外（例如指责中国的低工资、低成本），政客为迎合这部分选民，而在国会推动保护主义。从本质上讲，保护主义是一种缺乏自信的表现，与美国主张的自由贸易背道而驰。

4. 国际局势和美国的地位已经大不相同。20世纪初，美国刚开始面向世界，进步主义改革导向国家主义，为美国的扩张创造理论和实践的条件。60年代，美国已是超级大国，但是还有另一个超级大国。当时的世界时尚是左倾，有蓬勃兴起的殖民地反帝运动。与社会主义国家缓和关系、接受和平共处是大势所趋。美国的学生运动正是在此背景下兴起的。自从"二战"以后，美国外交政策和扩军、用武的依据一直是反对共产主义威胁，到越战时这一依据已经缺乏说服力，美国人民不接受为此付出巨大代价，遂有反越战运动。事实证明，美国放弃越南，与中国建交，对美国有利无弊。

冷战结束后，美国独霸之势形成，全球化实际上是以资本主义市场模式为主导的。美国与生俱来的要以自己的理念改造世界的理想和优越感，与实际战略利益结合在一起，空前膨胀。事实上，自由派并不反对美国在全球推行民主，只是反对其武力手段和单边主义。有一些批判美国现状的著作题目语出惊人，例如《美国时代的终结》（库普乾）、《美国霸权的泡沫》（索罗斯），等等，其实都是一种恨铁不成钢的重锤，并非真的敲响丧钟。他们所提出的主张仍然是在现有框架下的政策调整，而不是根本改造。美国对内、对外都需要强势政府，政府的权力和规模已经达到空前的程度，无论哪一派得势，再回到小政府，哪怕略削弱一点权力，都已不现实。这种形势在反恐之前已经形成，"新保"理论之成为"显学"有充分的土壤。

5. 恐怖主义改变了美国人的安全心态。"9·11"袭击对全体美国人造成的精神上和心理上的打击是史无前例的。在世界史上，多少国家、民族几度兴衰、离合，即使是欧洲曾经称霸一时的列强也无不经历过外族入侵的屈辱和苦难的历史。唯独美国特别幸运，其发展可以说一帆风顺。自开始介入国际事务以来，美国只在境外用兵，本土从未受到外国入侵，更没有被蹂躏、被压迫之苦。因此，美国人在某些方面的承受力比较脆弱。如今在和平时期，在光天化日之下，又是唯一的超级大国睥睨全球之时，在心脏地点遭受这样戏剧性的突然袭击，其震动可以想见。布什说"9·11"事件使美国看出自己不堪一击，应该是说出了多数美国人的真实感受。美国人对内反思能力强，对外反思能力弱。由于一贯以救世主自居，在"9·11"事件之后，普通美国人都惑然不解："他们为什么那么恨我们？"因此，当时政府所采取的一系列超强反应的行动是受到绝大多数美国人拥护的，在安全压倒一切的前提下，一些侵犯自由权利的立法和措施没有引起太大的注意。攻打阿富汗几乎没有任何阻力，应该说，攻打伊拉克也是得到多数美国人支持的。现在气氛有所改变，政府滥权的做法受到一定约束，对外政策也受到质疑，但是恐怖主义的威胁并未消失，而且看不到基本挫败的前景。对此，布什政府的对立面也没有完整的替代纲领。冷战结束初期，一度曾有的所谓"和平红利"之说——大幅削减军费，既消灭赤字又提高福利，或增加人道主义外援——早已成过去。现在任何人上台都不可能这样做，民主党如执政，或在国会占多数，最多对税收制度做一些调整，难有大作为。

总之，美国不可能沿着"新保"的思路一意孤行，百年来促成美国渐变的那些因素和精神并未消失，美国对外的霸权主义尚不足以完全腐蚀国内的民主，其受到现实的制约也必然有所收敛，但是支撑其对外称霸的理念不大可能有重大变革。只是布什主义的所作所为，使美国自命民主、自由、人权捍卫者的形象受到很大的破坏。与其初衷相反，在世人心目中美国式民主的吸引力比20世纪90年代初大大削弱，而抵制民主改革的专制政权反而找到更多口实。前一章论述冷战时期美国的霸权主义能使"顺我者昌",现在却难以做到,或因短视而不愿做到。其硬实力仍然强劲,而软实力则相对下降。这里是指美国自己和自己比,而不是与他国比。

另一方面,美国尽管力甲全球,忧患意识却特别强,时刻怕失去它作为唯一超级大国的地位。所以美国过分自信,自以为无所不能,固然非世界之福,而它开始失去信心、处处感到不安全的时候更有可能冒险。它会夸大威胁,做出过分反应,或者趁自己还有力量的时候先发制人。在这种时候,被美国当作其主要威胁的国家或群体的处境是很不利的。美国一般公众很容易为这类所谓"威胁"所左右,在这一点上,不论哪一派执政都改变不了。至于美国如果由于政策严重失误,作茧自缚,使自己一蹶不振,突然衰退,那么由于全球化背景下各国互相依赖已经很深,受害者也不会止于美国人。不过这些只是推理和假设,当前现实中,世人要面对的还是实力遥遥领先的超强的美国。

后　记

本书前一版杀青于2006年，自那时以来美国发生的大事是2008年的金融危机，然后复苏；奥巴马作为美国有史以来第一位黑人总统当选，并连任两届；又凭空杀出一匹黑马特朗普，其特立独行的作风举世瞩目。

美国的兴衰问题，以及美国何去何从，又提上了日程。尽管发生了许多新情况，本书第十章对这些问题的分析仍基本有效。现在根据笔者进一步的思考再做一些补充。

美国的绝对硬实力，不论看来遇到何种困难，还是遥遥领先于世界其他任何国家，并将继续相当一段时期，而美国的软实力较之"二战"后的巅峰时期的确有所削弱。本书主要关注的是其软实力。

一　软实力的来源和缺陷

可称为美国特色的软实力表现在以下几个方面：1）作为民主国

家的榜样效应；2）对全世界人才的吸引力（自从20世纪80年代保罗·肯尼迪的《大国兴衰》一书出版后，"美国衰落论"就是热门话题，我当时提出的观点是：在人才自由流动的今天，只要全世界优秀人才的首选流动方向是美国，美国就不会衰落）；3）培植创造力和鼓励创新的制度，同时提供从实验室到大规模生产的最短途径；4）自我纠错机制——其中最重要的构成要素就是在言论和出版自由基础上的强有力的公众监督批判和分权制衡的治理机制。

但是，随着时间的转移，所有上述美国软实力的因素都会受到或已经受到腐蚀。今天，华尔街的贪婪形象和无原则的两党斗争可能取代了民主榜样；对国际规则和民主制度的双重或多重标准，包括臭名昭著的关塔那摩虐俘事件，使美国对人权的倡导显得伪善；高度商业化的媒体往往把市场利润的考虑置于真相和正义之上，从而削弱监督的力量。总之，软实力是一种无形的、无声的影响。不适当地挥舞其强大的硬实力，适足以妨害其软实力。

从根上说起，美利坚合众国开国之始制定《宪法》时着重注意的几点是：

——保护公民基本自由，防止政府的公权力侵犯个人的私权利；

——用分权制衡来防止个人独裁或寡头专制；

——协调联邦政府和各邦（州）之间的集权和分权，努力做到对大邦小邦公平；

——私有财产神圣不可侵犯；

——防止多数暴政，反对群众暴力行动。

根据这些思路和原则，设计了美利坚合众国复杂的立法、司法、行政三权分立的政府，复杂的选举制度，以及在公民自由权利基础上的公众监督机制。这一机制远非完美，效率不高，但是留有自我纠错的余地，美国立国以来历经各种危机，一般能刺激出程度不等的改革，促成了20世纪的繁荣富强。

但是美国的开国元勋们没有考虑到，或故意回避了几个主要问题，留有重大隐患。

1. 种族歧视问题

在讨论《宪法》时并非没有人注意到奴隶制与基本人权原则相悖，但最终还是回避了，以至于经过一场惨烈的内战才通过了保证种族平等的宪法修正案，而实际上仍然冲突不断，至今还没有彻底解决。

2. 如何驾驭强大的资本，防止其肆虐的问题

《宪法》制定者特别强调保护私人财产，保护纳税人的权利，平衡各种利益集团的诉求，唯独没有考虑到资本高度集中，逐利的本能和人性的贪婪如脱缰之马时可能造成的后果，贫富悬殊到一定程度可能引起的严重社会问题，以及如何防止金钱对政治产生超常影响，防止其损害民主制度。

3. 美国发展为超级大国，以世界"领导"自居，从而带来的一系列问题

前两大基本缺陷造成了美国社会的痼疾。一则与当时《宪法》的制定者囿于自身地位和思想的局限性有关，尽管他们已经代表了当时最前沿的思想。客观上也由于当时美国基本上还是农业经济，不可能预见到发达的工业社会和后工业社会出现的问题。至于第三点，更是与美国开国元勋的想法背道而驰,华盛顿告别演说中告诫美国切勿卷入欧洲的纠纷时,绝不可能预见到"二战"以后美国在世界的地位和处境。

二 当前面临的问题

(一)中产阶级的困境

美国社会最大的问题始终是贫富差距扩大的自然趋势。如果任其自然,没有人为努力不断改革,就很容易成为弱肉强食的丛林,而且形成"马太效应"。不仅是收入问题,还包括社会地位、文化、健康等一系列差距。本书已经详述美国20世纪为治理这一痼疾所产生的历次改革浪潮和一系列立法。这些改革的成果除了缓解贫富差距的扩大化之外,最主要的是形成了一个稳固的中产阶级,无论在有形的物质生产、生活,还是无形的思想文化、价值观方面,它都是维系社会的中坚力量,甚至可以成为稳定社会的"定海神针"。对于下层大众来说,经过努力进入中产阶级,也是他们追求的目标。从经济生活上说,经过60年代的狂飙,以及政府的激进措施,贫富差距曾显著缩小,中产阶级也有过一个繁荣时期。但是从20世纪70年代中期之后,社会两极分化又迅速加剧,各种数据的图表显示,差距基本上是一路上升,极少有回落或曲折。这种情况终于危及中产阶级。到世纪之交,惊回首,发现橄榄型的社会已经在变形。有人将美国比喻为一座外表看来辉煌的大厦,只有高处闪亮,不但底层已经进水，中层也在颓败，更严重的是，电梯坏了——已无流动性，主要是下面的人上不去了。[1] 这种社会阶层的固化，主要不是当前的物质生活问题，更重要的是对前景的焦虑，看不到希望。

如有的报刊文章所说，中产阶级失去了存在感，他们不再被认为是实现美国梦的骨干，反而被认为是发展的障碍。他们过去是实现美国价值目标的一部分，美国的各种光荣业绩，包括"领导世界"，都有他们的份儿，而现在他们失落了。[2] 他们的失落使美国作为"机会之地"的光辉黯然失色。而特朗普的竞选口号之所以有吸引力，是因为它使他们认为自己可以重新参与"使美国再伟大"的事业中来。

（二）遏制金钱腐蚀民主的改革倒退

从19世纪末"镀金时代"以来，美国就面临着大财团或个人操纵政治的情况，这造成了美国式的腐败，从而威胁美国人引以为自豪的"民有、民治、民享"的原则。从20世纪初的进步主义运动以来，试图遏制这种趋势的改革此起彼伏，取得了一定的成绩。其中一项重要的成果是通过了一系列统称为"选举财务改革"的法，主要是在选举中限制财富对选票的影响。从1907年的《蒂尔曼法》开始，到《1971年联邦竞选法》，经过多次修正，到1974年修正案基本成熟，

1　这一比喻出自哈佛大学教授 Larry Katz，转引自美国 Rothschild 投资公司总裁 Lady Lynn Forester Rothschild 2013 年 6 月接受中国长江商学院 CKGSB 的采访。来源自网站：http://knowledge.ckgsb.edu.cn/2013/06/25/finance-and-investment/reinventing-capitalism/。

2　Amy Chozick, "Middle Class Is Disappearing, at Least from Vocabulary of Possible 2016 Contenders", *New York Times*, May 11, 2015.

与其他配套的法律法规，包括税收法，一起构成了当代美国联邦选举制度的基础。它有很多详细规定，最主要的内容是提高候选人竞选资金的透明度；对竞选广告和候选人竞选费用的支出，以及个人和公司、团体对参选人的捐赠，加以严格限制。一项重要措施是组建"联邦选举委员会"，授权它解释有关法律、制定监管规章并履行监管和执法职责。至 2002 年小布什政府时期，国会又对该法进行修正，通过《2002 年跨党派竞选改革法》，进一步限制参选人为竞选而筹集"软钱"——间接捐赠，资助不明显支持或反对某一候选人，却间接有利于一方的宣传。关于限制"软钱"的规定仅用于公司以及其他组织，而对个人捐赠没有限制，这埋下了隐患。

进入 21 世纪，一个标志性的事件是：2010 年初，美国联邦最高法院的 9 名大法官以 5 比 4 的接近票数就"'公民联合组织'诉'联邦选举委员会'"一案做出了有利于原告——"公民联合组织"——的裁决。情节大体如下：

公民联合组织是一个保守组织。2008 年大选期间，该组织发行了由它出资制作的纪录片，攻击竞争民主党总统候选人提名的参议员希拉里·克林顿。他们同时希望通过电视在竞选期间播出该纪录片。他们明知这一传播计划明显违反联邦选举法中的有关规定，一定会遭到监管机构"联邦选举委员会"的制裁，于是抢先把后者告上法庭，要求法院对相关条款颁发"初步禁令"（即禁止实施选举法中关于制止"软钱"助选的条款）[1]。在初审败诉后，他们又上诉至联邦最高法院。结果于 2010 年 1 月 21 日，9 名大法官以 5 比 4 的微弱多数

---

[1] 初步禁令（preliminary injunction）：美国法院可以应起诉人的要求在法院就某一项现存的法律做出最终裁决之前暂时中止实施该项法律。

做出了有利于原告的判决，其依据是宪法第一修正案关于言论自由的条款，把公司出资做政治宣传广告等同于个人言论自由，而且说明这一言论不会引起"腐败或腐败现象"。

这一裁决的关键性后果是为公司使用自己的财力在选举中进行政治宣传开了绿灯，而且开了一个恶劣的先例。紧接着，哥伦比亚特区联邦上诉法院9名法官援此案例，对另一项类似的案件做出有利于另一个保守组织"现在就说"的一致裁决，宣布联邦选举法律中有关限制公司机构宣传支出的规定违宪，而且与反腐无关，因而无效。[1]

这样，就政治反腐而言，几十年几代人通过艰难努力达成的限制"软钱"助选的法律法规几乎失效。这是遏制金钱影响选举的大倒退，它妨害了选举的公正性，从而在实质上损害了民主制度。

值得指出的是，在法律与金钱的博弈中，反对限制金钱的作用的一方总是以"违宪"为说辞，其中最主要的依据就是保护言论自由的第一修正案和关于保护私有财产的条款。所以在维护和改善民主制度中，如何处理自由与平等之间的关系，始终是美国的一个问题。

（三）党派政治的负面效应

在政府运作方面，美国的两党政治也在退化。过去，在竞选中两党互相揭短，争得不可开交，但是一旦尘埃落定，执政党和在野党总还能向中间靠拢。在重大决策上的差异并不完全以党派分，而

---

[1] 详见徐彤武：《"外围团体"对2012年美国大选的影响》，《美国研究》2012年第3期。该文中的"Election Campaign Act"译作"选举法"，本书改为"竞选法"。

是以观点分，投票的分野两党互有交集。而自奥巴马上台之后，几乎所有议案都是按党派投票。而且在讨论中似乎反对党就是为反对而反对，不问是非利弊，就议员本人而言，可以说"派性"超过了个人的判断和政治操守。结果本来为相互制衡而设计的制度，成了"否决"体制。特朗普政府的国会迄今为止的表现也是如此。国会向来是各种利益集团博弈的场所，国会议员首先考虑的是他所在的选区的选票，但是过去常有资历老而德高望重的议员，特别是参议员，作为党团领袖或议长，能够在重大问题上超越党派的利益，以大局为重，对其他议员施加影响，起到关键性的积极作用。但相当一个时期以来，已见不到这样资深而有威望的议员，以及可以称得起杰出政治家的人物，这也是政治文化的一种衰退。

（四）种族矛盾回潮与移民问题

经过一个世纪的斗争和进步，终于有一位黑人当选总统，世人普遍认为这是美国反种族歧视的一大成绩，具有里程碑意义。但是在奥巴马连任两届总统之后，种族矛盾并没有缓解，反而表面化、尖锐化，而他的继任者更是不掩饰其种族歧视倾向的人物。特朗普作为总统候选人在竞选中就敢公开发表各种种族歧视的言论，而且最终还能当选，说明这不仅代表其个人的观点，还代表实际上一直存在的一种倾向。美国的这一痼疾并未根治，只是在20世纪60年代以来倡导"政治正确"的风气中，在一定程度上得到遏制。在某种意义上，奥巴马当选总统，一方面是种族问题的进步；另一方面可能更刺激了原本潜在的种族主义的反弹，增加了他推行政策的阻力。两极分化加剧，社会矛盾突出，也为之提供了土壤。现在，美国的种族问题更加复杂，除非洲裔之外，还有西班牙语裔（以其人数众多）、穆斯林（与中东局势等有关），以及亚裔（争夺教育资源），等等。前面谈到美国"大熔炉"已变成"马赛克"，今后如果WASP不再是人口的多数时，会有怎样的变化？美国入籍宣誓的誓词中有不论来自何国，一旦成为美国人，必须只对美利坚合众国忠诚的内容。但是这么多抱着各种动机前来的移民，果真能切断对母国的联系和感情，只忠于美国吗？凡该国与美国矛盾尖锐化，或成为敌国时，这部分族裔就难免受到怀疑和歧视。如何处理国家安全和公民权利的问题，过去存在，今后可能更加突出。所以，对移民的限制措施，绝不是特朗普政府的创举，只不过他更加高调，更加公开地针对特定人群而已。

三　奥巴马壮志未酬

至少自2008年金融危机以来，美国需要一场深刻的改变已是朝野共识。所以奥巴马是以"变革"的口号当选的。他充分意识到自己是受命于危难之际，美国当时内外交困、形势严峻，特别是民气涣散、信心低落。他的就职演说与历届总统相比更充满危机感，他大声疾呼要美国人打起精神，恢复信心，发扬美国的光荣传统，重温核心价值观，克服分歧，团结起来，重振家业。所有这些呼吁都可解读为现状正是其反面——美国人信心低落，抛弃了传统价值观，分歧严重。

他提出了一系列施政目标，在内政方面涉及经济、教育、科技、医疗等各个领域，总的方向是扩大对弱势群体的关注，使经济增长能惠及更多群众，缩小贫富差距，还有重视环保和新能源的开发。

其中最重要的、打上奥巴马标记的，是医保法。为此，他几乎耗尽他所有的政治资源。另外，环保是他一贯的主张，在上台之前他就发表过许多讲话，为节能减排大声疾呼。上台伊始就与拜登一同提出一项宏伟的发展新能源的规划。

诺贝尔奖获得者、经济学家克鲁格曼专门为文表示全面拥护，称之为"新新政"，也说明从某种意义上，它确实继承了进步主义和罗斯福"新政"的传统。在美国各种有争议的问题上，都可将奥巴马定位为民主党偏左的自由派。

从奥巴马的各种讲话，特别是离任前夕在《经济学人》上发表的长文来看，他对世界大势、美国历史和面临的问题是有深刻了解的，他的各种主张，特别是对环保和新能源的重视，有一定的眼光和前瞻性，至少大方向是前进的。但是他在任八年，做得很辛苦，总的说来，壮志未遂。此中主客观原因都有。在内政方面，一个主要因素是他还是沿着传统的改良思路，着眼于底层，对中产阶级的危机关注不够。他倡导的某些政策，包括他倾注全力推行的"奥巴马医保"，在扩大对底层的覆盖面的同时，却增加了一部分中产纳税人的负担。拥护他的是上层知识精英，而相当多的中下层白领阶层感到被忽视，甚至被抛弃。而且，白人认为他过于向少数族裔倾斜。所以，尽管实际上在他任内经济复苏成绩明显，失业率大大下降，但是美国人所感受到的贫富差距、种族矛盾并未缓解，全民的政见和党派分歧更加严重。

在国际方面，客观上任何小布什政府的继任所面临的任务都是收缩战线，撤出伊拉克，大幅度减少在阿富汗的驻军。有点类似当年尼克松政府停止越战，收缩战线，不再包打天下。奥巴马刚一上台，尚未有任何行动，就获得了诺贝尔和平奖。不是凭已有的成就，而是凭期待，事先授奖，这是没有先例也有悖常情的，受到世人许多非议，奥巴马本人也感到尴尬。这只能说明至少有一部分欧洲人非常希望美国新总统扭转小布什一意孤行的黩武政策，实现他竞选中的和平诺言。奥巴马在获奖演说中强调，要多用外交手段而少依靠军事力量解决国际争端；美国的安全在于事业的正义性，美国的力量在于以榜样服人，要表现克制和谦虚。关于实质性的问题，他提出了坚持反对核扩散和争取实现一个没有核武器的世界。"无核世界"的口号20世纪苏联提出过，美国领导人却是第一次提出这个目标。

在任期内，奥巴马朝和平方向做到的事有：结束伊拉克战争，减少阿富汗驻军，击毙本·拉登，大幅减少美国海外的战斗部队，与伊朗达成核协议，还有与古巴关系正常化——奥巴马成为80年来第一个访问古巴的美国总统；他一反小布什的"单边主义"，重视与盟国的关系，不再单枪匹马作战；他还推动实现了关于减少温室效应的《巴黎气候协定》。

但是他主张关闭关塔那摩监狱，却终其两任都没有做到。更重要的是中东乱局一波未平，一波又起，美国并未从中东的泥沼中脱身，在叙利亚问题上显得进退失据。美国在外的战斗部队人数是减少了，却更分散了；撤出了伊拉克，却卷入了更多国家。用于与战争有关的费用达8600亿美元，超过小布什政府的8110亿美元（数据来自美国国防部的"绿皮书"）。这个数字不包括国防部本身的军费。以上还未把他的"战略再平衡"项下派往西太平洋的军事力量计算在内。总之，美国战线并未收缩，反而更加扩张，实际军费不减反增。

就奥巴马个人而言，他是有历史意识和战略思考的，而且还有一定的理想主义。2016年《大西洋月刊》记者曾对他做过随行的深入访谈。此时他已临近卸任，这一访谈不是对外宣传用，所以他吐露心曲较多。其中有几点可算他的独到之见，鲜为世人注意，有两点值得一提：

1. 他说自己最关心的不是恐怖主义，而是气候变暖和新能源问题，因为这关系到人类的前途。实际上每年死于恐怖主义的人数还不如车祸的人数多。而能源问题实际上涉及美国的安全问题。如果摆脱对石油的依赖，整个对中东的战略就可以发生巨大改变。

2. 中东的矛盾是"部落主义"。在伊斯兰教没有发生像基督教当年的宗教革新之前，他们之间的教派冲突是无解的，也没有正义非正义之别。美国何必为他们的部落之争选边站，长期陷在那里。相反，东亚地区是朝气蓬勃的，有前途的。尽管还有许多问题，如腐败、贫穷，等等，但是那里的普通人都是想着为改善生活而努力工作，不像中东地区的某些人就想着杀美国人。所以，美国应该撤出西亚这个泥沼而转移到东亚。至于有人说这样俄罗斯会乘虚而入，取代美国的势力范围，那就让它陷进去好了，美国不必去救它。[1]

从以上谈话中可以了解奥巴马长远的战略思想，也可以进一步理解他的"太平洋再平衡战略"、"环太平洋伙伴计划"（TPP）。他力推《巴黎气候协定》，以及在叙利亚突破化学武器红线后力排众议，坚决不对之动武，这些都不是权宜之计。不过远水救不了近火，特别是能源计划，大部分要几年甚至几十年以后方见成效，例如大幅减少碳排放的达标期限是 2025 年，还要经历四届总统。也许作为学者，提出长远的思考可圈可点，但是作为执政者，每天面对的是

---

[1] Jeffrey Goldberg, "The Obama Doctrine", *The Atlantic*, April 2016.

燃眉之急的问题，而且即使没有尖锐的党派矛盾，这种长远想法也难以在短期内说服多数人，使之得到推行而见成效。

这些都有赖于其继任是否坚持同一方向的努力。奥巴马曾在一次讲话中提到他的一位选民——106岁的非洲裔老太太，他说他不知道这位老人的儿女们如果活到她的年纪，会看到美国有怎样的变化，他们促成了哪些进步。他还说担心人去政息，"过去八年一切进步都飞出窗外"。

现在他的继任也谈变革，恰好就是应了这一担心。本来，钟摆来回摆动，选民过几年就想换换胃口，这是美国政治常态，不足为奇。但是政党更迭，大政方针一般还是有连续性的。这次的特殊之处在于，连续性似乎让位于颠覆性。首先现任全面否定前任——不是前一任而是多数的前任——的政绩，不论是行事风格还是提出的（不一定完全能实施）内外政策，都是反其道而行。在外交方面，总统权力较大，已经做到的有：退出TPP、退出《巴黎气候协定》、与刚刚建交的古巴交恶、否认与伊朗的核协议、强力轰炸叙利亚、大力支持沙特，以及单方面承认耶路撒冷为以色列首都，并立即付诸行动，乃至扬言要退出联合国……在内政方面，推翻奥巴马医改，由于拿不出替代方案，尚未能完全如愿。已经实现的带有特朗普本人标记的重大措施是推动通过减税法。有意思的是，奥巴马医改法是首先从惠及最低收入人群开始的，特朗普减税法却是首先惠及高收入人群，二者都声称长此以往将对全民有利。但是前面提到的中产阶级危机，至少在当前，两头都够不着。在全球化的今天，这一减税法将对世界经济格局产生怎样的连锁效应，尚待观察。

四　民主的危机

关于特朗普的"推特治国"、口无遮拦、不按常理出牌，至今论者还是处于两端。拥护者认为他有魄力，美国现在的重症需要用虎狼之药，过去常规的、传统的程序都已成障碍。特别是其减税方案足以发挥过去里根经济的效应，使美国经济繁荣。甚至其举止言语粗俗不堪都被认为是亲民，博得了部分有反智和民粹主义情绪的群众好感。反对者除了认为他出尔反尔、谎言连篇、行事荒唐外，最担心的是：对内，他不尊重美国的民主价值观，如不加警惕，不予以制止，有使美国滑向专制的危险；对外，他损害了美国的软实力，适足以失去美国在世界的"领导"地位，使美国不再"伟大"。

对当前政府的施政利弊和方向现在做出评论还为时尚早。一般说来，在美国的制度下，当选的领导人物不一定是优秀的，但是制度的设计正好是使总统个人品质的影响有一定限度。用通俗的话来说，做好事效率不高，做坏事也难得逞。不过，像当前的总统这样，上位一年之后反对者态度还如此强烈，嘲讽备至，完全没有尊重，甚至总统本人还未走出竞选"通俄"的审查，更甚者还要辩称自己精神健全没有毛病，实属罕见。另外，如前面提到，作为立法机构的国会，由于党派斗争，制衡白宫的作用受到削弱，现在只能指望司法系统可以起作用。但是总统有任命最高法院法官的权力。如果一位总统在法官出缺时，依照自己的政治偏好任命法官，而国会又根据"派性"予以批准，致使法官的成分向一边倾斜，法院就会有失去主持公正的庄严角色之虞。过去，法官都是资深的法律专家，对宪法有敬畏感，一旦坐上这个位子，不论本人政治倾向如何，大体能秉公判案。如果政治进一步功利化，如果被任命的法官也劣质化，致使政治倾向盖过法律公正，那才是美国民主制度的根本威胁。这是极而言之，也是美国有识之士的担心。目前还要拭目以待。

美国的制度使总统在内政上不能为所欲为，但是在对外行动上权力较大。总统是三军司令，只要不正式宣战，可以不通过国会而对外用武，或退出某项国际义务。当然，像退出联合国这样的大事，恐怕不能由总统轻易决定。不过，美国已经有过故意连续多年拒交联合国会费的历史，今后不排除再这样做的可能性。"二战"以后，美国在国际上的做法之一，是通过制定国际规则，建立世界性或区域性的国际组织，推行其利益和政策。特朗普比较明确的倾向却是与此背道而驰——藐视国际组织、国际规则，更愿意通过双边而不是多边交涉处理国际问题。

美国前白宫助理、驻联合国大使苏珊·赖斯为文批判特朗普，说他使"美国不再是一个向善的全球力量"，说他把世界看成由敌对国家组成的黑暗而充满威胁的危险场所，把美国与他国的关系视为零和关系，只有损人才能利己，非黑即白，根本没有共赢的观念，也不承认美国的价值观，完全抛弃了"二战"以来美国对外政策的基础——运用自己举世无与匹敌的政治、军事、技术、经济实力，通过有原则的领导，发展繁荣、自由与安全。[1] 这一批判有一定的代表性。

---

1 Susan Rice, "When America No Longer Is a Global Force for Good", *New York Times*, Dec. 20, 2017.

特朗普究竟有没有完整的全球战略？还是他没有章法，率性而为，信口开河？这些都还有待观察。综上所述，到目前为止可以肯定的是，美国的绝对实力不会衰退，而且还将如苏珊·赖斯所说，在多个方面都举世无与匹敌，这不取决于哪个总统。但是如何运用这一力量，对美国、对世界的祸福都至关重要。在这个问题上，美国已现颓势的软实力是否能有起色，将是决定性的。

五　改革力量在民间

当前，全世界由工业时代进入互联网时代，各国都面临着前所未有的大变局，美国也不例外。它的确又走到一个关键时刻，需要一次重大的变革。美国这样的超级大国一举一动都会对世界产生影响，所以它的改革方向、步骤都为世人所关注。不过，一般关注的焦点都在高层政治，而对实际上作为推动改革的根本的民间力量较少留意。本书第三章详述了推动进步运动的各种社会力量，第十章分析了这些力量的变化，说明现在为何难以起到当初的作用。过去传统方式的改良也已经不够，社会推动变革的力量正在大洗牌，诉求的方向各不相同。但归根结底，改革的主导力量还是来自民间社会各阶层，然后反映到政府决策层。

一般说来，草根大众对现状的不满在代议制的框架中不足以充分表达时，就会诉诸街头政治。2012年的占领华尔街运动（不仅在纽约，华盛顿等其他城市都有规模不等的活动）就是这种表现。但是这一运动没有明确的诉求，没有组织和改革纲领。其作用是引起全社会特别是精英阶层的注意，然后考虑改革，提出方案。实际上，从20世纪80年代开始，发达国家的社会精英和政治家就已意识到这个问题，一直在研究和提出各种对策。本书第六章介绍的公益基金会，是进步主义时期兴起的一支力量，作为其主导的大财团，既是问题的制造者，也是改良的重要推动者。现在延续这一传统，又出现了新的浪潮，统称"新公益"。它与百年前兴起的公益事业规模不可同日而语，方式也多有创新。其主导者还是社会精英，不过包括的范围较广，有新兴数字经济的新富、投行成功人士，他们都是少年得志；有老的公益慈善家，如比尔·盖茨等；有在野政治人物，如前总统克林顿；有金融业巨子，以及著名商学院教授……当然，还有专业社团工作者。他们深刻地认识到社会危机的严重性，一起研究、试行一套新的改良模式，提出要促成"资本主义的演变"。笔者在《财富的责任和资本主义的演变》一书中对此有详细介绍，此处不赘。只是要说明，处于金字塔尖的顶级政、商、学精英已经悄然发起并运行着一场新的改革运动。他们是既得利益者，但是他们深知其既得利益来自健全的市场，如果底层和中层都塌陷，他们的好日子也不会长久，其改革动力就来源于此。当然，不是所有精英都有同样的旨趣，必然有更重视眼前利益的保守力量形成改革的阻力。这不仅涉及美国，而且对整个资本主义世界，都将是一个长远的博弈过程。

总之，就美国本身而言，其实力远未衰退，但是美国的任何领导人、任何政府，不论其口号和战略思想、政策倾向如何，都不可能放弃维护美国作为唯一的世界"领导"这个终极目标，而会设法阻止任何可能的，或想象中的，足以挑战这一地位的力量。在急剧变化的、世界多种力量此起彼伏的形势下，美国如果内部改革不成功，软实力得不到回升，对外却一味围绕此目标行事，不惜代价、不择手段地运用硬实力，很可能正是自取衰落的转折点，那么其20世纪的风光将难以持续。美国人自己比任何人对软实力的下降都有危机感。关于如何重振"美国精神"，意见也两极分化，如20世纪初那样的思想界的大辩论可能再次出现，其过程和可能的结果都值得世人关注。

参考书目

《马克思恩格斯选集》（四卷本），中央编译局编，人民出版社，1972年

《建国以来毛泽东文稿》，中央文献出版社，第十册，1996年；第十二册，1998年

《美国政府和美国政治》，李道揆著，商务印书馆，1999年

《美国经济与政府政策——从罗斯福到里根》，陈宝森著，世界知识出版社，1988年

《"软件"上的大国——高科技与美国社会》，肖炼等著，陕西人民教育出版社，1997年

《战后美国外交史——从杜鲁门到里根》，资中筠主编，世界知识出版社，1994年

《二十世纪美国史》，黄安年著，河北人民出版社，1989年

《当代美国的社会保障政策》，黄安年著，中国社会科学出版社，1998年

《美国与移民——历史·现实·未来》，邓蜀生著，重庆出版社，1990年

《美国移民政策研究》，梁茂信著，东北师范大学出版社，1996年

《美国社会变革与美国工人运动》,张友伦著,中国社会科学出版社,1997年

《杰斐逊》,刘祚昌著,中国社会科学出版社,1996年

《杰斐逊评传》,[美]吉尔贝·希纳尔著,王丽华等译,中国社会科学出版社,1987年

《现代美国(1896—1946年)》,[美]德怀特·L.杜蒙德著,宋岳亭译,商务印书馆,1984年

《美国黑人史》,[美]约翰·霍普·富兰克林著,张冰姿等译,商务印书馆,1988年

《美国种族简史》,[美]托马斯·索威尔著,沈宗美译,南京大学出版社,1992年

《联邦党人文集》,[美]汉密尔顿、杰伊、麦迪逊著,程逢如等译,商务印书馆,1997年

《美国历史文献选集》,美国驻华大使馆新闻处,1985年

《世纪档案(1896—1996)》,徐学初编,中国文史出版社,1996年

《美国制造——如何从渐次衰落到重整雄风》,[美]迈克尔·德托佐斯等著,惠永正等译,科学技术文献出版社,1998年

《资本主义文化矛盾》,[美]丹尼尔·贝尔著,赵一凡等译,生活·读书·新知三联书店,1989年

《晚期资本主义的文化逻辑》,[美]詹明信著,张旭东编,生活·读书·新知三联书店,1997年

《资本主义的未来》,[美]莱斯特·瑟罗著,周晓钟译,中国社会科学出版社,1998年

《美国华人经济现况与展望》,陈怀东著,(台湾)世华经济出版社,1991年

An American Imperative: Higher Expectations for Higher Education: An Open Letter to Those Concerned about the American Future, Report of the Wingspread Group on Higher Education, Johnson Foundation, 1993

Beard, Charles A., *An Economic Interpretation of the Constitution of the United States*, New edition 1986 by The Free Press (1st edition 1913)

Bellamy, Edward, *Looking Backward, 2000—1887*, Hendricks House, Inc., New York, New edition without date, Introduction by Frederic R. White (1st edition, 1888)

Berman, Edward H., *The Ideology of Philanthropy: The Influence of the Carnegie, Ford, and Rockefeller Foundations on American Foreign Policy*, State University of New York Press, Albany, 1983

Bess, James L. (ed.) , *Foundation of American Higher Education*, Ginn Press, 1991

Boorstin, Daniel J., *The Republic of Technology: Reflections on Our Future Community*, Harper & Row, Publishers, New York, 1978

Boorstin, Daniel J., *The Americans: The National Experience*, Random House, New York, 1965; *The Americans: The Democratic Experience*, Random House, New York, 1973

Bork, Robert H., *Slouching Towards Gomorrah: Modern Liberalism and American Decline*, Regan Books, 1996

Bovard, James, *Lost Right: The Destruction of American Liberty*, St. Martin's Griffin, New York, 1994

Budd, Edward C., *Inequality and Poverty, Problems of the Modern Economy*, W. W. Norton & Company, Inc., 1967

Carleton, Don E., *Red Scare! Right-wing Hysteria, Fifties Fanaticism and Their Legacy in Texas*, Texas Monthly Press, 1985

Collier, Peter & Horowitz, David, *Destructive Generation: Second Thoughts About the 60's*, New York, 1989

Commager, Henry Steele, *The American Mind: An Interpretation of American Thought and Character Since the 1880's*, Yale University Press, New Haven, 1950

Curti, Merle, *The Growth of American Thought*, 3rd edition, Transaction Publishers, New Brunswick (U. S. A.), 1991

Dewey, John, *Human Nature and Conduct: An Introduction to Social Psychology* (ed. Jo Ann Boydston, Carbondale, III., 1983)

Egbert, Donald Drew & Persons, Stow (ed.), *Socialism and American Life*, Princeton University Press, 1952

Finn, Chester E. Jr. & Ravitch, Diane, *Education Reform 1995—1996: A Report from the Educational Excellence Network to Its Education Policy Committee and the American People*, Hudson Institute, Indianapolis, 1996

Fosdick, Raymond B., *The Story of the Rockefeller Foundation, Nineteen Thirteen to Nineteen Fifty*, Harper & Brothers, Publishers, New York, 1952

Fukuyama, Francis, *The End of History and the Last Man*, The Free Press, 1992

After the Neocons: America at the Crossroad, Profile Books, 2006

Geiger, Roger L., *Research and Relevant Knowledge: American Research Universities Since World War II*, Oxford University Press, New York, Oxford, 1993

Gitlin, Todd, *The Sixties: Years of Hope, Days of Rage*, Bantam Books, New York,

1993

Glazer, Nathan (ed.) , *Clamour at the Gates: The New American Immigration*, Institute for Contemporary Studies Press, San Francisco.

Goodwin, Doris Kearns, *No Ordinary Time: Franklin & Eleanor Roosevelt: The Home Front in World War II*, Simon & Schuster, New York, 1994

Greenleaf, William (ed.) , *American Economic Development Since 1860*, Harper & Row, Publishers, 1968

Halberstam, David, *The Next Century*, William Morrow & Company, Inc., 1991

Haynes, John E., *Red Scare or Red Menace? American Communism and Anticommunism in the Cold War Era*, Ivan R. Dee, Chicago, 1996

Himmelfarb, Gertrude, *The De-Moralization of Society: From Victorian Virtues to Modern Values*, Vintage Books, New York, 1994

Hofstadter, Richard, *Social Darwinism in American Thought, 1860—1915*, University of Pennsylvania Press, Philadelphia, 1945

Hofstadter, Richard, *The Age of Reform: From Bryan to F. D. R.*, Alfred A. Knopf, New York, 1965

Hofstadter, Richard, *Anti-Intellectualism in American Life*, Alfred A. Knopf, New York, 1963

Hollinger, David & Capper, Charles (ed.) , *The American Intellectual Tradition, Vol. II, 1865 to the Present*, Oxford University Press, New York, Oxford, 1989

Hunt, Michael H., *Ideology and U. S. Foreign Policy*, Yale University Press, New Haven & London, 1987

Isbister, John, *The Immigration Debate: Remaking America*, Kumarin Press, 1996

Kearns, Doris, *Lyndon Johnson & the American Dream*, Harper & Row,

Publishers, New York, 1976

King, Desmond, *Separate and Unequal: Black Americans and the US Federal Government*, Clarendon Press, Oxford, 1995

Leuchtenburg, William E., *Franklin D. Roosevelt and the New Deal, 1932—1940*, Harper & Row, Publishers, New York, 1963

Lipset, Seymour Martin, *The First New Nation: The United States in Historical & Comparative Perspective*, W. W. Norton & Company, 1979

Myrdal, Gunnar, *An American Dilemma: The Negro Problem and Modern Democracy*, Harper & Brothers Publishers, New York, 1944

Nielsen, Waldemar A., *The Big Foundations*, Columbia University Press, New York, 1972

Paine, Thomas, *Common Sense*, Penguine Books (Penguin Classics), 1986 (First published in 1776)

Paine, Thomas, *Rights of Man*, Penguin Books, 1985 (First published in 1792)

Pells, Richard H., *The Liberal Mind in a Conservative Age: American Intellectuals in the 1940s & 1950s*, Harper & Row, Publishers, New York, 1985

Prospect for America: The Rockefeller Panel Reports, Doubleday & Company, Inc., New York, 1958, 1959, 1960, 1961

Rodgers, T. Daniel, *Atlantic Crossings: Social Politics in a Progressive Age*, The Belknap Press of Harvard University Press, Cambridge, Massachussets & London, 1998

Schlesinger, Arthur M. Jr., *The Disuniting of America: Reflections on a Multicultural Society*, W. W. Norton & Company, New York, 1992

Sharansky, Natan & Dermer, Ron, *The Case for Democracy: The Power of Freedom to Overcome Tyranny & Terror*, Public Affairs, 2004

Strauss, Leo, *Liberalism: Ancient and Modern*, with a new Foreword by Allan Bloom, Basic Books, Inc., 1968

Thernstrom, Stephan & Abigail, *America in Black and White: One Nation, Indivisible*, Simon & Schuster, 1997

Veblen, Thorstein, *The Theory of the Leisure Class*, A Mentor Book published, editions 1899, 1912 by the New American Library, 8th edition, Viking Press, 1953

Viguerie, Rchard A., *The New Right: We're Ready to Lead*, The Viguerie Company, 1981

Williams, Oliver F. & Houck, W. John (ed.), *The Common Good and U. S. Capitalism*, University Press of America, 1987

Woodiwiss, Anthony, *Postmodernity USA: The Crisis of Social Modernism in Postwar America*, Sage Publications, London, 1993

名词及重要主题索引

A

阿布格莱布监狱 Abu Ghraib 355

《安德伍德-西蒙斯关税法》 Underwood-Simmons Tariff Act 88

B

巴克诉戴维斯加州大学案 Allan Bakke vs. U. C. Davies 243

巴黎气候协定 The Paris Agreement 381, 382, 383

北方证券公司 North Security 84

标准石油公司 Standard Oil Company 72, 81, 84, 86

C

财富的福音 The Gospel of Wealth 206, 216

草料场事件 Heymarket Affair 51, 65, 66

D

第四点计划 Point Four Program 333

蒂尔曼法 Tillman Act 375

独立宣言 Declaration of Independence 22, 34, 38, 80, 178, 221, 222, 246, 255, 319

杜波依斯,威廉 Dubois, William D. B. 230

杜威 Dewey, John 47, 51, 53, 54, 55, 56, 173, 289, 290, 291, 322

F

凡勃伦 Veblen, Thorstein 53,120, 169, 181

福斯迪克 Fosdick, Raymond B. 189, 198, 210, 211

福特基金会 Ford Foundation 153, 183, 184, 186, 187, 190, 194, 195, 199, 203, 211, 216

富布赖特法 Fulbright Act 200

G

盖茨, 比尔 Gates, Bill 14, 23, 184, 216, 364, 387
盖茨, 弗雷德里克 Gates, Frederick 189, 206
盖茨基金会 Bill & Melinda Gates Foundation 184, 216, 364
盖瑟 Gaither, A. Rowen 211
公民联合组织 Citizens United 376
共和国基金 Republic Fund 195, 214
关塔那摩 Guantánamo 347, 355, 357, 358, 372, 381
关心亚洲学者委员会 Committee of Conoerned Asian Scholars（CCAS） 148, 151, 152, 153, 154
贵格派 Quakers 33, 221
国际战略研究所 International Institute for Strategic Studies 199

H

哈莱姆文艺复兴 Harlem Renaissance 231
哈姆丹案 Salim Ahmed Hamudan Case 357, 358
海登, 汤姆 Hayden, Tom 148, 318
汉普顿（学院） Hampton（Institute） 193
赫伯恩铁路价位法 Hepburn Railroad Rate Bill 86
黑豹党 Black Panther Party 236, 237
黑人权力 Black Power 236
回收局 Reclamation Service 94
霍普伍德诉得克萨斯大学案 Hopwood vs. Texas 243

J

基廷-欧文法 Keating-Owen Child Labor Act 91
加尔文教派 Calvinist 33
加州"209提案" Proposition 209 of California 243, 244, 245
教会联合理事会 The Federal Council of Churches 76
教育总会 General Education Board 186, 193
进步党 Progressive Party 79, 80, 81, 103, 172, 174, 299
进步劳工党 Progressive Labor Party 151
金, 马丁·路德 King, Martin Luther, Jr. 148, 194, 233, 234, 235, 237, 244, 247, 248, 249, 315, 350

K

卡内基 Carnegie, Andrew 13, 23, 43, 74, 81, 183, 184, 185, 186, 187, 188, 193, 194, 201, 205, 206, 212, 214, 216, 295, 364
卡内基促进教学基金会 Carnegie Foundation for the Advancement of Teaching 185
卡内基基金会 Carnegie Foundation 183, 185, 186, 188, 193, 194, 212
卡内基理工学院 Carnegie Institute of Technology 185
卡内基梅隆大学 Carnegie Mellon University 185
卡内基英雄基金 Carnegie Hero Fund 185
克莱顿反托拉斯法 Clayton Antitrust Act 85
恐赤潮 Red Scare 18, 170, 171

L

拉福莱特　La Follette, Robert　80, 87, 103, 104, 299, 326
拉瑟, 丹　Rather, Dan　363
拉默尔　Ruml, Beardsley　189
劳工骑士　Knight of Labor　65, 69, 75
劳工赔偿法　Workmen's Compensation Act　91, 104
劳拉, 斯贝尔曼·洛克菲勒纪念基金　Laura Spellman Memorial Fund　189
累进所得税　Progressive Income Tax　87, 88, 104, 140
里斯-考克斯调查　Reece-Cox Investigation　214
联邦储备法　Federal Reserve Act　89
联邦公平劳工标准法　Fair Labor Standards Act　124
联合矿工工会　United Mine Workers of America　66, 67
罗森瓦尔德基金会　（Julius）Rosenwald Foundation　195, 196
罗斯福（老）　Roosevelt, Theodore　10, 11, 12, 15, 43, 50, 53, 57, 62, 67, 68, 71, 74, 77, 78, 79, 80, 83, 84, 85, 86, 90, 91, 93, 94, 100, 101, 108, 111, 127, 131, 156, 160, 164, 219, 227, 264, 326, 330
罗斯福（小）　Roosevelt, Franklin D.　10, 11, 12, 15, 16, 28, 50, 57, 62, 76, 79, 90, 92, 106, 115, 127, 144, 164, 172, 231, 239, 366
洛克菲勒　Rockefeller, John D.　13, 23, 49, 72, 74, 81, 84, 182, 184, 185, 186, 187, 189, 191, 193, 194, 195, 196, 199, 201, 202, 203, 205, 206, 208, 210, 211, 213, 295, 297
洛克菲勒基金会（洛氏基金会）　Rockefeller Foundation　184, 186, 187, 189, 191, 196, 202, 203, 211, 213
洛克菲勒兄弟基金会　Rockefeller Brothers Fund　191, 194
洛克菲勒医学研究所　Rockefeller Institute for Medical Research　186, 187
卢斯, 亨利　Luce, Henry　1

M

麦卡伦法　McCarran Internal Security Act　175
麦卡锡主义　McCarthyism　16, 146, 154, 155, 170, 174, 175, 177, 195, 204, 214, 249, 260, 292, 299
麦克卢尔　McClure, Samuel S.　72
麦克卢尔杂志　McClure's Magazine　72
曼哈顿计划　Manhattan Project　188
美国爱国者法　USA Patriot Act　346
美国妇女选举权协会　National American Woman Suffrage Association　102
美国劳工联合会　Federation of Labor Organizations（FLO）　65
美国学术团体理事会　American Council of Learned Societies（ACLS）　203
美国争取劳工立法协会　American Association for Labor Legislation（AALL）　91
门罗主义　Monroe Doctrine　112, 328
民权法　Civil Rights Act　137, 235, 237, 241
民权联盟　American Civil Liberties Union（ACLU）　353

名词及重要主题索引

木匠差会　Mission of the Carpenter　75

N
南方基督教领袖会议　The Southern Christian Leadership Conference（SCLC）　233
南太平洋公司　South Pacific Inc.　72
尼亚加拉运动　Niagara Movement　230, 231
诺里斯–拉瓜迪亚法　Norris-LaGuardia Act　118

P
帕迪拉案　Jose Padilla Case　356, 357
耙粪文学　Muckraking Literature　71, 72
帕克斯夫人　Parks, Rosa　232
平等就业机会委员会　Equal Employment Opportunity Commission　137
平等派　levelers　34, 36
普尔曼罢工　Pullman Strike　65
普莱西诉弗格森案　Plessy vs. Ferguson　250

Q
气象员　Weathermen　151, 176
全国城市同盟　National Urban League　231
全国复兴总署　National Recovery Administration　116
全国工业复兴法　National Industrial Recovery Act　123
全国经济研究局　National Bureau of Economic Research　189
全国劳工关系法（或称瓦格纳法）　National Labor Relations Act/Wagner Act　124

全国消费者协会　National Consumers' League　91
确保行动　Affirmative Action　25, 241, 242, 243, 244, 245, 246, 250, 309, 319

R
人民党　People's Party　69
人民的协议　The Agreement of the People　34

S
塞拉俱乐部　Sierra Club　92
塞奇基金会　Russel Sage Foundation　205
社会达尔文主义　Social Darwinism　8, 11, 15, 31, 36, 37, 38, 40, 42, 43, 44, 45, 47, 78, 109, 111, 124, 144, 168, 178, 207, 210, 223, 228, 248, 305, 319, 326
社会福音派　Social Gospel　74, 75, 76
社会改良联盟　Social Reform Union　75
社会科学研究理事会　Social Science Research Council　189
圣公会促进劳工利益协会　Episcopal Church Association for the Advancement of the Interests of Labor　75
史密斯法　Smith Act　175
史密斯–蒙特法　Smith-Mundt Act　200

T
塔斯克吉（学院）　Tuskegee(Institute)　193, 229

W

外交关系委员会　Council on Foreign Relations　198, 199
威斯康星学派　Wisconsin School　103, 288, 299
维护宪法权利中心　Center for Constitutional Rights　358
卫生、安全和舒适法　Health, Safety and Comfort Act　105
文摘杂志　Literary Digest　97
沃德, 莱斯特　Ward, Lester Frank　47
五月花公约　The Mayflower Compact　22, 253
伟大社会　Great Society　10, 12, 134, 135, 136, 138, 139, 140, 141, 150, 156, 326

X

向华盛顿大进军　March on Washington　137, 234
小石城事件　Little Rock City Incident　234
谢尔曼反托拉斯法　Sherman Antitrust Act　83, 84
协和医学院　Peking Union Medical College（PUMC）　186, 202, 214
新保守主义　Neo-conservatism　12, 17, 30, 341, 342, 363
新地法　Newlands Act　94
新美国世纪计划　The Project for the New American Century（PNAC）　342
新政　New Deal　10, 11, 12, 15, 16, 51, 58, 62, 90, 92, 106, 115, 119, 121, 122, 123, 124, 125, 126, 127, 128, 129, 130, 131, 132, 133, 134, 135, 138, 140, 141, 144, 164, 167, 170, 172, 174, 190, 196, 204, 215, 288, 298, 299, 322, 332, 366, 380
新左派　New Left　18, 145, 146, 147, 148, 156, 157, 160, 161, 176, 298, 317
休莱特　William & Flora Hewlett　192
休伦港宣言　Port Huron Statement　148, 149, 318
选举权法　Voting Rights Act　137, 237, 238, 241
学生争取民主社会　Students for Democratic Society（SDS）　148, 149

Y

亚当逊法　Adamson（Eight Hour）Act　92
有色人种协进会　National Association for the Advancement of Colored People（NAACP）　228, 230, 232
约翰斯, 霍普金斯学派　Johns Hopkins School　40
约翰逊－里德法　Johnson-Reed Act　259

Z

再思会议　Second Thoughts Conference　163
占领华尔街　Occupy Wall Street　386
争取文化自由委员会　Committee for Cultural Freedom　173
芝加哥七人案　Chicago Seven　150
中小学教育法　Elementary and Secondary Education Act　138
州际商业委员会　Interstate Commerce Commission　86
自由乘车运动　Freedom Rides　234
综合移民改革法案　Comprehensive

Immigration Reform Act　351
1969年税制改革法　Tax Reform Act of 1969　215
1971年联邦竞选法　Federal Election Campaign Act of 1971　375
2000年目标：教育美国法　Goals 2000:Educate America Act　312
2002年跨党派竞选改革法　Bipartisan Campaign Reform Act of 2002　376

译名对照表 （索引中已列入的不再重复）

A

阿尔杰，霍雷肖　Alger, Horatio
埃文斯　Evans, Hiram W.
艾利，里查德　Ely, Richard
艾里奥特　Elliot, Charles W.
艾森豪威尔　Eisenhower, Dwight David
爱克斯，马尔科姆　X, Malcolm
爱因斯坦，阿尔伯特　Einstein, Albert
安德森，玛丽安　Anderson, Marian
安吉尔，诺曼　Angell, Norman
奥尔　Orr, John
奥尔布赖特，玛德琳　Albright, Madelein

B

巴克　Bakke, Allar
保林　Pauling, Linus
鲍德里亚　Baudrillard, Jean
鲍威尔　Powell, Colin L.
贝尔，丹尼尔　Bell, Daniel

贝拉米　Bellamy, Edward
贝米斯　Bemis, Edward
本尼泽特　Benezet, Anthony
比尔德　Beard, Charles
宾，威廉　Penn, William
玻尔曼　Perlman, Selig
伯杰斯，约翰　Burgess, John W.
伯希和　Pelliot, Paul
博克，罗伯特　Bork, Robert H.
博劳格，诺曼　Borlaug, Norman
布莱恩　Bryan, William J.
布兰代斯，路易斯　Brandeis, Louis
布朗，约翰　Brown, John
布雷德利　Bradley, Thomas
布利斯　Bliss, William Dwight Porter
布热津斯基，兹　Brezinski, Zbigniew
布什（老）　Bush, George Herbert Walker, Sr.
布什（小）　Bush, George Walker, Jr.

译名对照表

D
达比，约瑟夫　Darby, Joseph M.
达尔　Dahl, Robert
道斯帕索斯　Dos Passos, John
德莱塞　Dreiser, Theodore
迪恩，艾伯特　Deane, Albert
杜恩　Dunne, Edward
杜勒斯，艾伦　Dulles, Allen Foster
杜鲁门，哈里　Truman, Harry

F
菲斯克，约翰　Fiske, John
费希　Fish, Stanley
费正清　Fairbank, John King
弗莱明　Fleming, Alexander
弗里德曼　Friedman, Milton
福克斯，威廉　Fox, John William
福山　Fukuyama, Francis
福斯特，威廉　Foster, William
富兰克林，本杰明　Franklin, Benjamin

G
冈帕斯　Gompers, Samuel
格莱顿　Gladden, Washington
格朗伦，劳伦斯　Gronlund, Laurence
格林　Green, Jerome
格林斯潘　Greenspan, Alan
古德曼，保罗　Goodman, Paul
古根海姆　Guggenheim, John Simon

H
哈丁（总统）　Harding, Warren G.
哈兰（法官）　Justice Harlan, John Marshall
哈里曼　Harriman, E. Roland
哈斯，厄恩斯特　Haas, Ernst
哈斯梯，威廉　Hastie, William
海明威　Hemingway, Ernest
汉弗莱　Humphrey, Herbert
汉密尔顿　Hamilton, Alexander
豪，弗雷德里克　Howe, Frederic C.
赫伦　Herron, George
赫斯特　Hearst, William Randolph
亨廷顿，萨缪尔　Huntington, Samuel P.
恒慕义　Arthur Hummel, Sr.
胡佛　Hoover, Herbert
华莱士，亨利　Wallace, Henry
华盛顿，布克　Washington, Booker T.
怀特，艾伦　White, Allen
惠特曼　Whitman, Walt
霍夫曼　Hoffman, Paul
霍夫斯塔德　Hofstadter, Richard
霍普金斯，哈里　Hopkins, Harry
霍普金斯，塞缪尔　Hopkins, Samuel
霍普金斯，约翰斯　Hopkins, Johns

J
基辛格，亨利　Kissinger, Henry
加德纳　Gardner, John
加里森，威廉·劳埃德　Garrison, William Lloyd
杰斐逊　Jefferson, Thomas
杰克逊，杰西　Jackson, Jessie
浸礼教会　Baptist Church
救世军　Salvation Army

K
卡根，唐纳德　Kagan, Donald
卡特（总统）　Carter, James Earl

卡特，卡里夫人　Catt, Carrie
凯恩斯　Keynes, John Maynard
凯莉　Kelly, Florence
凯佩尔　Keppel, Frederick P.
康芒斯　Commons, John R.
柯立芝　Coolidge, Calvin
科尔可　Kolko, Gabriel
克拉克，沃尔特　Clark, Walter
克里斯托，厄文　Kristol, Irving
克里斯托，威廉　Kristol, William
克鲁格曼　Krugman, Paul
克林顿，希拉里　Clinton, Hillary Rodham
克罗利，赫伯特　Croly, Herbert
肯尼迪，爱德华　Kennedy, Edward
肯尼迪，保尔　Kennedy, Paul
肯尼迪，罗伯特　Kennedy, Robert F.
肯尼迪，约翰　Kennedy, John F.

L
拉夫斯通　Loveston, Jay
拉姆斯菲尔德　Rumsfeld, Donald Henry
腊斯克　Rusk, Dean
赖斯，苏珊　Rice, Susan
兰米尔　Langmuir, Irving
朗，休伊　Long, Huey
劳埃德，亨利　Lloyd, Henry Demarest
劳申布什　Rauschenbusch, Walter
李普曼，沃尔特　Lippman, Walter
利普赛特　Lipset, Martin
伦道夫　Randolph, Philip
洛克，约翰　Locke, John

M
麦戈文　McGovern, George

麦金莱（总统）　McKinley, William
梅里迪思　Meridith, James
米尔，约翰　Muir, John
米尔达，古纳　Myrdal, Gunnar
米尔斯　Mills, C. Wright
米勒，阿瑟　Miller, Arthur
米勒，多利斯　Miller, Doris
米切尔，阿瑟　Mitchell, Arthur
莫尼汉　Moynihan, Daniel Patrick

N
奈，约瑟夫　Nye, Joseph
奈德，拉夫　Nader, Ralph
尼克松　Nixon, Richard Milhous
牛顿，休伊　Newton, Huey
诺里斯，弗兰克　Norris, Frank

O
奥巴马　Obama, Barack

P
帕特曼　Patman, Wright
派普斯，里查德　Pipes, Richard
皮克林　Pickering, Thomas
平肖　Pinchot, Gifford

Q
乔治，亨利　George, Henry

R
芮恩思　Reinsch, Paul
瑞安（神父）　J. A. Ryan

译名对照表

S
萨姆纳，威廉　Sumner, William
桑格，玛格丽特（山额夫人）　Sanger, Margret
瑟罗，莱斯特　Thurow, Lester
施莱辛格，小阿瑟　Schlesinger, Arthur Jr
史密斯，埃伦　Smith, J. Allen
舒尔茨　Schultz, Theodore
斯宾塞　Spencer, Herbert
斯波克　Spock, Benjamin
斯蒂芬斯，林肯　Steffens, Lincoln
斯隆　Sloan, Alfred P.
斯科特　Scott, Howard
斯特朗　Strong, Josiah
斯特劳斯，里奥　Strauss, Leo
斯托夫人　Stowe, Harriet Beecher

T
塔贝尔　Tarbell, Ida M.
塔夫脱（总统）　Taft, William H.
特朗普，唐纳德　Trump, Donald
特罗　Trow, Martin
特纳，泰德　Turner, Ted
特纳　Turner, Frederick F.
托克维尔　Tocqueville, Alexis
托马斯，诺曼　Thomas, Norman

W
威尔逊（总统）　Wilson, Woodrow
威廉，罗伯特　Williams, Robert
威廉姆斯，威廉·阿　Williams, William Appleman
韦尔，沃尔特　Weyl, Walter
韦佛，罗伯特　Weaver, Robert

维拉德　Villard, Oswald Garrison

X
西尔，博贝　Seale, Bobby
西蒙斯，威廉　Simons, William
夏兰斯基　Sharansky, Natan
萧，阿尔伯特　Shaw, Albert
辛克莱，厄普顿　Sinclair, Upton B.
熊彼特　Schumpeter, Joseph
休斯，麦可　Hughes, Michael
休斯敦，查尔斯　Houston, Charles H.

Y
亚当斯，赫伯特　Adams, Herbert B.
亚当斯，简　Adams, Jane
扬，安德鲁　Young, Andrew
伊利　Ely, Richard T.
约翰逊（总统）　Johnson, Lyndon

Z
赞格威尔　Zangwill, Israel
詹明信　Jameson, Frederick
詹姆斯，威廉　James, William
种族平等大会　Congress of Racial Equality
朱克曼　Zuckerman, Mortimer